マス・コミュニケーション調査の手法と実際

島崎哲彦　編著
坂巻善生

学文社

は じ め に

　現代社会は，政治，経済，文化などのあらゆる社会システムが，国境を越えて複雑かつ重層的な関係を織りなしている．そこで，現代社会を生きる人びとにとって，国内外のさまざまな情報は必要不可欠なものとなる．その現代人の情報環境は，直接体験から得る現実環境と，マス・コミュニケーションなどから得る疑似環境（W.リップマン，1922）から成り立っており，高度情報化が進展する現在では，疑似環境の占める割合が益々増加している．そのような現代社会におけるマス・コミュニケーションの機能を，H.D.ラスウェルは人体における神経系統に例えている（ラスウェル，1949）．

　このように，マス・コミュニケーションは現代社会に対して大きな役割を担っているからこそ，その現象を解明しようとする研究が，研究の領域，産業社会の領域の双方で盛んに行われてきたし，現在も行われている．

　研究の領域では，マス・コミュニケーション過程のあらゆる局面を対象として，送り手の分析，メッセージ内容の分析，メディアの特性分析，受け手の分析，効果分析などが行われている．

　産業社会では，マス・メディアの手によって新聞やテレビなどのメディアの特性を明らかにすることや，閲読行動や視聴行動の解明のために，また，広告主や広告代理店によって広告効果の解明のために，さまざまな研究が行われている．

　ところで，マス・コミュニケーションとは，記者などの専門職によって組織された集団である送り手によって制作・送出されたメッセージが，新聞，雑誌，ラジオ，テレビなどのマス・メディアを介して，広範な不特定多数の人びとに斉一的に伝達される過程である．この過程はさまざまな局面から構成されており，マス・コミュニケーション現象を研究・解明するにあたっては，複数の視座が存在する．本書Ⅱ章であげる「誰が」，「何について」，「いかなる通路に

よって」,「誰に対して」,「いかなる効果を狙って」というラスウェルのあげる視座（ラスウェル，1949）もそのひとつである。このような視座は，研究の領域でも，産業社会の領域でも共通するものである。

　これらの視座に立ったマス・コミュニケーション研究は，現実社会のマス・コミュニケーション現象を扱う実証研究である。したがって，多くの研究は調査という手法を用いる。マス・コミュニケーション過程がさまざまな局面から成り立っているため，調査もまたさまざまな種類がある。送り手調査，メッセージの内容分析，メディア分析，受け手の分析，などである。送り手調査には，ジャーナリストの行動・意識を解明するための調査や，マス・メディア企業の組織構造とジャーナリズムのあり方の関係を明らかにする調査などが含まれる。内容分析の対象は，新聞や雑誌の記事とは限らない。ラジオ・テレビの番組や映画なども含まれる。メディア調査は，新聞，雑誌，ラジオ，テレビなどのメディア特性を明らかにしようとするものであるが，それ故に受け手調査を伴うことが多い。受け手調査には，閲読率，視聴率といった受け手のメディア接触から，マス・コミュニケーションの効果，受け手の態度変容を解明しようとする調査や，送り手の意図にかかわらず受け手がメッセージをどのように利用し，どのような充足を得たかを明らかにしようとする利用と満足調査も含まれる。このように，マス・コミュニケーション調査は，その視座と目的によって多岐にわたるのである。

　これらの調査を社会調査の技法からみると，母集団の傾向を推計しようとする標本調査や，数こそ少ないが調査対象集団の傾向を統計的に記述しようとする悉皆調査から，質的構造を明らかにしようとする定性調査，そして内容分析や実験まで，さまざまな手法が用いられる。定性調査では，調査者と対象者が一対一で行う詳細面接調査，6〜8人の対象者を集めて行うグループ・インタビュー，事前に決定した項目に従って対象集団を観察する統制的観察法，課題以外は事前に決めないで，かつ対象集団の一員となって観察する参与観察法，対象集団とは一定の距離を置いて観察する非参与観察法などが利用される。こ

れらの調査技法は，調査の目的によって使い分けられている。

　本書で，マス・コミュニケーション研究の視座と目的，さらにそれぞれにおける調査技法の適用のすべてを紹介したいところであるが，そのためには膨大な頁数が必要となる。そこで，本書では，まず第1部でマス・コミュニケーション調査とは何かを現代の産業社会と研究の異なるふたつの領域から位置づけ，次にもっとも多用される標本調査の技法を概説した上で，第2部ではマス・コミュニケーション研究の視座に沿って，産業社会や研究領域で近年実施された典型的な調査の事例をとりあげて紹介した。

　このように，マス・コミュニケーション調査の全体像を描き出した上で典型的な調査事例を紹介したのは，マスコミ界の編集や広告に携わる人びとやマス・コミュニケーション研究に従事する人びと，なかでも初心者・初学者にとって実例を通じて学ぶことが理解への近道であろうと考えたためである。本書がそのような人びとの実務や研究に役立つことを祈って，前書きに代える次第である。

　なお，前著に引き続きお世話をおかけした山本智子氏と出版を引き受けてくださった学文社社長の田中千津子氏に，この場を借りて篤く御礼申し上げる。

　2007年2月

島崎　哲彦

【引用文献】
- ラスウェル，H. D.,「社会におけるコミュニケーションの構造と機能」，シュラム，W. 編（学習院社会学研究室訳）『マス・コミュニケーション』創元社，1954年 (Schramm, W. (ed.), *Mass Communication*, The University of Illinois Press, 1949).
- リップマン，W.,（掛川トミ子訳）『世論』上下，岩波書店，1987年 (Lippmann, W., *Public Opinion*, The Macmillan Company, 1922).

目　次

はじめに　　i

第1部　マス・コミュニケーション調査とは

Ⅰ．マス・コミュニケーションの現代的な意味合いと調査
　　（坂巻善生）……………………………………………3
　1．マス・コミュニケーション理解の枠組み　3
　　(1)　変化するマス・コミュニケーション　3
　　(2)　マス・コミュニケーションの役割と機能　5
　　(3)　受け手を理解するための枠組み　8
　2．マス・コミュニケーション過程の構造　10
　　(1)　成立するための5要件　10
　　(2)　伝達情報のふたつの側面　12
　3．マス・コミュニケーションの実際　14
　　(1)　マス・コミュニケーション界の概況　14
　　(2)　マス・メディアの経営を左右する広告費　18
　　(3)　既存マス・メディアの現況と動向　20
　4．マス・コミュニケーション調査を理解する枠組み　26
　　(1)　当事者と非当事者の分析視点の違い　26
　　(2)　当事者と非当事者の調査目的・内容の違い　30
　　(3)　調査データの利用者　34
　　(4)　調査の実施機関　36

Ⅱ．マス・コミュニケーション研究と調査の諸相（島崎哲彦）………40
　1．マス・コミュニケーション研究の視座と研究方法　40

    (1) 統制者分析　41
    (2) 内容分析　43
    (3) メディア分析　45
    (4) 受け手の分析　47
    (5) 効果分析　48
  2．マス・コミュニケーション研究の調査法　56
    (1) 帰納法と調査　56
    (2) 仮説検証と事実探索　57
    (3) 調査方法の分類　58
  3．マス・コミュニケーション研究における調査方法の適用　64

Ⅲ．定量調査の手法の概説（大竹延幸）…………………………… 70
  1．調査手法の分類と特徴　70
    (1) 標本調査　70
    (2) 面接調査法　70
    (3) 留め置き調査法　72
    (4) 郵送調査法　73
    (5) 電話調査法　74
    (6) 電子調査法　74
    (7) 実験調査法　75
  2．定量的手法の一般的手順　77
    (1) 問題意識〜仮説の構築　78
    (2) 調査設計〜調査票の設計　78
    (3) 実査準備〜品質管理　79
    (4) 集計作業〜統計解析　80
    (5) 報告書の作成　80
  3．標本抽出と誤差　80

(1) 母集団　80

　　(2) 無作為抽出法　81

　　(3) 単純無作為抽出法　82

　　(4) 系統抽出法　83

　　(5) 多段抽出法　84

　　(6) 層化抽出法　86

　　(7) 集落抽出（クラスター抽出）法　89

　　(8) 等確率抽出法　90

　　(9) 有意抽出法　91

　　(10) 非名簿フレームによる抽出　91

　　(11) 標本誤差　92

　　(12) 非標本誤差　96

4．調査票の設計　97

　　(1) 調査票作成の態度と留意点　97

　　(2) 回答型式の設計　100

　　(3) 尺　度　103

　　(4) 尺度構成　105

5．集　計　106

　　(1) 集計とは　106

　　(2) 単純集計とクロス集計　107

6．データ分析（記述統計）　111

　　(1) 分布の中心的傾向を表す測度（分布の代表値）　111

　　(2) 分布の散らばりを表す測度：分散と標準偏差　112

　　(3) 変量間の関連の分析　112

7．統計的仮説検定　114

　　(1) 統計的仮説検定とは　114

　　(2) 平均値の差の検定　115

(3)　χ^2検定　118
　8．多変量解析法　120
　　(1)　構造の分析　121
　　(2)　分　類　123
　　(3)　要因の分析　126
　　(4)　共分散構造分析　128

第2部　マス・コミュニケーション調査の実際

Ⅳ．送り手の調査（鈴木孝雄）……………………………………… 133
　1．統制者分析　133
　　(1)　統制者分析の視座と実情　133
　　(2)　日本における統制者分析の系譜　134
　　(3)　現代の統制者分析　137
　2．送り手調査の技法　139
　3．送り手調査の実際(第2回現代の新聞記者意識調査を事例に)　141
　　(1)　調査対象　141
　　(2)　調査方法と回収状況　142
　　(3)　質問内容と質問数　142
　　(4)　分析結果　143

Ⅴ．情報特性の調査(1)　メディアと情報内容特性に関する調査
　　（遠藤真也，鈴木弘之）……………………………………… 155
　1．メディアと情報内容特性に関する調査の目的（鈴木弘之）　155
　2．メディアと情報内容特性に関する調査の技法（遠藤真也）　157
　　(1)　メディアと情報内容特性をとらえる変数　157
　　(2)　メディアと情報内容特性をとらえる分析の方法　158
　3．メディアと情報内容特性に関する調査の実際（遠藤真也）　159
　3-1．受け手の生活時間からみたメディアと情報内容特性に関する調査の

実際（国民生活時間調査を事例に）　159
　　(1) 調査の対象と目的　159
　　(2) 生活時間の調査方法　161
　　(3) 生活時間とマス・メディア接触の指標　162
　　(4) 分析結果　162
　3-2. 受け手の利用と評価からみたメディアと情報内容特性に関する調査
　　　の実際（全国メディア・接触評価調査を事例に）　170
　　(1) 調査の対象と目的　170
　　(2) 調査項目　170
　　(3) 分析結果　172

Ⅵ．情報特性の調査⑵　内容分析（島崎哲彦）　180
　1．内容分析の目的　180
　2．内容分析の技法　181
　　(1) 9.11同時多発テロ事件およびアフガニスタン戦争における日本の新
　　　聞報道の内容分析の技法　181
　　(2) マスコミ関連投書の内容分析の技法　183
　3．内容分析の実際（神戸児童連続殺傷事件の新聞・週刊誌の報道に関す
　　　る内容分析を事例に）　184
　　(1) 内容分析の対象と目的　184
　　(2) 内容分析の項目　185
　　(3) 分析対象期間の区分　190
　　(4) 内容分析の作業工程　190
　　(5) 分析結果　191

Ⅶ. 受け手の特性調査⑴　メディアと受け手の特性に関する調査
　　（鈴木弘之）……………………………………………………………… 214
　　1．受け手の特性調査の目的　214
　　2．受け手の特性調査の技法　215
　　　⑴　受け手の特性をとらえる変数　215
　　　⑵　受け手の特性をとらえる分析の方法　216
　　3．受け手の特性調査の実際　219
　　3-1．ア・プリオリ・セグメンテーションによる調査の実際（団塊の世代
　　　　のマスコミ接触の実態を明らかにする調査を事例に）　219
　　　⑴　調査の対象と目的　226
　　　⑵　調査項目　226
　　　⑶　分析結果　227
　　3-2．クラスタリング・セグメンテーションによる調査の実際（アクティ
　　　　ブ・コミュニケーター尺度からみたマスコミ接触の実態調査を事例
　　　　に）　231
　　　⑴　調査の対象と目的　232
　　　⑵　調査項目　233
　　　⑶　分析結果　233

Ⅷ. 受け手の特性調査⑵　受け手の利用と満足に関する調査
　　（河野恒男）……………………………………………………………… 243
　　1．利用と満足に関する調査の目的と定性的調査の意義　243
　　2．利用と満足に関する調査の技法（定性的調査の技法）　245
　　3．利用と満足調査の実際（朝日新聞のサーチングを事例に）　250
　　　⑴　定性的（記述）データの実例　251
　　　⑵　データ分析の実際——先行研究から　259
　　　⑶　データ分析の実際と方向性　260

Ⅸ. マス・コミュニケーション効果調査(1) 接触レベルの調査
(高山雄二, 鈴木弘之)·················· 269

1. 接触レベルのマス・コミュニケーション効果調査の目的（鈴木弘之）
   269
2. 接触レベルのマス・コミュニケーション効果調査の技法（高山雄二）
   271
   (1) テレビの視聴率調査　271
   (2) インターネット広告の効果調査　275
   (3) 新聞広告の効果調査　277
3. 接触レベルのマス・コミュニケーション効果調査の実際（新聞の面別接触率・広告接触率調査を事例に）（高山雄二）　281
   (1) 新聞の面別接触率と広告接触率の事例　281
   (2) 広告接触状況の要因分析の事例（数量化Ⅰ類による分析）　283

Ⅹ. マス・コミュニケーション効果調査(2) 態度変容レベルの調査
(鈴木弘之, 松本史人)·················· 290

1. 態度変容レベルのマス・コミュニケーション調査の目的（鈴木弘之）
   290
2. 態度変容レベルのマス・コミュニケーション調査の技法（鈴木弘之）
   292
   (1) 態度をとらえる変数　292
   (2) 態度変容をとらえる分析の方法　292
3. 態度変容レベルのマス・コミュニケーション効果調査の実際（鈴木弘之）　293
3-1. 広告メディア別のコミュニケーション効果を明らかにする調査の実際（新聞広告とテレビ広告のコミュニケーション効果の比較調査を事例に）（鈴木弘之）　293

(1) 調査の目的　　294
　　(2) 調査の設計と対象者　　294
　　(3) 調査対象広告　　294
　　(4) 調査の流れと調査項目　　295
　　(5) 仮　説　　297
　　(6) 分析結果　　298
　3-2. 特定の広告のコミュニケーション効果調査の実際（広告モニター調査を事例に）（松本史人）　　302
　　(1) 調査設計　　303
　　(2) 調査対象広告と調査内容　　303
　　(3) 分析結果　　304

あとがき　　309
索　引　　311

第1部　マス・コミュニケーション調査とは

I マス・コミュニケーションの現代的な意味合いと調査

1. マス・コミュニケーション理解の枠組み

(1) 変化するマス・コミュニケーション

「マス・コミュニケーション」の名称は，「マスコミ」の略称を含め，広く一般用語として用いられている言葉だ。本書のテーマであるマス・コミュニケーション調査について論じる前に，まず「マス・コミュニケーション」とは何か，それがどのような現象を指す概念であるかを確認することから始めるとしよう。となると，「マス・コミュニケーション」よりもさらに先に，もっと意味の広い概念である「コミュニケーション」について確かめておかねばならないだろう。

一般に「コミュニケーション」という言葉を使う場合，「コミュニケーションをする」，「コミュニケーションを図る」，「コミュニケーションが良い」といった具合に，一定の情報を自分以外の人に伝達する意味あいで使用する。岩波書店の国語辞典『広辞苑』によると「コミュニケーション」の意味は，①「社会生活を営む人間の間に行われる知覚・感情・思考の伝達。言語・文字その他視覚・聴覚に訴える各種のものを媒介とする。」とある。知覚・感情・思考などの情報を，他者の視聴覚に伝達する行為が，日常用語としての「コミュニケーション」の意味だ。

一方，「マス・コミュニケーション」について，広辞苑は，「新聞・雑誌・ラジオ・テレビジョン・映画などの媒体を通じて行われる大衆への大量的な情報

伝達」と解説する。ここで大衆とは，属性や背景を異にする多数の人びとによる，未組織の集合的な存在を指す。「マス・メディア」を介し，大衆すなわち不特定多数の人びとに，大量情報を伝達する行為が「マス・コミュニケーション」だ。

多数の人びとへの情報伝達ではあっても，出身校の同窓生に限る場合や，企業内の社内報のように，不特定ではなく，特定多数がコミュニケーションの対象である場合には，マス・コミュニケーションに含めないことが多い。コミュニケーションの受け手が，不特定多数のマス（大衆）である点が，マス・コミュニケーションと呼ぶそもそもの理由なのだ。日常用語における「コミュニケーション」および「マス・コミュニケーション」の用法ということでは以上のとおりだ。

竹内郁郎（1977）は，研究者の立場から，コミュニケーションの全般を3つの類型に分け，そのひとつに，マス・コミュニケーションを位置づけている。第1類型は，少数の人びとの間で交わされる対面的なコミュニケーションだ。対面的な情報伝達は，人，すなわちパーソンを媒体にして成立するとみなすことができ，「パーソナル・コミュニケーション」の呼称を与えている。

第2類型は，コミュニケーションへの参加者の多くが，直接的に相互作用し合うのが困難な，比較的広い領域内のコミュニケーションだ。稟議書，命令書，掲示，社内報，機関紙，会報などの文書を伝達媒体にする「組織のコミュニケーション」のレベルだ。

第3類型は，極めて多数の異質な人々が，互いに顔を合わせることも，同じコミュニケーション過程に同時参加していることも，ほとんど意識することなしに，発信者や受信者として行動しているコミュニケーションを指す。印刷媒体や電波媒体などマス・メディアの活用によって，広範囲に散在する不特定多数の人びとが，同時にコミュニケーションに参加するので，「マス・コミュニケーション」と呼ぶ。

この竹内郁郎のコミュニケーションの3類型は，ふたつの要素から成り立っ

ている。第1は情報を伝達する媒体の要素であり，第2は情報の発信者と受信者との間の距離の要素だ。3つの類型が，第1類型→第2類型→第3類型と変化するに連れ，コミュニケーション媒体は，パーソン→文書→マス・メディアと変わる。距離の方は，対面的距離→組織内の距離→面識もない距離，と次第に間隔が開き，空間的な距離は遠くなる。しかも第1～第3の類型は，媒体と距離の要素との間で，対応関係があるというのだ。ちなみにマス・コミュニケーションについて，媒体と距離の要素の対応づけを試みると，「マス・メディアによる，面識もない距離の人びとへの情報伝達」ということになる。

　論者によって多少の相違はあっても，従来，コミュニケーション全般をこのように3つの類型で整理し，理解することに不都合はなかった。3類型はコミュニケーションの常識的な経験則を整理し直したものでもあったからだ。

　ところが，インターネットや携帯電話の利用技術が格段に進歩し，普及が進んだ今日，コミュニケーションの事情は大きく変わってしまった。各類型と利用媒体の対応関係や，発信者と受け手の間の距離に関する意味合いは，現在では通用しにくくなっている。

　例えばインターネットでのメール通信が，物理的距離とは無関係に，いたるところで利用されているのは，距離の観念が変化していることの，極めて象徴的な現象といえる。携帯電話やインターネット通信でのテレビ電話機能の充実で，対面的コミュニケーションが，空間的な距離の遠近とは無関係に成立するようにもなった。しかもインターネット通信の進化で，一対多数の間での，双方向の，同時的な情報流通が可能になりつつある。インターネット上の掲示板では，日常的に，多数対多数の双方向コミュニケーションが行われている。いわば「超マス・コミュニケーション時代」に入っているのだ。

(2) マス・コミュニケーションの役割と機能

　藤竹暁（1968）によると，コミュニケーションの最低単位である2人の会話は，互いが情報の発信者であり，受け手でもある。発信者と受け手の役割を相

互交換し合う過程で，互いの共有世界の確証と拡大が行われる。ところがマス・コミュニケーションでは，発信者と受け手の間に高度の機械・技術体系が介在しているため，それが壁となって役割交換が成立しにくく，一方向的な情報伝達にならざるを得ないというのだ。

つまり，マス・コミュニケーションでは，役割交換が阻害されており，共有世界の確証を行うことができない。その代わりではないが，マス・コミュニケーションは，圧倒的な情報量の伝達を可能とし，生活環境の認識を無限に拡張してくれる。ほかのコミュニケーションでは代替できない効用をもっているのだ。現代人の生活環境には，家庭，自治会，学校や勤務先といった自分自身が身を置く場だけでなく，仕事上の提携先，ライバル企業，自治体，国家，国際までの空間的な広がりがある。時間の面では，有史以前の過去から，遠い将来にまで生活環境は及ぶことがある。

このような意味の生活環境を認識するに当たって，マス・コミュニケーションが担っている効用を理解するには，逆に，マス・コミュニケーションの恩恵に浴さない事態を思い浮かべてみると理解が早い。認識可能な範囲は，直接目に触れることのできる区域，あるいは身近な人びととの話で聞き及ぶことのできる狭い領域に限られてしまうことが，容易に了解できるはずだ。認識可能な世界は，コミュニケーション相手の存在範囲が広がるに連れて拡大する。しかし，発信者と受け手の役割を相互に交換し合うような，対話型のコミュニケーションだけに依存するなら，現代生活に必要な情報量を獲得するのは難しい。

現代人が生活を営む上で必要な生活環境あるいは生活空間に関する情報は，多面的で複雑であり，刻々と変化する側面ももつ膨大な情報量で成り立っている。マス・コミュニケーションがもたらす大量情報の恩恵に浴さないまま，生活環境の認識に必要な情報量を獲得するのは困難であるのが，現代人の実態なのだ。

マス・コミュニケーションが現代人にもたらす効用として，大量情報の伝達・提供と表裏一体の関係にある疑似環境の構成に関する機能にも触れておく

必要があるだろう。すなわち，人びとはコミュニケーションで得る情報をもとに，心理的な処理過程を経て，現実環境とは独立した疑似環境を構成する，という考え方についてだ。人間の能力に限界があるからだけではない。思考の経済性の面からも，環境の象徴化を通して，現実環境を擬制的にとらえ直すのは，人間が現実環境に適応していくための，基本的なメカニズムだというのだ。

W. リップマン (1922) は，有名な著書『世論』の中で，「人と，その人をとりまく状況の間に一種の疑似環境が入り込んでいる」，「人の行動はこの疑似環境に対するひとつの反応だ」，「それぞれの人間は直接に得た確かな知識に基づいてではなくて，自分で作り上げたイメージ，もしくは与えられたイメージに基づいて物事を行っていると想定しなければならない」と述べている。人びとの行動を規定しているのは現実環境よりも，むしろ個々人の頭の中で象徴化によって構成する疑似環境の方というわけだ。疑似環境という概念は，ゲシュタルト心理学派のK.コフカ (1935) による地理的環境 (geographical environment) に対する行動的環境 (behavioral environment)，K.レヴィン (1935) の生活空間 (life space)，あるいは認知心理学でいう認知的環境 (cognitive environment) と，類似の発想に基づく概念だ。

人びとの生活環境が広がるほど現実環境は広がり，直接に経験できない，間接的な環境の範囲も拡大する。もはや現代人は間接環境を含む現実環境の全容を，自らの能力で認識することは難しく，疑似環境に依存する度合いは，今後はさらに増すこととなる。擬制的ではあっても，豊富な情報量により，行動環境の認識を無限に拡張可能にしてくれるマス・コミュニケーションの役割は，現代人が環境に適応していくためには必需の存在になっているのだ。

疑似環境を背景にした行動様式に対して，マス・コミュニケーションが大きな影響力をもっているという認識は，現代社会の構造と動向を理解する上で，キーポイントになる部分であり，研究者をマス・コミュニケーションの機能や役割の探求に駆り立てるエネルギー源となっている。前節で述べたように，多数対多数の超マス・コミュニケーションが本格的に機能するようになると，疑

似環境の構成には大きな影響が及び,人びとの行動様式は激変する可能性が高い。

(3) 受け手を理解するための枠組み

マス・コミュニケーションの受け手である不特定多数のマス（大衆）とは,どのような存在なのか。D.マクウェール (1983) の説明が,多くの論者の意見を総合した内容になっている。彼によると,大衆は「しばしば非常に大きくて」,「非常に広い範囲に散らばっており」,「成員相互間に面識がなく」,「自己認識や自己規定を欠いており」,「目的を達成するために組織的な方法で一緒に行動することができない」。「範域も流動的だし,構成員も変化している」,「みずから行動せず,むしろ外から働きかけられる傾向がある」,「あらゆる社会階層や属性から構成されている点では異質的」,しかし「同一の関心対象を選んで行動していること,大衆を操作してやろうと思う人の狙いにはまりやすい点では同質的」である,と羅列的な解説を施している。

これらは「大衆」についての,既存の定義から演繹的に導き出したものではない。逆に解説の集合によって,帰納法的に「大衆」の概念を規定しようとしたものだ。「大衆」の概念は,そもそもが明確な定義の科学的概念として登場したのではないため,多義的で複雑になってしまった。一定の共通理解を得ることは可能でも,今さら一義的に定義することは困難と理解するしかないようだ。

では,当該の,具体的な不特定多数のマス（大衆）について,全体的な特徴や態様の説明を求められる事態に遭遇したらどう対応するか。一般には,統計的な表現方法を採らざるを得なくなるはずだ。例えばマス（大衆）の意見について「世論の動きの大勢は,……」,「多くの市民の意見は,……」などと表現するのは,実際に調査したかどうかは別にして,統計的な論理で全体的な特徴を概括し,説明しようと試みることの典型例だ。

世論調査やマーケティング・リサーチは,サンプリング理論に基づく科学的

な説明技法だ。不特定多数の中から選び出した人びとに調査を実施し，得たデータを元に，全体的な傾向を統計学の論理で把握し，説明する。平均値，最頻値，分布傾向など，統計学の概念を用いることによって，全体的な特徴を客観的に，かつ一義的に説明することを可能にする。マス（大衆）に対する世論調査やマーケティング・リサーチのデータを，マス（大衆）を説明する技法として，極めて重視する理由だ。

　一方で，統計的に概括するしか客観的な説明方法がないマス（大衆）を構成する人びとについては，個々を特定するのが難しく，没個性的で匿名性の高い存在であることと，表裏一体をなしている。マス・コミュニケーションの受け手の特徴として，しばしば匿名性をあげるが，その理由の具体的な説明にもなっている。

　マクウェール（1983）は，コミュニケーションの「受け手」の問題を整理する立場から，「受け手」を4種類に区別している。すなわち，「観客・読者・聴取者・視聴者の集合体としての受け手」，「大衆（マス）としての受け手」，「公衆あるいは社会集団としての受け手」，「市場としての受け手」だ。これら4つで，「受け手」を定義する場合に可能性がある部分は，すべて尽くしているはずだとの趣旨を述べている。確かに日本においても，マクウェールが主張するとおり，コミュニケーション情報の「受け手」の問題は，ほとんどが4種類の「受け手」のいずれかに該当するようだ。

　ここで不特定多数のマス（大衆）は，4種類の内のひとつを占めているだけだ。マクウェール自身が，情報の供給が多様化し，利用が柔軟化している現状で，「大衆としての受け手という概念は，ますます現実的なものではなくなっている」と述べている。

　マス・コミュニケーションの受け手については，実質的に不特定多数のマス（大衆）であることに執着せず，柔軟な規定を行うのが現実的な対応といえるようだ。その意味で，マクウェールが提起している4種類の受け手の区分は，示唆に富んでいる。受け手をマス・コミュニケーション研究の現実問題に沿っ

て定めようとするのが，マクウェールの論の趣旨だ。マス・コミュニケーション研究の主体的な問題意識に従うなら，必要に応じ，その都度，操作的に「受け手」を定義するのが現実的であり，プラグマティックな方法といえるようだ。

2. マス・コミュニケーション過程の構造

(1) 成立するための5要件

　マス・コミュニケーション活動は，マス・メディアを介して，多数の人びとに，効率的・効果的に情報を伝達する行為だ。情報発信者は，企業や行政機関などの組織であったり，個人や集団であったりする。実際にマス・コミュニケーション活動を成立させるようとすると，当事者は満たさねばならない要件に突き当たる。

　まず，発信者には伝達すべき情報と，発信を実現する意思が必要だ。次いで，伝達の対象者，すなわち情報の受け手が存在するか，少なくとも存在を見込むことができなければならない。メディアの確保や情報発信を行うのに必要な労力や費用を確保できる条件も満たす必要がある。以上の全条件がそろえば，マス・コミュニケーション活動を実現するための要件は満たしたことになる。以上を列挙すると次のとおりだ。

　　＜マス・コミュニケーション活動が成立するための要件＞
　　1．伝達すべき情報が存在（情報）
　　2．情報発信の意思が存在（意思）
　　3．情報の受け手が存在，あるいは存在を見込むことができる（受け手）
　　4．情報発信に必要な労力や費用を確保（経費）
　　5．マス・メディアを確保（マス・メディア）

　要件がひとつでも欠けると，マス・コミュニケーション活動の実現は困難になる。つまり，伝達すべき情報がなければ，マス・コミュニケーション活動の計画そのものが発生しない。発信者に伝達すべき情報はあっても，発信の意志

が堅固でなければ実行されない。情報の受け手が存在しなければ無駄な活動に終わってしまう。労力や費用を確保できなければ計画は絵に描いた餅だ。マス・メディアの確保が無理であると，マス・コミュニケーション活動の実現手段を確保できていないことになる。

　以上の5つの要件は，情報発信者の側に立脚して取り上げたものだ。マス・コミュニケーションは，発信者から多数の受け手に向けて発信する情報伝達であり，まず発信者による情報発信がスタートしなければ，マス・コミュニケーション過程は始まらない。マス・コミュニケーション活動は，商業活動や行政の論理で展開される場合が多いことを考えると，発信者の側に立脚した成立要件は，現実に即した論理にかなっているはずだ。

　同様に発信者の側の視点からマス・コミュニケーション活動の要素を構成したものとして，H.D.ラスウェル（1949）の有名なモデルがある。彼によると，マス・コミュニケーション活動を記述する上で，便利な方法は「誰が，何について，いかなる通路によって，誰に対して，いかなる効果を狙って」について答えることだという。

　本章で提起した，5つの成立要件との対応関係は，次のとおりとなろう。まず「1.伝達すべき情報が存在」するかどうかは，ラスウェルのモデルの，存在情報の具体的な内容を問う「何について」が対応する。「2.情報発信の意思」が成立するかどうかは，見込むことのできるコミュニケーション効果次第であり，「いかなる効果を狙って」に当たる。「3.情報の受け手が存在，あるいは存在が見込まれる」かどうかは，まさに「誰に対して」かを明確に説明できるかどうかにかかわる。「5.マス・メディアを確保」は，「いかなる通路によって」コミュニケーションするかを確定することだ。

　5つの成立要件の「4.情報発信に必要な労力や費用を確保」と，ラスウェルのモデルの「誰が」の部分は，対応が成立しない個所であり，両論の根本的な違いを象徴する部分だ。本章で提起する5つの成立要件は，ラスウェルのモデルよりも，マス・コミュニケーション活動に従事する当事者の立場，あるい

はプラグマティックな観点で，成立要件を整理した結果だ。マス・コミュニケーション活動を担う当事者の，主体的な活動が成立するための要件を整理した内容，と言い換えることもできる。

したがって「誰が」は，当事者自身であり，当事者の論理では改めて問う必要がない問題だ。一方，当事者にとって「情報発信に必要な労力や費用を確保」する課題は，常につきまとう条件であり，マス・コミュニケーション活動の成立・成功のかぎを握る絶対条件だ。マス・コミュニケーション活動の現場では，5つの成立要件の方が実際的であり，現実的な提起であるはずだ。

藤竹暁（1968）は，ラスウェルのモデルに対して，「社会におけるコミュニケーション活動一般を論じようとしたのであって，支配エリートだけを論じようとしたのではなかった」，しかし「結局は社会においてコミュニケーションの『送り手』（集団）を，浮き彫りにしたモデルを提出してしまった」との解説を加えている。このような主張に立つと，ここで提起したマス・コミュニケーション活動の5つの成立要件は，ラスウェル以上に，送り手を浮き彫りにしたモデルということになる。

⑵　伝達情報のふたつの側面

マス・メディアを介して流れる情報には，「内容」と「表現方法」のふたつの側面がある。第1の「内容」は，いわゆる情報の分野にかかわりがある。例えば，事件・事故の情報，政治，経済，芸能，娯楽，天気の情報などだ。マス・メディアは，その種類によって得意とする伝達内容に違いがある。新聞，雑誌，テレビ，ラジオが4大マス・メディアと呼ばれるまでに成長したのは，それぞれが得意な内容ですみ分けながら，発展してきた結果とみることができる。

新聞は政治，経済，社会，スポーツ，文芸など，幅広い分野の内容を各社独自の観点で整理し，一覧できる形で情報伝達するのが特徴だ。雑誌は，新聞と同様に印刷メディアであるが，各誌で専門とする領域をもち，独自の観点から

解説を加え，報道するのが得意だ。テレビも幅広い内容を伝えるメディアだ。特に動画と音声での表現を生かすことができる内容，実況放送を得意とする。ラジオは音声だけで表現が可能な内容，実況放送に特徴がある。

　一方，近年になって発展がいちじるしいインターネット系の情報提供サイトは，4大マス・メディアが得意とする情報分野のすべてを含む幅広い内容について，オン・デマンドで伝達する方向を指向している。情報提供サイト同士はシームレスに連続しており，あたかも同一のメディア内であるかのように移動しながら利用できる。インターネット内のすべての情報提供サイトを一体とみれば，それは従来のメディアとは異なって，オン・デマンドで，あらゆる分野の情報提供が可能な，得意な伝達分野に偏りの無いマス・メディアということになる。

　第2の「表現方法」とは，「内容」を表現するための，文字，音声，静止画，動画の4種類の方法を指す。既存のマス・コミュニケーション情報は，通常，4つのいずれか，あるいはそれぞれを組み合わせた方法で伝達する。情報を文字と静止画の組み合わせで伝達するのは，新聞や雑誌などの文字媒体だ。音声と動画の組み合わせによるのはテレビ，音声だけで伝達するのはラジオだ。

情報の4つの表現方法とメディアとの関係
　　＜情報の4つの表現方法＞
　　　　　　　(1)文字，(2)音声，(3)静止画，(4)動画
　　＜表現方法の組み合わせとメディア＞
　　新聞，雑誌などの文字メディア　　⇒(1)文字＋(3)静止画
　　テレビ　　　　　　　　　　　　　⇒(2)音声＋(4)動画
　　ラジオ　　　　　　　　　　　　　⇒(2)音声
　　インターネット　　　　　　　　　⇒(1)文字＋(2)音声＋(3)静止画
　　　　　　　　　　　　　　　　　　　＋(4)動画

文字，音声，静止画，動画のすべてを利用するのが，インターネットだ。インターネットも，登場した当初は文字媒体と同様に，文字と静止画による表現だけであったが，近年はインターネット通信がブロードバンド化したこともあって，情報量の多い音声や動画での表現が急増中だ。4つの表現方法のすべてを駆使できるメディアは，実質的にインターネットが最初であり，利用が急速に進んでいる大きな理由のひとつだ。

3. マス・コミュニケーションの実際

(1) マス・コミュニケーション界の概況

マス・コミュニケーション活動は，情報を収集し，整理し，発信を行うまでの一連の作業にかかわる専門家集団と，高度な装置と組織，そして経営を支えるための資本の確保によって成り立っている。日本においてマス・コミュニケーション活動が，本格的に成立するようになったのは，明治維新の新聞発行からだ。その当時，マス・コミュニケーション界の構造は非常に単純で，メディア会社の新聞社と広告業を営む小規模の広告代理店があったくらいだ。

時代が下ると大衆雑誌が普及し，1925（大正14）年にはラジオ放送が始まった，1953（昭和28）年にはＮＨＫが，1953（昭和28）年からは民間放送の日本テレビ放送網が本放送を開始し，これに続く民間テレビ各局の開局を経てテレビ時代を迎えることになった。さらに近年はインターネットの普及だ。マス・コミュニケーションの世界は，全国レベル，世界レベルで情報を伝達するまでに発展し，マス・コミュニケーション界の構造も非常に複雑になった。

この世界に関連する企業の業務内容も，現在では分業や専門化が進み，さまざまだ。もはやマス・コミュニケーション界のメンバーは，メディア会社と広告会社だけではない。記事やニュースをマス・メディアに配信する通信社，番組や広告を制作する会社，マス・コミュニケーション活動を立案する会社，マス・メディアでの広告活動を企画し実現する広告会社，印刷・製版会社など，

さまざまな企業が関わることで成り立っている。

<マス・コミュニケーション関連の業界>（情報発信に関連する業界）
- 新聞・通信社（全国紙，ブロック紙，地方紙，業界紙，専門紙，通信社）
- 雑誌・出版社（書籍発行社，雑誌発行社）
- 放送会社（テレビ局，ラジオ局，ケーブルテレビ）
- 広告会社
- インターネット媒体・広告関連会社（媒体社，メディアレップ，広告会社）
- 広告制作会社
- CM制作会社
- PR関連会社
- 市場調査会社
- 番組制作会社
- 広告主（エネルギー・素材・機械，食品，飲料・嗜好品，薬品・医療用品，化粧品・トイレタリー，ファッション・アクセサリー，精密機器・医務用品，家電・AV機器，自動車・関連品，家庭用品，趣味・スポーツ用品，不動産・住宅設備，出版，情報・通信，流通・小売業，金融・保険，交通・レジャー，外食・各種サービス，官公庁・団体，教育・医療サービス・宗教，案内・その他）

(『電通広告年鑑'06-'07』をもとに作成)

　主要なマス・コミュニケーション活動で流される情報を大まかに分類すると，マス・メディア会社の責任で編集・編成する情報と，広告主の責任で制作する広告情報の2種類がある。広告の制作は，高度な技量を要するようになってから，広告主が自ら制作する例は少なくなった。広告主の要望に添う方向で，専門の集団が制作する例が圧倒的に多い。制作集団は独立の企業である場合と，広告会社の一部門である場合がある。独立の制作会社には，広告主が直接に発注する場合や，広告会社を経由して発注する場合があるなど複雑だ。

広告主は，広告原稿をメディア会社に持ち込めば，必ず掲載・放送できるわけではない。特に大手のマス・メディアを利用する際は，広告主とメディア会社の間に広告会社が介在し，メディア会社との直接取引はできないことの方が多い。広告主は，広告活動を計画すると，予算を確保し，広告会社に広告計画の作成を依頼する。広告会社はメディアの利用計画，広告表現の基本線（コンセプト）の案を作成し，広告主に提示する。

広告主が採用した案に沿って広告を制作する一方で，利用するマス・メディアのスペースや放送時間帯の確保を行う。マス・メディアの確保作業を行う際には，メディア会社と広告会社との間で，広告の掲載・放送料金の交渉も行われる。広告の掲載・放送が実現すると，メディア会社は広告会社に，広告会社の取り分である一定のコミッションを差し引き，広告掲載・放送料金を請求する。

メディア会社から請求を受けた広告会社は，広告主に広告の制作費や掲載・放送料，および諸費用をまとめて請求する。広告主が広告活動を計画し，実際に掲載・放送できるまでの流れは，ほぼ以上とおりだ。すなわち，取引に絡む金銭の流れは，

広告主→広告会社→メディア会社

であり，広告主とメディア会社の直接取引は行わないのが，日本の広告界の慣行だ。当事者同士の力関係も影響してくるので一概には説明できないが，最初に金銭の受け渡しが発生するのは，「広告会社→メディア会社」であり，現金支払が原則だ。一方，「広告主→広告会社」の支払いでは，手形決済が多いといわれている。もし広告主企業が倒産するようなことになれば，広告会社が受け取った手形は，期日になっても引き落とせない。広告会社はメディア会社には支払いを済ませているので，多額の赤字を抱えることになる。しばしば耳にする話だ。

広告会社がメディア会社から取引のコミッションをもらうのは，新聞広告で始まった明治以来の商習慣だ。メディア会社と広告会社の取引形態は，マス・

メディアに関する取引全般で、ほぼ共通している。しかし肝心のコミッションとなると、新聞広告は掲載料の15％、テレビでは20％が基本になっているが、実態は各メディアとも一概に説明できないほど複雑になっている。

　欧米の広告会社では、メディア会社から「コミッション」を受け取るのではなく、広告主から報酬として「フィー」を受け取るのが通常の取引形態だ。日本でも最近は「広告会社」と呼ぶことが多くなったが、いまだに「広告代理店」と呼ぶ慣習が残っているのは、新聞社の代理店として営業し、新聞社から取引の「コミッション」を受け取る形でスタートした名残だ。現在ではメディア会社の代理店であるよりも、広告主の側に立つ「広告会社」の色彩の方がはるかに強くなっている。

　テレビを含め電波メディアは、首都圏のキー局だけではなく地方の放送局も、多くは新聞社の関連会社としてスタートした。つまり首都圏および大都市圏では全国紙5紙、地方では各県所在の地方紙の出資で設立した放送局が多い。その後、新聞社の経営難などで、資本関係が動き、新聞社とのつながりが弱くなった放送局もあるが、現在も新聞社系列に属している放送局の数は多い。『日本民間放送連盟年鑑2006』によると、在京のネット・テレビのキー局のうち、日本テレビ、テレビ朝日、テレビ東京の3局は、読売新聞社、朝日新聞社、日本経済新聞社の資本系列に属している。地方の放送局は、番組やニュースの制作をキー局に依存し、ネット系列に属している場合がほとんどで、中央集権化しているのが特徴だ。

　新聞や雑誌が経営を維持するための主要な収入源には、読者から得る購読収入と広告掲載で得る広告収入のふたつがある。民間放送のテレビとラジオの収入源は、ほぼ広告収入だけだ。民間放送では、ニュースなどの番組情報そのものが広告主の提供であり、スポンサードされているのが特徴だ。新聞や雑誌で「広告主」という言葉はあっても、「スポンサー」という言葉を使わないのは、自らの責任で編集する記事がスポンサードされていないからだ。

　マス・メディアを語るとき、新聞社とテレビ局の経営形態と企業理念の違い

についても触れておく必要がある。すなわち、在京のキー5局は、すべて東京証券取引所の第1部に上場している営利企業であることだ。したがって、ネットの傘下にある地方局も営利の論理で動く企業だ。しかも放送局は総務省管轄の認可事業だ。新聞社で株式を東京証券取引所に上場している社はなく、実質的に監督官庁すらないことは極めて重要な違いだ。

⑵ マス・メディアの経営を左右する広告費

　一般の企業にとって、広告活動は商品の大量販売、大量消費を可能にするための活動であり、企業生命をかけて巨額の費用を投入する場になっている。したがって、マス・メディアは、広告主から広告効果や費用対効果の面で、厳しい吟味や評価を受けることになる。吟味や評価の結果はメディア選択に影響し、広告費をどのメディアに集中させるかが決まる。

　電通は、1947年より毎年、暦年単位で主要メディアの広告費を推定し、「日本の広告費」として公表するようになった。1947年当時、メディアの分類は「新聞」「雑誌」「DM・屋外・その他」の3分類だけであった。1951年に「ラジオ」、1953年からは「テレビ」が加わり、ようやく今日の4大マス・メディアの広告費が出そろった。現在では4大マス・メディア以外に、「SP広告」、「衛星メディア関連広告」、さらに1996年からは「インターネット」でも広告費の推定を行うようになった。

　その「日本の広告費」によると、2005年の総広告費は5兆9,625億円であった。内訳をみると、4大マス・メディアでは、テレビ（34.2%）、新聞（17.4%）、雑誌（6.6%）、ラジオ（3.0%）の順に大きい。これら以外では、SP（セールス・プロモーション）の広告費が総広告費の33.3%を占めている。SP広告費は、DM（ダイレクト・メール）、折り込み、屋外、交通、POP（店頭販促物の制作費）、電話帳、展示・映像ほかの広告費を含んでいる（表Ⅰ-2-1参照）。

　広告活動は費用対効果の論理に基づく戦略・戦術に沿って展開される。費用

表Ⅰ-3-1　2005年（平成17年）媒体別広告費

業種＼広告費	広告費（億円）			前年比（%）		構成比（%）		
	'03	'04	'05	'04	'05	'03	'04	'05
	平成15年	16年	17年	16年	17年	15年	16年	17年
総広告費	56,841	58,571	59,625	103.0	101.8	100.0	100.0	100.0
マスコミ四媒体広告費	35,822	36,760	36,511	102.6	99.3	63.1	62.8	61.2
新聞	10,500	10,559	10,377	100.6	98.3	18.5	18.0	17.4
雑誌	4,035	3,970	3,945	98.4	99.4	7.1	6.8	6.6
ラジオ	1,807	1,795	1,778	99.3	99.1	3.2	3.1	3.0
テレビ	19,480	20,436	20,411	104.9	99.9	34.3	34.9	34.2
SP広告費	19,417	19,561	19,819	100.7	101.3	34.1	33.4	33.3
DM	3,374	3,343	3,447	99.1	103.1	5.9	5.7	5.8
折込	4,591	4,765	4,798	103.8	100.7	8.1	8.1	8.1
屋外	2,616	2,667	2,646	101.9	99.2	4.6	4.5	4.4
交通	2,371	2,384	2,432	100.5	102.0	4.2	4.1	4.1
POP	1,725	1,745	1,782	101.2	102.1	3.0	3.0	3.0
電話帳	1,524	1,342	1,192	88.1	88.8	2.7	2.3	2.0
展示・映像他	3,216	3,315	3,522	103.1	106.2	5.6	5.7	5.9
衛星メディア関連広告費	419	436	487	104.1	111.7	0.7	0.7	0.8
インターネット広告費	1,183	1,814	2,808	153.3	154.8	2.1	3.1	4.7

出典：電通「2005年（平成17年）日本の広告費」dentsu online

対効果の評価には，実証データあるいは実績データを伴うのが基本だ。人びとの生活へ浸透度が高いメディアや，その時々の影響力が強いメディアへ広告費は集中する。広告費を投じられないメディアは，経営が傾き，マス・コミュニケーション活動の舞台から降りることになる。日本の広告活動は4大マス・メディアの利用を中心に進展してきたが，近年，急速に普及し始めたインターネットの影響で，広告主の広告費投下の方法は急変している最中だ。

⑶ 既存マス・メディアの現況と動向

① 新聞

　新聞社の多くは，主に購読料による販売収入と，広告掲載で得る広告収入で経営を維持している。日本新聞協会の『日本新聞年鑑'06～'07』によると，新聞96社の回答では，2005年度の新聞社の総収入を100にすると，内訳は販売収入が51.9％，広告収入は30.8％，その他が17.3％であった。その他には出版，受託印刷，事業収入などが含まれている。

　新聞各社の販売収入は販売部数にほぼ比例し，部数が安定すると販売収入も安定する。一方，広告収入の方は極めて不安定だ。販売部数の増減の影響を受けるだけでなく，広告主による広告媒体としての評価や，ライバル紙だけではなく，テレビやインターネットなど，異種メディアとの競争条件によっても変動する。しかも肝心の広告主による媒体需要は景気次第だ。広告収入への依存度が増すほど，新聞社の経営は不安定になる。

　日本の多くの新聞には朝刊と夕刊がある。朝刊と夕刊の両方を併せて発行している場合をセット発行と呼んでいる。セット発行している新聞社でも，印刷工場から遠い地域には朝刊だけを配達している例は多い。それらは朝刊と夕刊を統合した内容になっているので，統合版と呼び，セット発行の朝刊と区別している。

　日本の全国総世帯数は，2005年3月31日現在，5,038万2,081世帯だ。一方，新聞の発行部数は，2005年10月度では，5,256万8,032部と総世帯数を上回っている。1世帯当たりの部数に換算すると1.04部，1部当たりの人口は2.41人となる。

　日本ABC協会の『発行レポート（2005年1～6月）』によると，販売部数が抜きん出ているのは読売新聞（1,008万2,425部），朝日新聞（822万5,032部）の2紙だ。あとは全国紙では毎日新聞（395万5,882部），日本経済新聞（302万7,385部），産経新聞（215万9,695部）の順だ。ブロック紙は中日新聞（276万3,602部），北海道新聞（122万3,184部），西日本新聞（84万9,361部）の順で大きい。

日本の新聞発行はすでに巨大部数で，1世帯当たり平均が1部を超す普及を遂げている。しかし第2次大戦後の経済復興とともに，長期に増え続けてきた部数も，1997年の5,377万部をピークに減少局面に入った。若年層を中心に活字離れが進行し，少子高齢化と総人口減少の影響を受けて，部数低下がどのレベルで止まるかを予測できない状況だ。広告収入の方も，部数の低下が続けば減少をとめるのは難しい。

　『電通広告年鑑'06-'07』によると，2005年の新聞による広告費は1兆377億円で，日本の広告費全体の17.4%を占めている。テレビの広告費が新聞の広告費を抜いたのは1975年であるが，差は拡大の一途をたどっている。日本の広告費に占める率でも1988年の25.5%をピークに，低下している最中だ。しかも21世紀に入って急激な伸びをみせているインターネットが，広告費の獲得競争に参加してきた。今後，インターネットにも食われるようになると，新聞広告費の低下はさらに速まることになる。

　新聞社の販売収入と広告収入の低下が進めば，業界全体の規模縮小も進行する。近年，各産業界で進められてきた再編の動きと同様のことが，新聞業界でも生じる可能性は高い。

　② 雑誌

　雑誌の経営も購読収入と，広告収入で成り立っているのは，新聞と同じだ。新聞と異なるのは，新聞が宅配制度に支えられ，販売部数が比較的安定しているのに対し，雑誌の大半は店頭販売であり，人気次第で販売部数が大きく変動することだ。『電通広告年鑑'06-'07』によると，雑誌は，2005年に201点の創刊と140点の休刊があった。常に創刊と休刊を繰り返しているのが雑誌業界の特徴だ。

　雑誌には発行間隔の違いで，月刊誌，週刊誌，あるいは季刊誌などがある。日本ABC協会の公査レポートによると，2005年下半期（7～12月）の雑誌販売部数の上位は，「月刊ザテレビジョン」の88万8,131部を筆頭に，「家の光」65万9,402部，「CanCan」59万4,499部だ。新聞のような大部数を誇る雑誌や，

100万部を超える規模の雑誌はない。

　出版科学研究所の「出版指標年報」によると，2004年の雑誌全体の販売部数は，29億7,154万冊（前年比96.6％）で，9年連続の前年割れだ。一方，販売金額は1兆2,998億円（前年比98.3％）で，7年連続の前年割れだ。

　『電通広告年鑑'06－'07』によると，2005年の雑誌の広告費は3,945億円（前年比99.4％）であり，総広告費に占める割合は6.6％であった。2001年以降は低下傾向に転じており，2004年にラジオの広告費を抜いたインターネットが，近い将来に雑誌の広告費も抜くことが確実視されている。活字離れが進み，読者自体をインターネットに食われるようになれば，雑誌全体の経営状況は厳しくなる。

　③テレビ

　主要テレビ放送の中で，NHKは受信料収入が，地上波の民間放送では広告（コマーシャル）料収入が経営を支える柱になっている。『電通広告年鑑'06－'07』によると，地上波による民間テレビの広告費は，2005年は2兆411億円（前年比99.9％）だ。総広告費に占める割合は34.2％にのぼる。1953年にテレビ放送が始まってから半世紀を過ぎた。途中1975年に，それまで一番広告費が大きかった新聞を抜き，さらに差を広げながら現在に至っている。現時点でテレビは広告メディアの代表であり，マス・コミュニケーション活動の中心的な位置を占めている。

　2003年の12月1日から，関東，関西，中京の3大広域圏で，NHKと民放がそろって地上デジタル放送を開始した。2011年7月24日をもって従来の地上波アナログ放送は，全国一斉に終了することになっている。地上デジタルは，従来のアナログ放送と同等の画質であれば，1放送局で3チャンネルもしくは2チャンネルを，高画質のハイビジョンであれば1チャンネルを送出することができる。

　現在，マルチ・チャンネル放送は，1チャンネル目がアナログ放送と同じ映像，2チャンネル目はモア・チャンネルと称される追加映像で，1チャンネル

目を補完・補強する内容になっている場合が多い。ハイビジョン画像の番組が多くなると，2チャンネルを同時に送出できないので，この方式は減ることになる。

　地上デジタルならではのサービスとして注目を集めているのが，携帯電話・移動体端末向けの1セグメント部分受信サービスの，いわゆるワンセグだ。2006年4月1日より始まった。地上デジタル放送は，6MHzの帯域を13のセグメントに分けて送る日本独自の放送方式であるが，13の真ん中のセグメントひとつだけで映像，音声，データを送ることができ，この部分での放送をワンセグと呼ぶようになった。

　ワンセグの番組内容は，基本的には12セグメントを使って放送する通常のテレビ番組と同じ内容であり，テレビ受像器で見慣れた番組を，携帯電話や移動体端末でも楽しむことができる。いつでもどこにいても，重要なニュースや天気予報・災害情報の放送を見ることができ，さらに携帯電話の通信機能も使えば，インタラクティブ・サービスを受けることも可能になる。従来のテレビ視聴の方法が，一変するかもしれない。

　④ ラジオ

　現在，日本のラジオ放送は，テレビと同様に公共放送のNHKと民間放送局がある。電波の種類で，主にAM放送とFM放送，および短波放送の区別がある。2011年にテレビが地上デジタルに移行することをにらんで，地上デジタル・ラジオが計画されるかもしれない。ラジオ放送の経営を維持するための収入源は，テレビと同様に，NHKを除く民間放送局は広告収入に依存している。

　『電通広告年鑑'06 - '07』で，2005年のラジオ広告費は1,778億円（前年比99.1%）と，4年連続の減少であった。日本の総広告費に対しては3.0%を占めているが，1992年以来の漸減傾向はさらに進行している。しかも2004年には，急激に伸びてきたインターネットの広告費に追い抜かれてしまった。

　広告費の増減は，マス・コミュニケーション活動における当該メディアの影響力を示すといわれている。つまり広告費は接触者の多いメディア，影響力の

強いメディアに集中する傾向がある。ほかのメディアに比べて，ラジオの広告費が顕著に減少していることを，マス・メディアとしての相対的な影響力の低下とみなされても仕方のない状況だ。

ビデオリサーチ社の聴取率調査（2005年）によると，全曜日・全局の6時～24時での平均聴取率は7.3%であった。2002年の8.3%をピークに4年連続の低下だ。男性（8.9%）よりも女性（5.6%）の方が低く，しかも男女とも年齢が若くなるに連れて低くなる傾向が顕著だ。ラジオは，長年，4大マス・メディアのひとつに数えられてきた。今後もマス・メディアの一角を維持できるかどうかは，楽観を許さない状況だ。

⑤ インターネット

インターネット利用の普及は，極めて急速だ。総務省の「通信利用動向調査」によると，2004年末における日本国内のインターネット利用者数は7,948万人で，人口普及率は62.3%，世帯普及率では86.8%にのぼっている。世帯のパソコンからインターネットへの接続に，ブロードバンド回線を利用しているのは62.0%であるが，さらに急速に増加中だという。

ブロードバンド（DSL，ケーブルインターネット，無線および光ファイバー）の急速な普及で，これらの数値は今後も急速に上昇することが見込まれる。インターネット上でのサービスを維持するための収入源として，特定サービス提供の対価である会費収入や課金収入を確保している例は多い。しかし広告収入の占める比重が大きい点は，ほかのマス・メディアと共通している。電通の推定によると，2005年のインターネット広告費は2,808億円（前年比154.8%）で，ラジオの広告費（1,778億円）を抜いた。今後の急速な伸びで，ラジオとの差はさらに広がり，近い将来には雑誌の広告費も抜いてしまう可能性が高い。

インターネット関連のサービスを提供する企業や機関の経営実態は，一部を除いて極めて把握が難しい。ある日突然に有力サイトが出現することなど，当たり前であるのがこの世界だ。インターネット事業者が，急速に上昇した資産価値を背景に，テレビ・キー局に資本や事業の提携を申し入れ，世間を驚かせ

たのは記憶に新しい。インターネットの活用がさらに進化し，地上デジタル放送が定着するなら，放送と通信の互いの特長を生かすことのできる新規サービスや，双方の機能拡大を図る提携話は，次つぎと起きるはずだ。

　現時点でのインターネットの技術レベルで，テレビのコンテンツを電波と同時に伝送することは十分に可能だ。文字と静止画による新聞のコンテンツも，紙面の形をそのままに，インターネットで伝送可能になるのも，遠い日のことではないはずだ。つまりすべての既存マス・メディアのコンテンツを，インターネットで伝送するのは，すでに可能，あるいはごく近い将来に可能になるはずで，従来のマス・メディアを定義する方法は崩れ去るかもしれない。

　2006年10月より，総務省の省令改正で，家庭内の電力線を高速インターネット回線として利用できるようになった。インターネットを，家庭まではブロードバンドで導き，家庭内では電力線を通信回線として流用できるので，電源コンセントがあるところならどこでも，インターネットに接続可能となる。インターネット接続が電力コンセントの利用と同レベルで便利になろうとしている。既存の情報サイトの内容だけではなく，既存マス・メディアの情報を含めて，あらゆる情報を伝達可能にするインフラストラクチャーとしてインターネットをとらえると，その意味や意義は一層理解しやすくなるだろう。

⑥ 携帯電話

　近年，メール機能の利用を契機に，携帯電話がインターネットに接続する一番身近な端末として定着した。高齢層にも，"ケータイ"文化は，急速に浸透しているという。電気通信事業者協会の調査によると，インターネット対応の携帯電話の普及状況は，2006年11月末現在で，NTT DoCoMoのiモードの加入数が4,714万件，auのEZwebは2,211万件，ソフトバンクのYahoo!ケータイは1,288万件であり，3つのサービス加入を合わせると実に8,214万件にものぼる。しかもNTT DoCoMoのFOMAなどの第3世代携帯電話サービスが，急激な伸びをみせているらしい。

　第3世代携帯電話の普及で通信速度の高速化や技術の発展が進めば，より高

度な動画や音楽などのコンテンツ利用が普及することになる。アップル社のiPodのように音楽配信サービスを受けてプレーする機能，ワンセグ放送の受信機能，非接触ICチップ（FeliCa）の内蔵による電子マネー，電子チケット，決済のサービス利用機能など，さまざまな複合端末機としての利用が浸透すると，従来の電話機の既成概念を大幅に超えて，超多機能のマス・メディアに変身するのは確実だ。

インターネットの利用に際しては，パソコンと携帯電話では画面情報の処理能力や通信スピードなどの違いによって，受信できる情報の質や量に大きな違いがある。両方ともにインターネットを実現する機器である点は共通しているが，利用の目的，場所，利用する人びとの種類などが異なり，ふたつは区別して考えておく必要がある。

パソコンと携帯電話が，同様にインターネットの端末機器ではあっても，機器の物理的条件が異なり，また片方は携行利用が前提であり，摂取する情報の内容や種類は大きく異なる。それらの相違に応じて，相互補完的な役割を担う方向へと，双方が特化していくはずだ。

携帯電話会社の経営は，基本料金や通話料金など，利用者からの収入が柱になっている。将来は企業からの広告収入も，既存メディアやインターネットと同レベルで確保できるかどうか。広告メディアとしての機能が評価を受けるようになると，ほかのメディアとの，広告収入の獲得競争は激しくなる。

4. マス・コミュニケーション調査を理解する枠組み

(1) 当事者と非当事者の分析視点の違い

マス・コミュニケーション調査は，発信者の情報がマス・メディアを介して受け手に伝わるまでの，一連の活動についての調査・分析活動だ。情報伝達の意図や目的を調査対象にすることがあれば，伝達内容の近年の傾向について，あるいはマス・コミュニケーション費用の実態を調査するような場合もあるだ

ろう。マス・メディアの利用状況や情報の受け手の特徴，さらには受け手のマス・メディアへの接触状況を調査するかもしれない。

　もう一点，あまりにも当然であるために忘れがちな，肝心な点を指摘しておかねばならない。すなわち，マス・コミュニケーション調査を企画・実施できるのは，直接・間接的に，この問題に関心をもつ主体，あるいは責任や利害関係を有する主体であり，実施・企画に必要な労力や費用の負担に耐えられる主体だけである，ということだ。経費負担の問題を無視し，調査について机上の理想論や抽象論を展開しても，現実場面では通用しないことを，改めて指摘しておくとしよう。

　H.D.ラスウェル（1949）による，マス・コミュニケーションの流れを考える際のモデル，すなわち「誰が」（Who），「何について」（Says What），「いかなる通路によって」（In Which Channel），「誰に対して」（To Whom），「いかなる効果を狙って」（With What Effect）の5つの要素からなるモデルは，調査の課題領域を整理する枠組みとして便利だ。彼はそれぞれの要素についての調査・分析を，(1)統制者分析（Control Analysis），(2)内容分析（Content Analysis），(3)メディア分析（Media Analysis），(4)受け手の分析（Audience Analysis），(5)効果分析（Effect Analysis）と称している。

　つまり，情報発信者，伝達内容，マス・メディア，受け手，情報伝達の効果の，それぞれを調査・分析によって明らかにすることが，マス・コミュニケーション活動を説明することになるというのが，ラスウェルのモデルが意味するところだ。マス・コミュニケーション調査の全体を整理する枠組みとして実用的だ。Ⅱ章以降の全体構成も，5つの分析領域の考え方に準拠し，説明や解説を展開することになる。

　ここで留意すべきは，マス・コミュニケーション調査を，5つの分析領域に沿って考えるにしても，調査をどの立場に立脚して考えるかということだ。ここで「立場」とは，マス・コミュニケーション活動の「当事者であるのかどうか」ということだ。当事者かどうかで，調査への関心のもち方は異なり，問題

意識は違った内容になる。

　例えば，マス・コミュニケーション活動の情報発信者にとって，調査の目的や課題は，活動を成功させるためのノウハウを得ること，あるいは活動の検証が最大関心事となるはずだ。そのためのデータを得ることができれば調査は成功だ。

　広告情報を発信する広告主が，調査のスポンサーであるとしよう。広告の表現やマス・メディアの違いによるコミュニケーション効果の違い，および効果向上に役立つ資料やデータの獲得が関心事となる。調査は検証やノウハウ蓄積のテーマに沿って計画し，実施されるはずだ。ただし調査結果は，費用を投じて得た貴重な資料やデータであり，公表したり，一般の利用に供されるようなことはほとんどない。

　他方，マス・コミュニケーション活動の当事者ではなく，非当事者である第三者あるいは専門の研究者が調査を行うとしよう。自らのためにコミュニケーション活動の効果に関心を抱くよりも，マス・コミュニケーション現象の，一定の局面について明らかにすることが関心事となるだろう。マス・コミュニケーション情報の種類や量，発信主体や情報の受け手の実態，マス・メディア利用の実状などの調査結果は，官公庁や研究機関の調査データ，報道機関の世論調査など，世間一般で目にする機会が多い。

　そうした観点でみると，ラスウェル（1949）による統制者分析から効果分析までの5つの分析領域は，第三者的な立場でのテーマであり，マス・コミュニケーション活動の非当事者，あるいは専門の研究者の課題を整理したものだ。これに対して，本章で提起した，マス・コミュニケーション活動の5つの成立要因は，当事者の視点からの研究領域であり，分析対象ということになる。

　つまり，「伝達すべき情報が存在」（情報），「情報発信の意思が存在」（意思），「情報の受け手が存在，あるいは存在が見込まれる」（受け手），「情報発信に必要な労力や費用を確保」（経費），「マス・メディアを確保」（マス・メディア）の5つの成立要件を分析対象とみなして，ラスウェルと同様の表現方法をとる

ならば，(1)伝達情報の妥当性分析，(2)情報発信の妥当性分析，(3)受け手の妥当性分析，(4)労力・費用の妥当性分析，(5)利用するマス・メディアの妥当性分析，と5つの「妥当性分析」が並ぶことになる。当事者の分析視点は，あくまでも自らのマス・コミュニケーション活動を検証し，効果や効率の向上に役立つノウハウを取得することが基本だ。

D.マクウェール(1983)は，マス・コミュニケーションを考える立場に3種類があると述べている。その第1は，日常生活を通して暗黙のうちに培った，マス・メディアに対する極めて精巧な連想や考えのセットであり，「常識理論」と呼ぶことのできる内容だ。第2は，「現場理論」と呼ぶべき考え方で，メディアの目的や性質，あるいは特定の効果を達成する方法について，メディアの現場で仕事をしている人びとが抱いている実際的な考え方を指している。第3は「社会科学理論」で，専門の社会科学者がマス・メディアの性質や影響について，研究事例や観察に基づく一般化を試みる中で得る，慎重に考慮された知識を指している。

第2理論は，マス・コミュニケーション活動の当事者の考え方に相当し，第3理論については第三者的なスタンスに該当する。ただし，この3種類の理論に立脚することを採用するにしても，第1の「常識理論」に立脚した調査を想定する必要はないだろう。改めて主体的に調査を企画したり，実施したりしないのが「常識理論」の「常識」の趣旨であるからだ。主体的に調査を実施するならば，その考え方は「現場理論」または「社会科学理論」のいずれかに該当することになる。

要点は，調査を企画し，実施する主体者は「現場理論」の側に立つマス・コミュニケーション活動の当事者か，あるいは「社会科学理論」に立脚するマス・コミュニケーション活動の非当事者，つまり社会科学の研究者や研究機関である，ということだ。調査結果を入手した場合にも，どちらの立場に立脚して得た調査結果であるかを確認することが重要だ。データや資料について解釈したり議論を行う場合に，この観点での確認が欠落していると，思わぬ障害に

遭遇することになる。

(2) 当事者と非当事者の調査目的・内容の違い

①マス・コミュニケーション活動の当事者

マス・コミュニケーション活動の当事者の調査は，自らの活動の妥当性を検証したり，活動の効果や効率を向上するのに役立つ資料やデータ，そしてノウハウを得ることが基本だ。このことをマス・コミュニケーション活動の「妥当性分析」と呼ぶとしよう。マス・コミュニケーション活動の5つの成立要件ごとに，妥当性分析の視点が成り立つ。

＜当事者の5つの調査・分析の視点＞
　①伝達情報の妥当性分析
　②情報発信の妥当性分析
　③受け手の妥当性分析
　④労力・費用の妥当性分析
　⑤利用するマス・メデイアの妥当性分析

5つの成立要件が，事実，成立するかどうかを検証する視点を「検証分析」と呼ぶなら，ノウハウを得るための分析は，将来において成立要件を満たすための技術的な知識や情報を得る「技術分析」といえるだろう。

＜当事者調査での妥当性分析の視点＞
　①検証分析　成立要件に対する妥当性を検証する視点
　②技術分析　成立要件を満たす技術的な知識や情報を分析する視点

マス・コミュニケーション活動の当事者が，自らの活動の妥当性について検証分析や技術分析を行うには，明確な判断の基準が存在しなければ不可能だ。マス・コミュニケーション活動は，ひとえに期待する効果や結果を得るための活動であり，目的活動なのだ。

したがって，マス・コミュニケーション活動の，自らの検証分析や技術分析による妥当性分析は，目的達成の実績値や期待値，あるいは目的達成の蓋然性

(probability) を評価軸に置いて実施する。例えば広告主が広告活動を計画中であるとしよう。計画の妥当性を，5つの成立要件に沿って技術分析し，広告目的の達成度が高い方法や，目標達成の可能性が高い手法を探ることになる。

あるいは，実際に行った広告活動についてならば，広告効果がどれほどであったか，当初の目的をどれほど達成することができたかなどを軸に，5つの成立要件に対する実施内容の妥当性を検証することになる。目標の広告効果を上げることに成功すれば，成功要因の検証を行い，失敗の場合には成立要因のどの局面で問題があったかを確かめることになるだろう。

当事者の調査・分析は，いずれも価値評価の観点で実施される。少なくとも理念的には，調査・分析の視点や，活動の妥当性を評価する軸にあいまいさはなく，単純明快であるのが特徴だ。

②マス・コミュニケーション活動の非当事者

マス・コミュニケーション活動の非当事者による調査・分析の視点は，D.マクウェール (1983) が，マス・コミュニケーションを考える3つの立場としてあげた中の，「社会科学理論」を志向した視点に該当する。マス・コミュニケーションに関する調査・分析の全体を考えると，一般の目に触れる機会が多いのは，調査主体がマス・コミュニケーション活動の当事者ではない場合の方だ。いわゆる専門的な研究者や研究機関のスタンスに基づいた分析だ。

飽戸弘 (1972) によると，専門的な研究者のコミュニケーション研究には，4つの源流と10の研究領域がある。しかし，4つの源流からなるコミュニケーション研究の全領域をカバーすることは，とても1人の人間のなしえるところではない，とも述べている。4つの源流と10の研究領域は，次の通りだ。

人文科学
   1．言　語　学
   2．意　味　論
   3．その他の境界言語学の領域

社会科学
    4. 政 治 学
    5. 社会学・心理学・社会心理学
    6. 文化人類学
生物系自然科学
    7. 動 物 学
    8. 脳神経医学・生理学・遺伝学
理工系自然科学
    9. 通信理論・情報理論
（4つの源流にまたがる形で）
    10. 情報科学

　広大な範囲を包み込む，これらの研究領域の全体をカバーしようとすると非体系的になり，逆に可能な範囲で体系化を図ると，極めて小さな，ひとつの領域での体系化や考察に終わる。飽戸弘のコミュニケーション研究の図式は，現時点から35年ほども前のものではあるが，コミュニケーションについての専門的研究の全体像を理解し，研究領域の概観イメージを得る上では現在も通用する。要点は，極めて多くの学問領域，研究の広い範囲において，コミュニケーションが研究対象にされているということだ。

　研究対象をマス・コミュニケーションに限ったとしよう。社会科学の研究者だけでも，政治学，社会学，心理学，社会心理学など，異なる看板の研究者が登場する。マス・コミュニケーション現象を，どのスタンスから研究するかの違いがあるだけなのだ。富士山をどの方向から観察するかの違いに似ている。

　その意味では，ラスウェル（1949）によるマス・コミュニケーションを研究するための5つの視点は，飽戸の図式では，社会科学の領域の研究テーマや分析テーマを整理した内容として収まる。非当事者の側に立つ調査・分析の典型的な視点であり，多くの研究者が参照するモデルだ。

　ラスウェルの(1)統制者分析，(2)内容分析，(3)メディア分析，(4)受け手の

分析，(5)効果分析，の視点は，独立した研究領域を意味しているのではない。それぞれひとつだけを研究対象にすることがあれば，いくつかを組み合わせて対象にする場合もある。

　一般に最も関心をもたれる機会が多いマス・コミュニケーション効果を分析する場合について考えてみよう。しばしばみかけるテーマは，どのメディアを利用すると広告効果が高くなるか，費用対効果の面で効率的になるか，といった内容だ。メディア間で広告の効果や費用対効果を比較検討するならば，メディア分析と効果分析のふたつにまたがる研究になる。あるいは特定の受け手に対して，どのメディアが効果的かというテーマでは，メディア分析，受け手の分析，効果分析の3つにまたがる調査・分析となる。

　鈴木裕久・島崎哲彦（2006）によると，コミュニケーションの受容過程の調査は，受け手分析と効果分析に対応するものだ。受け手とマス・コミュニケーションとの間のデータを得ると，マス・コミュニケーション側が軸の分析と，受け手を軸にした分析がある。マス・コミュニケーション側の条件の吟味は，内容分析等の方法によって，受け手側の条件の吟味は，受容過程調査固有の仕事になるため，調査設計の段階で仮説の説明に役立ちそうな変数を組み込むことよって行う，と解説している。

　マス・コミュニケーション活動の非当事者による調査・分析の作業は，この問題に関心をもつ研究者や研究機関などによる，第三者的な立場からのアプローチが特色であるのは先に述べた。ただし，調査・分析に必要な費用を工面できることが前提となる。調査・分析によって得る資料やデータに価値があることを，費用の負担責任者に認められることが必要だ。

　従来マス・コミュニケーション調査の解説書は数多くあったが，肝心の費用負担問題との絡みを指摘したのは，ほとんど無かったようだ。解説書どおりの理想的な調査と，実際に実施可能な調査の間には，大きな違いが生じるものだ。費用負担を視野に入れた現実的な思考は，専門の研究者や研究機関による非当事者の調査・分析には必ず課せられる不可避の枠組みだ。実際に調査・分析を

企画する場合，テーマの設定よりも負担可能な予算条件が優先することも珍しくない。どのようにして両方の折り合いをつけるかが，調査・分析担当者の腕の見せ所になる場合は多い。

(3) 調査データの利用者

　マス・コミュニケーション調査が成立するかどうかは，調査を企画・実施する主体者が，調査結果の利用価値をどのように判断するかで決まる。例えば，「データは効果的な広告技法を知るために極めて重要」，「蓄積した調査結果は世論の動きを知る貴重なデータだ」などと，さまざまな判断があるだろう。ただし調査を実施する主体者と，調査データの利用者や受益者が同一であるとは限らない。

　調査データの利用者が複数であれば，共同利用の調査が成立するかもしれない。複数の調査希望者が調査項目をもち寄り，ひとつの調査に相乗りする場合もあるだろう。多数のデータ利用者を見込むことができるなら，調査結果の販売を意図した調査も成立する。先に，マス・コミュニケーション活動の当事者と非当事者の立場では，調査の目的や内容が異なることは述べた。調査を実施する主体者と調査データの利用者が別である場合には，調査主体は，当事者と非当事者のいずれの立場で調査するのかを，事前に決定して，実施に移ることになる。

　マス・コミュニケーション活動の当事者が，自らの活動の効果や効率を高めるために実施する，妥当性分析のための調査については，データの利用者を改めて論じるまでもない。また非当事者的な立場で調査を実施し，自らデータを利用する場合についても，改めて解説の必要はないだろう。あえて説明を要するのは，調査主体と調査データの利用者が異なる場合についてだ。

　マス・コミュニケーション活動を，当事者の立場で調査していながら，データの利用者が調査主体ではない場合の代表例に，ビデオリサーチ社の視聴率調査をあげることができる。ビデオリサーチ社が実施しているテレビの視聴率調

査は，それぞれの時間に，受像器がどのチャンネルにスイッチ・オンされていたかを調査する。各チャンネルが，何パーセントの受像器でスイッチ・オンを占有できたかの数字が視聴率だ。ビデオリサーチ社は，このような視聴率データを広告主，放送局，広告会社などに販売し，利益を上げている営利企業だ。

視聴率データを購入する広告主はメッセージの発信者，広告会社は広告活動を仲介する企業，放送局はマス・メディアを維持している企業だ。いずれも広告メッセージの発信者側で，マス・コミュニケーション活動を担っている当事者だ。視聴率の調査を，広告活動には非当事者であるビデオリサーチ社が実施できるのは，データ購入の希望者が非常に多く，当事者のための代行調査が成立するからだ。当事者は自前で調査を実施したり，単独で調査するよりも費用を大幅に節約でき，調査の実施を管理する労力も省くことができる。しかも第三者的な専門機関が調査を実施しているので，データの客観性を期待できるメリットも得ることができる。

調査実施の主体者と利用者が異なる場合を，もう一例あげると，新聞社やテレビ局による，紙上や番組で報道するための，自前の各種調査だ。政府の政策実施や施策の効果をモニターする調査，国論となっている代表的な意見や主張に対する賛否の調査，国政選挙の動向を予測するための調査など内容は豊富だ。

新聞社やテレビ局が調査データを報道に利用しているのは，調査主体者がデータを利用している場合に当てはまる。しかし読者や視聴者こそ最終的なデータの利用者であるとみなせば，第三者による利用ということになる。メディアが，読者や視聴者が調査データの報道を欲しているとみなすことのできる状況下で，世論調査は，読者サービスや視聴者サービスとして成立する。新聞社やテレビ局の豊富な資金力があって，初めて可能になる。

官公庁が公表している各種調査統計のデータにも，行政自らが施策としてコミュニケートした効果をモニターしたり，行政メッセージの到達を確かめた内容など，マス・コミュニケーション活動を調査した結果は多い。広く一般が利用できるという意味では，マス・コミュニケーション調査のデータ利用で，調

査主体と利用者が違っている例に入るだろう。調査の企画・実施の背景からして行政の一部ではあるが，豊富な資金投入で可能になる調査の代表例といえる。

⑷ 調査の実施機関

　実際に調査の実施を管理する機関が，調査主体と同一であるとは限らない。調査データの必要性を判断し，調査の実施を計画しても，その計画主体が調査対象者をサンプリングし，調査票の配布・回収を行い，集計・分析までを行うことには，必ずしもならない。調査を実施し，管理する作業のほとんどは，調査を実施するのが専門の調査会社に委託されているからだ。調査会社の団体である㈳日本マーケティング・リサーチ協会に加盟の調査会社は，2006年9月1日現在で136社だ。この協会に加盟していない調査会社もかなり存在するだろう。行政機関，報道機関，一般企業などが調査を行う場合には，そのほとんどが，これらの調査会社に委託することで，実施されているのが実状だ。

　調査会社の役割や機能を列挙すると，次のような内容になる。

① 調査に関わる全過程の企画・設計
② 調査実施の方法や内容の企画・設計
③ 調査対象の抽出や選定
④ 調査実施の管理と運営
⑤ 調査結果の集計と分析
⑥ 報告書の作成

　調査会社に，これらの役割や機能のすべてが依頼されているとは限らない。ひとつの調査過程を前半と後半に分け，別個の調査会社に発注する場合もある。全国規模の調査であれば，担当地域を分けて発注するのが普通だ。調査会社によって，得意とする調査内容に違いがあり，調査内容次第で発注先が変わるのも当然のことだ。極端には，列挙した役割や機能ごとに，調査会社の選択が変化しても不思議ではない。

　希有な例ではあるが，調査主体が調査の企画から，調査対象者の抽出，調査

の管理・運営,集計・分析までの全過程を手がける例もある。一部の新聞社が実施している,世論調査だ。かつては大手の新聞社なら,世論調査部門が実施する調査は,自ら企画し,設計を行い,管理・運営し,集計・分析に至るまですべて行うのが普通であった。しかし調査には多額の費用と労力を必要とする。現在では専門の調査会社に依頼したり,報道機関同士で共同調査を行ったり,通信社から調査結果を購入する例が増えているようだ。

調査の実施に必要な費用の大半は人件費だ。調査員の確保を行うためだけでも多額の費用がかかる時代だ。調査の実施を調査会社に依存する度合いは一層増すと考えられるが,営利事業としての調査は,利益が少ないといわれている。調査会社の大半は数十人規模の小企業だ。大企業に比べて従業員の給与水準は必ずしも高くないようだ。その多くは,高度の依頼内容に対応できる優秀な人材の確保に苦労しているのが実情のようである。

2005年から個人情報保護法が施行されるようになった。長期にわたってサンプリングに活用してきた住民基本台帳の閲覧が,ほぼ不可能になってしまった。厳密なサンプリング理論があったとしても,基本となるランダム・サンプリングを可能にする台帳が目の前から消えてしまったのだ。しかも調査内容そのものは,個人情報に触れる場合が多い。一般の人びとを対象にした,世論調査やマーケティング調査は,非常に難しくなっている。マス・コミュニケーション活動の舞台が,インターネットに移りつつもある。

それらの意味で調査の実施は,専門の調査会社の高度なノウハウが無くては,ますます無理な時代に入ったといえる。調査の需要動向と調査会社の対応能力との折り合いが,実質的にマス・コミュニケーション調査の今後の動向を担っているようだ。

【引用文献】
- 飽戸弘『コミュニケーション』筑摩書房,1972年。
- コフカ,K.,(鈴木正弥監訳)『ゲシュタルト心理学の原理』福村出版,1988年(Koffka, K., *Principles of Gestalt Psychology*, Harcourt, 1935).

- 出版科学研究所『出版指標　年報』全国出版協会，2005年。
- 鈴木裕久，島崎哲彦『新版・マス・コミュニケーションの調査研究法』創風社，2006年。
- 総務省「平成16年『通信利用動向調査』の結果」報道資料，2005年。
- 竹内郁郎「社会的コミュニケーションとは何か」，山根常男，森岡清美，本間康平，竹内郁郎，高橋勇悦，天野郁夫編『テキストブック社会学(6)マス・コミュニケーション』有斐閣ブックス，1977年。
- 電気通信事業者協会『事業者別契約数（平成18年11月末現在数）』報道資料，2006年12月。
- 電通『電通広告年鑑　'06-'07』電通，2006年。
- 日本ABC協会『発行レポート（2005年1～6月）』日本ABC協会，2005年。
- 日本新聞協会『日本新聞年鑑　'06-'07』電通，2006年。
- 日本民間放送連盟『日本民間放送年鑑2006』コーケン出版，2006年。
- 藤竹暁『現代マス・コミュニケーションの理論』日本放送出版協会，1968年。
- マクウェール，D.,（竹内郁郎，三上俊治，竹下俊郎，水野博介訳）『マス・コミュニケーションの理論』新曜社，1985年（McQuail, D., *Mass Communication Theory—An Introduction—*, Sage Publications Ltd., 1983）.
- ラスウェル，H. D.,「社会におけるコミュニケーションの構造と機能」，シュラム，W. 編（学習院社会学研究室訳）『マス・コミュニケーション』創元社，1954年（Schramm, W. (ed.), *Mass Communication*, The University of Illinois Press, 1949）.
- リップマン，W.,（掛川トミ子訳）『世論』上下，岩波書店，1987年（Lippmann, W., *Public Opinion*, The Macmillan Company, 1922）.
- レヴィン，K.,（相良守次・小川隆訳）『パーソナリティの力学説』岩波書店，1957年（Lewin, K., *A Dynamic theory of Personality : selected papers*, 1935）.

【参考文献】
- 朝日新聞社広告局編『新版　新聞広告読本』朝日新聞社，1996年。
- 稲葉三千男『マスコミの総合理論』創風社，1987年。
- カッツ，E. & ラザースフェルド，P. F.,（竹内郁郎訳）『パーソナル・インフルエンス』培風館，1965年（Katz, E. & Lazarsfeld, P. F., *Personal Influence—The Part Played by People in the Flow of Mass Communications*, The Free Press, 1955）.
- 柿崎祐一「第2章Ⅳ.5. 現象的ゲシタルトの諸相――体制の法則」，末永俊郎編『講座心理学　第1巻　歴史と動向』東京大学出版会，1971年。
- 公正取引委員会『広告業界の取引実態に関する報告書』報道資料，2005年11月。
- 坂巻善生編著『効果的な広告のための総合講座－データの実際と活用－』ソフィア，1994年。

- 坂巻善生「新聞評価の新尺度」,『新聞研究』No.581, 日本新聞協会, 1999年12月。
- 相良守次『心理学概論』岩波書店, 1968年。
- 島崎哲彦『「CATV」と「CS系放送」の発展と展望-「多チャンネル化」と「専門チャンネル化」の時代を迎えて-』学文社, 1993年。
- 島崎哲彦『21世紀の放送を展望する』学文社, 1997年。
- 島崎哲彦『社会調査の実際-統計調査の方法とデータの分析』学文社, 2000年。
- 全日本広告連盟「平成18年度版『全広連名鑑』」2006年。
- 竹内郁郎, 小島和人『現代マス・コミュニケーション論(有斐閣大学叢書)』有斐閣, 1982年。
- 竹内郁郎『現代社会学叢書 マス・コミュニケーションの社会理論』東京大学出版会, 1990年。
- 仁科貞文『広告効果論-情報処理パラダイムからのアプローチ』電通, 2001年。
- 日本新聞協会『日本新聞協会60年史』日本新聞協会, 2006年。
- 日本マーケティング・リサーチ協会『市場調査白書 2005年版』日本マーケティングリサーチ協会, 2005年。
- 日本民間放送連盟編『放送ハンドブック(新版)』東洋経済新報社, 1997年。
- 長谷川倫子「コミュニケーションとしてのマス・メディア」, 春原昭彦, 武市英雄編『ゼミナール 日本のマスメディア』第2版, 日本評論社, 2004年。
- 藤竹暁『図説 日本のマスメディア』日本放送出版協会, 2000年。
- ホブランド, C. I., ジャニス, I. L. & ケリー, H. H., (辻正三訳)『コミュニケーションと説得』誠信書房, 1960年 (Hovland, C. I., Janis, I. L. & Kelley, H. H., *Communication and Persuasion*, 1953).
- レヴィン, K., (猪股佐登留訳)『社会科学における場の理論』誠信書房, 1956年 (Lewin K., Cartwright, D. (ed.), *Field Theory in Social Science*, Harper & Brothers, 1951).

II マス・コミュニケーション研究と調査の諸相

1. マス・コミュニケーション研究の視座と研究方法

　I章では，現代マス・コミュニケーションのとらえ方と，これを解明するための調査について記述しているが，本章では社会科学の視座から，マス・コミュニケーションを研究する手法として調査を論じる。

　マス・コミュニケーション研究と調査について論じるにあたっては，まず研究方法について明らかにする必要がある。そこで，H.D.ラスウェルの指摘をとりあげる。ラスウェルは，マス・コミュニケーションの構成要素と研究について，次のように整理している（ラスウェル，1949）。

　　誰が(Who)　　　　　　　　　　　－統制者分析(Control Analysis)
　　何について(Says What)　　　　　－内容分析(Content Analysis)
　　いかなる通路によって(In Which Channel)　－メディア分析(Media Analysis)
　　誰に対して(To Whom)　　　　　 －受け手の分析(Audience Analysis)
　　いかなる効果を狙って(With What Effect)　－効果分析(Effect Analysis)

　ところで，マス・コミュニケーション研究における調査とは，課題の設定→データの収集→分析→知見の検出という科学的手順を踏み，仮説や理論に到達しようとするものである。しかし，この調査が前掲のマス・コミュニケーション研究にすべての分野の手法として妥当であるとはいえない。鈴木裕久は，制度，法制研究の多くは理論的に行われることが多いし，歴史的アプローチを用いる方が有効な分野もあると指摘している（鈴木，1990）。

ここでは，ラスウェルのマス・コミュニケーション研究の5つの分類にしたがって，研究と調査の関係を整理する。

(1) 統制者分析

 統制者とは，マス・メディアを通じて受け手にメッセージを発信するものを指す。それは，報道においてはジャーナリスト，あるいはその集団としてのマスコミ企業である。広告においては，出稿主である企業・団体などの組織であり，パブリシティ（publicity）においては，メッセージの発信者である企業・団体などの組織と，それを記事・番組にとりあげたジャーナリスト・マスコミ企業となる。

 この統制者分析には，マスコミ界の産業構造やマスコミ企業の組織を明らかにする産業論の立場からの研究や，その歴史的変遷から社会的機能の変化や現在の産業・組織の問題点に迫ろうとするマスコミ史の立場からの研究などが含まれる。しかし，ここでは調査とは異なる手法を用いるこの種の研究には触れない。

 統制者分析，すなわち送り手分析のもうひとつの視点は，鈴木によれば，「コミュニケーション・ネットワークのなかでその送り手の位置，役割，および彼の心理と行動を明らかにし，次いで彼がどのようにコミュニケーション内容の取捨選択・加工をおこなうか，またそれに関与する要因はなにかを解明することである」（鈴木，1990）。鈴木の説の基には，G.マレツケの論がある。マレツケは送り手自身のテーマとして，①送り手のパーソナリティー，②送り手の自我像，③送り手と一般社会の関係，④チームのなかの送り手，⑤組織のなかの送り手，⑥送り手と社会の6項目をあげている（マレツケ，1963）。①送り手のパーソナリティーとは，ジャーナリストなどの送り手のパーソナリティーや心理学的特性のことである。②送り手の自我像とは，ジャーナリストなどの送り手が自身をマス・コミュニケーション過程の中にどのように位置付けているかといった問題である。③送り手と一般社会の関係とは，社会

の中で送り手と他のさまざまな集団・組織とがどのような関係にあり，どのような機能を果たしているのかを指す。近年，とみに注目されているマス・コミュニケーションの公共性の問題も，この範疇とかかわるものである。④チームの中の送り手のチームとは，マス・コミュニケーション過程におけるメッセージの送出にかかわる専門家集団を指し，この分野における課題は，そのチームの成員の特性を明らかにすることである。⑤組織の中の送り手の組織とは，マス・メディア企業・団体などの組織を指し，この分野における課題は，その組織の特性と，ジャーナリストらの構成員に対する制約や影響を明らかにすることである。⑥送り手と社会とは，送り手に対する外部の集団からの圧力などの問題であり，この外圧のほかに，マス・コミュニケーションにおけるタブーや，外圧を内在化させた自主規制（早川善治郎，2002）もこの延長上にあると考えられる。

この種の課題を明らかにしようと試みた調査研究としては，日本では，新聞記者を対象とした日本新聞協会研究所による調査研究（日本新聞協会研究所，1994）や，民間放送記者を対象とした日本民間放送連盟研究所による調査研究（日本民間放送連盟研究所，1996）をあげることができる。

マレツケは，さらに送り手と他の要因との関係を，①送り手とメッセージ，②送り手とメディア，③送り手と受け手の3項目に分類している（マレツケ，1963）。①送り手とメッセージとは，送り手のメッセージの選択・制作やメッセージに込める意図などと，送り手のパーソナリティーなどの関係に着目した研究を指しており，D.M.ホワイトによる取材あるいは入手したニュースの取捨選択と報道に至る過程を分析したゲート・キーパー研究（D.M.ホワイト，1950）は，この範疇に入る。②送り手とメディアは，文字や映像，音声といったメディア特性が送り手に及ぼす影響を指す。③送り手と受け手は，送り手の変容・利用過程における相互の役割を指している。

このような送り手分析の視点を勘案すると，送り手研究の多くは単独で成り立つものではなく，後掲する内容分析やメディア分析，あるいは受け手分析と

も関連するものであるといえよう。

(2) 内容分析

　内容分析は，メッセージの内容を主観性と直観によって解釈するのではなく，研究対象となる事象に関するメッセージを科学的に解釈しようとする手法である。

　この手法は，第一次世界大戦，第二次世界大戦において，心理戦のために敵国の宣伝資料などを分析する手法として発展した。特に，第二次世界大戦中，アメリカの国会図書館におかれた戦時コミュニケーション実験研究部 (Experimental Division for the Study of Wartime Communications) では，敵国の出版物の分析・研究が盛んに行われた。これらの手法から，内容分析（コンテント・アナリシス）が確立されたのである（マレツケ，1963）。

　このような内容分析の手法は，マス・コミュニケーション研究では，記事，番組や書籍などの分析に適用される。B.ベレルソンは，内容分析とは「表明されたコミュニケーション内容の客観的・体系的・数量的記述のための調査技法である」（ベレルソン，1952）と定義している。また，ラスウェルは，内容分析を意味の研究と形式の研究に分けている（ラスウェル，1949）。意味の研究では，とりあげられた事柄，事象，主張などと意図が重視され，形式の分析では，事柄，事象，人物，表現，量などが重視されることとなろう。一般的な内容分析では，意味と形式の両方の項目についてとりあげることが多い。また，言説分析（Discourse Analysis）と呼ばれる分析は，意味の分析に重点を置く内容分析であるといえよう。

　では，内容分析はどのような課題に適用できるのか。マレツケは，内容分析をメッセージのなかに存在するものだけを体系的に記述しようとする純粋な内容分析と，メッセージ研究を通じてマス・コミュニケーションの他の要因を解明しようとする広義の内容分析に分類して，それぞれ下記のような課題の解明に適用できるとしている（マレツケ，1963）。

マレツケのあげる純粋な内容分析の課題は，次のとおりである（マレツケ，1963より抜粋）。

① 内容分析によって，作品自体の内容を研究することができる。内容分析のもっとも重要な応用領域は，ここでは文体形式，型，の研究である。
② 特定期間の新聞，雑誌，書物，映画，ラジオ番組などを分析すれば，それらのデータから時間的な変化，発達，傾向を明らかにできる。
③ 内容分析のデータを対照し，比較することによって，同種メディアの異なったマス・メディア機関の特徴と傾向を明らかにすることができる。
④ ある特定の素材が異種のメディアによって伝達されるとき，その素材がどの程度に，どんな方向に変化するかを研究することができる。
⑤ マス・コミュニケーションのメッセージの国際的な比較研究，つまり，各国家ごとにメッセージの形式と内容の一致や相違を体系的に検討することも内容分析によって可能である。
⑥ メッセージのなかに含まれている事件ないし，事象の記述が現実と合致しているか，それとも現実と背反しているか，もし背反しているとすればどういう方向においてであるか——そうしたことを調べることに成功するならば，そこから，マス・コミュニケーションの本質と機能について重要な透察を得ることができよう。
⑦ マス・コミュニケーションのメッセージは現在通用している規範，標準，慣習，見解と一致しているか，それともはずれているかといった問題である。

マレツケのあげる広義の内容分析の課題は，次のとおりである。（マレツケ，1963より抜粋）

① 送り手の解明

　　送り手がだれであるかを識別すること，送り手のパーソナリティーを診断すること，送り手の意図を確認することである。

② 受け手の解明

マス・コミュニケーションのメッセージは聴衆の鏡として，聴衆の希望，期待，態度を反射したもの，あるいは聴衆の「白日夢」を反映したものである。この仮説に立てば，供給されたメッセージの体系的な内容分析によって，聴衆の精神態度の本質的透察が可能になってくる。

ところで，メッセージには発信者の意図が込められているのであるから，その意図に側して，受け手にどのような効果があったのかが問題となる。例えば，人びとに争点を形成するマス・コミュニケーションの議題設定機能（agenda setting function）（M.E.マコームズ & D.L.ショー，1972）を検証するためには，一方で争点形成にかかわるメッセージの内容分析が必要であり，他方で受け手を対象としたメッセージによる効果分析が必要となろう。このように，研究課題によっては内容分析のみならず，他の分析を合わせて用いることが要求されるのである。

(3) メディア分析

メディアそれそのものは，メッセージの伝達手段である媒体に過ぎない。しかし，メディアはマス・コミュニケーション過程における他の要因との関係の中でとらえると，「メディア以外の三つの要因—送り手，メッセージ，受け手—は機能的な相互依存関係で結びついている変数とみることができる」（マレツケ，1963）と，マレツケは述べている。マレツケは，さらにメディアと他の3つの要因について，「送り手は自分のメディアの特性と限界を知り，尊重しなければならない。ただ，そのわくのなかで，テーマの選択やメッセージの制作については比較的広範囲の決定権を持っているのである。同じことはまた受け手にもいえる。受け手の選択的接触と行動は，特定の限界内で相対的に『自由』なだけである」（マレツケ，1963）と指摘している。

したがって，メディア分析とは，マス・メディアを送り手，メッセージ，受

け手との関係の中でとらえ，各メディアの特性と，その特性との関連の中で各メディアが果たす社会的機能を明らかにすることであろう。そこで，新聞とテレビジョン放送をとりあげて，その特性を考察してみる。新聞は活字を媒介とするものであり，テレビは音声と映像を媒介とするものである。活字による編集に用いる言葉のひとつひとつには，社会的に共通する概念をもつという規約性がある。この言葉をもってつづる活字は，ひとつの事象を表現するために，ひとつひとつの言葉のもつ概念を論理でつなげるという論弁的形式に従わねばならない。他方，映像は，事象全体をそれぞれの構成要素が有機的に結合した有縁的姿のまま提示するという現示的形式をもっている（津金沢聡広・田宮武，1983）。このようなメディア特性による表現方法の違いは，受け手の受容の差異に結びつく。受け手は，論弁的形式に従う活字を，合理的，論理的に解読しながら受容する。これに対して，現示的形式に従う映像・音声を，情緒的，感覚的に感性で受けとめて受容する（島崎哲彦，1997）。そこで，人びとはテレビで印象づけられたニュースを，新聞で確認し，理解するなどの行動をとる。マス・メディアの機能の視点からみれば，テレビと新聞は役割が異なるともいえる。

　このようなマス・メディア特性の違いは，メッセージの送り手によるメディアの使い分けにも結びつく。受け手の感性に訴えるイメージ広告はテレビやラジオに多く，商品・サービスの具体的機能や特性を訴求しようとする広告は，新聞や雑誌に多い。例えば，購入希望者に詳細な情報が到達することを期待する不動産広告は，よく新聞に出稿されるが，テレビではほとんど見かけない。また，このような視点からみると，メディア分析は統制者分析とも深くかかわっているといえる。

　では，視点を変えて，マス・メディアの社会的機能を軸にメディア分析を考えてみる。D.マクウェールは，社会の視点に立って，マス・メディアの社会的機能を，①情報，②相互の関連付け，③継続性，④娯楽，⑤動員に大別している（マクウェール，1983）。これらの機能を多メディア時代の現代にあて

はめて考察するならば、各メディアはどの機能を果たしているのかが問題となる。これを明らかにするためには、各メディアの発信内容と、受け手の利用に関する知見が必要である。したがって、メディア分析は、メッセージの内容分析や受け手の分析とも深いかかわりがあるといえる。

(4) 受け手の分析

　マス・コミュニケーション過程における受け手とは、マレツケによれば、「マス・メディアによって伝達されたメッセージを―その意味を（少なくとも大要は）把握できる程度に―『解読する』すべての人間をさす」（マレツケ, 1963）。また「受け手はマス・コミュニケーションの場における送り手の対極である」（マレツケ, 1963）といえよう。

　受け手の分析には、受け手のパーソナリティーや社会的属性から、先有傾向（predisposition）や帰属集団、その中の準拠集団（reference group）などの社会的関係の解明、あるいは受け手のメッセージの受容まで、さまざまな課題が含まれている。これらの諸点を明らかにするためには、受け手を対象とした調査を用いて、実証的研究を行うことが必要となる。

　その調査は、課題によって、受け手である一般の人びとを対象とする大規模調査から小集団（small group）を対象とした調査まで、さまざまな種類がある。例えば、マス・コミュニケーション過程を通して伝達されるメッセージは、すべて直接受け手に到達するのではなく、オピニオン・リーダー（opinion leader）に伝わり、パーソナル・コミュニケーションを媒介としてフォロワー（follower）に伝わるとするコミュニケーションの二段の流れ（two-step flow of communication）の仮説（E.カッツ＆P.F.ラザースフェルド, 1955）は、調査に基づいて検出されたものである。

　前掲の通り、マス・コミュニケーションの両極には、送り手と受け手が存在する。そこで、受け手の存在を考えない送り手はいないであろうし、受け手の受容を考慮しないメッセージもないであろう。したがって、送り手の分析を中

心とする課題であっても，一部は受け手の分析を用いて解明することとなろう。内容分析の項であげたマス・コミュニケーション議題設定機能の研究においても，どのような属性・特性の受け手で機能が果たされたかを明らかにするためには，受け手の分析が必要とされる。メディア分析においても，あるメディアがどのような受け手に利用されているかを解明するためには，受け手の分析が必要であるし，次項で述べる効果分析についても，どのような受け手でマス・コミュニケーションの効果があったかを明らかにするためには，受け手の分析が欠かせない。このように，受け手の分析は，マス・コミュニケーション研究の多くの分野で重要な位置を占めているといえる。

(5) 効果分析

　効果分析は，マス・コミュニケーションのメッセージの受容が，受け手の認知，意見・態度，行動にどのような効果，あるいは影響をもたらすかを課題とするものである。受け手の変容は，メッセージの送り手の視点からみれば効果であり，受け手の視点からみれば影響となる。

　効果研究は，20世紀初頭から現在に至るまで，主にアメリカで調査などを用いた実証研究として行われ，今日までマス・コミュニケーション研究の重要な柱となっている。

　これらの効果研究は，研究内容と効果の分析結果などの変遷によって，下記の3期に分類されることが多い。ここでは，田崎篤郎の分類（田崎・児島和人，1992）にしたがって概観する。

　① 第Ⅰ期（20世紀初頭～1940年代前半）

　田崎は，第Ⅰ期を「新聞，ラジオ，映画などの当時のマス・メディアは，その受け手に対して大きな影響力をもつという前提のもとで効果が論じられ，研究された時期である」（田崎・児島，1992）としている。研究の前提には，マス・コミュニケーションのメッセージは個々に孤立した無力な受け手に到達し，強力な影響を及ぼすとの考えがある。このような考えの基礎にあるのは，後に

批判されることになる刺激＝反応理論（stimulus-response theory; S-R theory）である。この時期は強力モデル（powerful model）の時代とされ，提唱された理論や仮説は，弾丸理論や皮下注射理論と呼ばれる。

このような強力モデルの研究がなされた背景には，第一次世界大戦（1914〜1918年），ロシア革命（1917年），世界大恐慌（1929年），満州事変（1931年）から日中戦争への拡大，ナチス政権の成立（1933年），第二次世界大戦（1939〜1945年）などの大事件と，それらの事件にかかわるマス・メディアの威力への認識があったと考えられる。

この時期の代表的研究として，『火星からの侵入』（A.H.キャントリル，1940）や，『大衆説得』（R.K.マートン，1946）があげられる。

キャントリルの研究は，1938年10月3日午後10時からCBSラジオで放送されたラジオ・ドラマ「マーキュリー劇場」の中での火星人襲来のニュースによって引き起こされたパニックを扱ったものである。キャントリルは，この事件についての調査結果から，パニックの社会心理学的メカニズムとラジオの威力に言及している。なお，この研究は，後にパニックとはどの程度の心理や行動の状況を指すのかといった点で，疑問が投げかけられることとなる。

マートンの研究は，1943年9月21日から始められたCBSネットワークにおける第二次世界大戦のための戦時国債購入を訴えるラジオ・キャンペーンの成功を扱ったものである。このキャンペーンは，タレントのケイト・スミスによって頻繁に放送され，多額の戦時国債がアメリカ国民によって購入された。マートンは，このキャンペーンの研究を通じて，送り手の説得内容，受け手の先有傾向，ケイト・スミスと聴衆の感情，戦地の兵士などの関係を分析し，この成功の背景にある「献身の三角形」を抽出した。この研究もまた，ラジオ・キャンペーンの強力な威力を検証したものである。

なお，田崎は，第Ⅰ期を1930年代末までとしているが，研究の内容とその背景となった社会的状況から，1940年代前半までとするのが妥当であろう。

② 第Ⅱ期（1940年代後半～1960年代前半）

1930年代末から，世論調査法の確立と調査専門機関の設立に後押しされて，実験法や調査法といった心理学，社会学の研究法を用いた実証的研究が急速に発展し，マス・コミュニケーション効果に関する仮説や理論が提示されるようになった（田崎・児島，1992）。

このように実証的研究法の利用が進展する中で，第Ⅰ期で主張されたマス・コミュニケーションの直接的，かつ強力な効果を否定する研究結果が数多く提示される。そこで，第Ⅱ期は限定効果（limited effects）モデルの時代と呼ばれる。

この時期の研究は，(イ)マス・コミュニケーションのメッセージが，受け手の認知，態度，行動などのうえにひき起こす変化を主題とする効果研究，(ロ)マス・コミュニケーションに接触することを通じて，受け手がそこからひき出している満足あるいは効用を主題とする利用と満足（uses and gratifications）の研究，(ハ)マス・メディアから送出されたメッセージが，受け手のところに到達するまでの経路を主題とするコミュニケーションの流れの研究に大別できる（竹内郁郎，1982）。

(イ)効果研究の代表的事例としては，説得コミュニケーションの効果形成課程を心理学的実験法を用いて検出したコミュニケーションと説得に関する研究（C.I.ホブランド，I.L.ジャニス＆H.H.ケリー，1953）をあげることができる。この時期のマス・コミュニケーションの効果研究はJ.T.クラッパーによって一般化され，効果は創造（creation），補強（reinforcement），小変化（minor change），改変（conversion），無効果（no effect）の5つに類型化された。また，マス・コミュニケーション効果の多くは，既存の意見・態度を一層強化する補強であることが示された（クラッパー，1960）。

(ロ)利用と満足研究とは，マス・コミュニケーションの効果研究が送り手がメッセージに込めた意図に即して受け手の変化を計測しようとするのに対して，メッセージの意図に関係なく，受け手がそれをどのように利用し，いかなる充

足を得たかを明らかにしようとするものである。

初期の利用と満足の研究で著名なものは,ラザースフェルドによるラジオの社会的影響を,印刷媒体との比較で明らかにしようと試みた研究(ラザースフェルド,1940)である。この研究は,印刷媒体との接触が少ない層に対して,ラジオが教育的・啓蒙的な役割を果たすとの仮説の下で行われた。結果は,このような層が好むのは娯楽番組であること,しかし,彼らは娯楽番組から教育的・啓蒙的示唆を得ているというものであった。

利用と満足の研究はこの時期に他にも多数発表されたが,その手法に問題があった。問題とは,少数の対象者に対して詳細なインタビューを用いたため,提示された仮説を後日他の地域,他の集団で検証することが困難になったことを指す。すなわち,調査の信頼性と妥当性に問題があったといえよう。このことも要因のひとつとなって,1950年代には利用と満足の研究は衰退してしまう。

その後1970年代に至って,定量的な調査手法が持ち込まれ,信頼性と妥当性の問題が克服されることによって,利用と満足の研究は復興していくこととなる。

(ハ)コミュニケーションの流れの研究の代表的な事例としては,マス・コミュニケーションのメッセージはオピニオン・リーダーからパーソナル・コミュニケーションを介してフォロワーに伝わるとする,前掲のコミュニケーションの二段の流れ研究(カッツ&ラザースフェルド,1955)などをあげることができる。このコミュニケーションの二段の流れ仮説は,1960年代以降の研究によって批判にさらされる。1960年代に入ると,さまざまな事件の伝播過程に関する研究を経て,事件情報の多くは受け手に直接伝わるとする一段の流れ説の妥当性が主張されるに至ったのである。

③ 第Ⅲ期(1960年代後半〜現在)

第Ⅲ期には,第Ⅱ期にクラッパーによって一般化された限定効果モデルに対する批判的研究が数多く提示される。田崎は,クラッパーの一般化への批判はある意味で当然のことであるとして,「それらの諸研究の多くは,個人の態度

変化に対するコミュニケーションの影響，それも実験法とか調査法を採用したことから短期的な時間内での影響を扱ったものであった。したがって，一見マス・コミュニケーションの効果をすべて包含したかにみえたこの一般化も，『短期的な態度変化に及ぼす影響』に限定されたものでしかなかったのである。」（田崎・児島，1992）と説明している。田崎はまた，この時期に出現したテレビジョン放送の効果を論じるにあたって，限定効果モデルには大きな限界があったことも，批判の一因であると指摘している（田崎・児島，1992）。

この時期に提示された研究の多くは，細分化されたさまざまな分野ではマス・コミュニケーションは大きな影響力をもつとするものである。したがって，この時期は再び強力モデルへ向かう時代と呼ばれる。

この時期に提示された主な研究は，下記の通りである。

(イ) ニュースの伝播過程に関する研究

B.S.グリーンバーグは，人びとに知られた大事件は個人的接触によって認知され，あまり知られていない事件はマス・メディアを通じて認知される傾向があることを調査結果から検出した。このニュースの伝播は，① その事件を知っている人びとの範囲，② 事件の重要性もしくは突出性，③ 情報量，④ その他の知識がメディアのニュースあるいは個人的な接触から最初に得られる度合いの4つの要因によって規定されるとしている（グリーンバーグ，1964）。これらの研究は，クラッパーに対する批判を含むものである。

(ロ) 議題設定機能仮説

マコームズとショーは，1968年のアメリカ大統領選挙直前に新聞，雑誌，テレビの政治報道について内容分析を行い，他方，ノースカロライナ州のある町で，投票行動をまだ決定していない人びとを対象として，重視する政治的争点についての調査を行った。この結果から，マス・メディアのキャンペーンなどによる政治的課題に対する言及度合いと，受け手の政治的争点に対する重視度との間に相関を検出した。このことから，マス・メディアが強調する程に，その課題は受け手に重要な争点として認識されるという議題設定機能仮説が提示

されたのである(マコームズ&ショー, 1972)。

(ハ) 知識ギャップ仮説

P.J.ティチナーらは、調査結果から社会経済的地位と知識の間に相関があることを見出した。そこから、社会経済的地位の高い人びとは、低い立場の人びとよりも速く情報を獲得する傾向があるので、マス・メディアがより多くの情報を伝播する程、両者の間の知識格差は拡大していくとする、知識ギャップ仮説 (knowledge gap hypothesis) が提示された(ティチナー、G.A.ドナヒュー&C.N.オリエン, 1970)。

(ニ) メディア依存モデル

M.L.ドフルールらは、人びとのマス・メディアの情報に依存する度合いが大きいほど、メディアの社会的効果は強まる。特に、社会が不安定になるほど、人びとは安定の回復のためにメディアの情報に依存するとするメディア依存モデル (dependency model) を提示した(ドフルール&S.J.ボール=ロキーチ, 1975)。

(ホ) 沈黙の螺旋的増幅論

E.ノエル-ノイマンは、1965年に実施された西ドイツ連邦議会選挙時の調査から、次のような傾向を検出した。メディアが特定の意見を多数派であると伝えれば伝えるほど、その意見は声高に生かされるようになり、反対する意見は沈黙のままに留まるという傾向である。そして、ノエル-ノイマンは、この傾向は同じ方向で繰り返し起こるとする。これが沈黙の螺旋 (the spiral of silence) 的増幅仮説である(ノエル-ノイマン, 1984)。

(ヘ) 現実の構成化=構造に関する理論

ラング夫妻は、1951年、トルーマン・アメリカ大統領によって国連軍最高司令官を馘首されアメリカへ帰国したマッカーサー元帥のパレードについて、テレビ中継映像と実際のパレードの姿の違いから、受け手がテレビを通じて受容するパレードは、アナウンサーやカメラ、カメラに写されることを意識して行動する群衆などによって意図的に再構成された事実であると分析した(K.ラン

グ&G.E.ラング, 1953)。すなわち, 人びとがテレビを通じて入手する事実は, 事実ではなく意図的に再構成された「テレビ的事実」であり, 人びとは「テレビ的事実」や「新聞的事実」によって, 自らの疑似環境を形成するのである。

その後, D.ブーアスティンは疑似イベントを作り出すマス・コミュニケーションの現実を定義する強大な影響力について指摘している（ブーアスティン, 1962）。また, D.L.パレッツとR.エントマンは, 各マス・メディアが同じ問題を取りあげ, 同一取材対象に一斉に群がり, 同じニュース・ソースを用いて, ほとんど同じ意見, 結論に達するパック・ジャーナリズム (pack journalism)（早川, 2002）の概念を提示しながら, マス・コミュニケーションの現実を構成する機能を説明している（パレッツ&エントマン, 1981）。

(ト) 涵養分析

G.ガーブナーらは, 1967～1978年の12年間にわたって, アメリカ地上波テレビの三大ネットワークの子供向けドラマとプライム・タイムのドラマの内容分析を実施し, 80%以上の番組に暴力シーンがあり, 1番組平均5.2回に達することを検出した。ガーブナーらは, 同時にそのようなメッセージを生み出すシステムの制度的分析も行っている。他方, 受け手調査から, テレビ視聴時間が長い受け手には, 自分が暴力に会う危険性があると考える人が多い傾向があることが判明した。このことから, テレビに長時間接触していると, 「客観的現実」と多少異なっていても, テレビ番組の中の「シンボル的現実」がそれらの人びとの「主観的現実」となっていくという仮説が提示された。これが, 涵養仮説あるいは培養仮説と呼ばれる学説である（ガーブナー他, 1970, 1976）。

(チ) スキーマ理論

スキーマ (schema) とは, ある対象に対して人間がもっている知識の束を指す。その知識は個々ばらばらに存在するのではなく, 相互に関連付けられ, 階層構造化されている。

人びとは, マス・コミュニケーションの強力な影響下に置かれているが, 他方で, 能動的に情報にアクセスすることも試みている。この時人びとは, ス

キーマを活用して情報処理を行っているとするのが，マス・コミュニケーションにおけるスキーマ理論である。

J.D.レイバーンⅡとP.パームグリーンは，「利用と満足研究」の中でニュース番組に関する受け手調査から，人びとにはニュース番組に対する特定の信念があり，信念に基づく期待が大きいほど，得られる満足も大きいという傾向を検出した。このことから，この信念がスキーマであり，人びとはスキーマを活性化することによって情報処理を行っているとする理論が提示された（レイバーン&パームグリーン，1984）。

また，S.イェンガーは，議題設定機能に関連して，実験的調査からスキーマの活性化にマス・メディアが影響を与えることを見出した（イェンガー，1990）。

(リ)　エンコーディング／ディコーディング・モデル

例えば，ある事件のニュースを制作する段階で，番組や記事を制作するものは，どのような内容を受け手に伝達するかを前提に編集して，ニュースを制作する。これが，エンコーディング（encoding）である。このようにしてエンコーディングされ伝達された情報を，受け手は自身のコードに照合しながら解読する。これが，ディコーディング（decoding）である。

S.ホールは，このエンコーディングとディコーディングについて，次のようなモデルを提示した（ホール，1973）。

テレビ番組のエンコーディングは，支配的権力に都合のよい意味付けが行われることが多い。このようにして意味付けられたものを，優先的意味（preferred meaning）と呼ぶ。

他方，受け手は自身のコードに照合して解読するが，その解読結果は多様である。それは，受け手のコードによるものであり，ホールは3つのコードをあげている。優先的意味に即した解読は，支配的コード（dominant code）による。優先的意味を認めつつも一部異なる解読は，妥協的コード（negotiated code）による。優先的意味とは逆の解読は，対抗的コード（oppositional code）

によるとしている。このホールのモデルは，受動的受け手論を批判し，能動的受け手像を提示したものであるといえる。

なお，この抽象的・理論的なホールのモデルは，後日，D.モーレイの実証研究によって検証されている。

以上，効果分析について3期に分けて研究の概要と提示された理論・仮説を概観した。このほかにも，マス・コミュニケーションの影響を長期間にわたって広くとらえようとするマス・メディアの影響に関する研究もある。例えば，H.T.ヒンメルワイトらがテレビ視聴の子どもに対する影響を明らかにしようとしてイギリスで実施した調査研究（ヒンメルワイト他，1958）などが，この類である。

ここまでに触れた多くの効果分析の結果は，調査や実験に基づく実証的研究によって導き出されたものである。

本節では，ラスウェルのマス・コミュニケーション研究の5つの分類に基づいて，実際の研究例および手法について整理した。この結果，マス・コミュニケーション研究の多くは実証研究であり，したがって，調査や実験などがマス・コミュニケーション研究にとっていかに重要な手法であるかが認識できたであろう。

2. マス・コミュニケーション研究の調査法

(1) 帰納法と調査

一般的に研究にはふたつの方法がある。ひとつは，公理・命題を前提に，形式論理によって理論や命題を導き出す演繹法（deduction）である。もうひとつは，個別の事実を普遍化して一般的結論を導き出す帰納法（induction）である。このふたつの方法はマス・コミュニケーション研究にもあてはまるが，マス・

コミュニケーション研究が現実社会の事象を対象に据える以上，帰納法による研究が多数を占めることとなる。

もちろん，演繹法による研究においても，演繹によって導き出された理論の現実社会への適用を探るために，調査を用いることもある。

帰納法による研究では，個別の事実をとらえることから始めるため，多くは現実社会の事象を対象として，調査を用いて目的を達成することとなる。マス・コミュニケーション研究には，前節で述べた通り，さまざまな視座があり，おのおのの視座で研究目的によって用いる調査法が異なる。そこで，本節では，調査の視点から方法の整理を行った。

(2) 仮説検証と事実探索

調査のアプローチには，まず仮説（hypothesis）をたて，調査によって仮説を検証しようとする仮説検証的（confirmatory）アプローチと，事実測定を主眼として調査を設計する事実探索的（exploratory）アプローチのふたつがある。

仮説検証的アプローチに対しては，調査設計の段階で設計者の偏見が混入されるという批判があり，仮説検証的アプローチの支持派と批判派の間に激しい対立が生じたこともある（飽戸弘，1987）。この問題については，次の点に留意することで解決を図ることが妥当であろう。仮説は，調査によって検証されていない以上，仮の説に過ぎない。そこで，仮説を調査票に展開する段階で，すなわち，調査項目の設定，質問文・選択肢などの設計段階で，仮説Aには反対の極に仮説Aを否定する仮説Bが存在することを想定して，中立的態度で設計することが肝要である（島崎，2006）。

また，事実探索といっても，やみくもに調査したのでは，調査課題を構成するさまざまな要素の複雑かつ重層的な関係を解明することはできない。そこで，目的によってふたつのアプローチを使い分けるのが現実的である。実際の調査票は，仮説検証の質問と事実探索の質問が混在したものとなろう（島崎，2006）。

マス・コミュニケーション調査における仮説検証的アプローチによる調査と，

事実探索的アプローチによる調査の例をあげてみる。前節であげたホールのエンコーディング／ディコーディング・モデルは，抽象的・理論的に提示されたものであるが，イギリスのニュース番組「ネイション・ワイド・オーディエンス」を題材として実証した研究における調査は，仮説検証的アプローチによる調査である。

他方，新聞記事の閲読率調査やテレビ番組の視聴率調査は，事実探索的アプローチで行う調査である。もっとも，この事実探索的アプローチによる調査の結果は，仮説の発見や構築に資することもある（鈴木，1990）。

(3) 調査方法の分類

マス・コミュニケーション研究の調査手法は，調査対象，調査対象の選定方法，データ収集場面での形式，調査の位置づけ，調査の空間的広さ，調査の時期，調査の回数，条件コントロールの有無，観察・測定用具，面接の深さと構造化の程度，対象マス・メディアなどさまざまな基準によって分類できる。このような多様な分類方法とその内容については，鈴木の『マス・コミュニケーションの調査研究法』（鈴木，1990）に詳しく記述されている。

本節では，鈴木の分類を参考としながら，独自の整理を試みた。

表Ⅱ-2-1 調査対象による調査の分類

1. **送り手を対象とした調査** 　　送り手には，新聞記者や放送記者のほか，マス・コミュニケーション過程を通じて受け手にメッセージを発信しようとする政治家なども含まれる。さらに，新聞社や放送局，それに政党，政府，官公庁，企業など，メッセージの制作・伝達にかかわる人・組織が含まれる。
2. **受け手を対象とした調査** 　　マス・コミュニケーション過程におけるメッセージの受け手は，一般の人びとである。
3. **メッセージを対象とした内容分析** 　　新聞記事やテレビ番組などのマス・コミュニケーションの形式や内容を対象とする分析である。

① 調査の対象による分類

マス・コミュニケーション過程を構成する要素のうち，何を対象とする調査かによって，送り手，受け手，送り手から受け手に伝達されるメッセージの3つを対象とする調査に分類できる。

② 調査対象者との接触方法による分類

調査実施時における調査対象者との接触方法によって，調査は，フィールド調査（field survey），実験（experiment），観察法（observation method）に分類できる。

フィールド調査は，日常生活の中で調査対象と接触し，調査を実施する手法である。このフィールド調査は，調査内容の構造化と対象者との接触の深度から，3つに分類できる。

ひとつは，構造化された質問票を用いる指示的調査である。この種の調査は，調査対象者との接触方法，すなわち調査の実施方法によって，さらに，面接調査法（face-to-face interview），留め置き調査法（dropping off and later picking up a questionnaire at a household），郵送調査法（mail survey），電話調査法（telephone survey），電子調査法（CADC: computer-assisted data collection）などに分類できる（島崎，2006）。

面接調査法は，調査員が対象者に直接面接し，口頭で質問を行う。対象者の口頭での回答を，調査員が調査票に記入する。対象者本人ではない調査員が調査票に回答を記入するので，他記式（interviewer administration）と呼ばれる。

留め置き調査法は，調査員が対象者を訪問し，調査票を対象者に預ける。対象者は，都合のよい時に自身で調査票に回答を記入する。後刻，調査員が対象者を再訪問し，記入済み調査票を回収する。対象者自身が調査票に回答を記入するので，自記式（self-administration）調査と呼ばれる。

郵送調査法は，対象者に対して郵送で調査票を送付し，対象者自身が調査票に回答を記入，郵送で調査票を送り返す方法で，留め置き調査同様，自記式調査の一種である。

電話調査法は，調査員の対象者への質問と，対象者の調査員への回答を，電話を介して口頭で行う調査である。調査員が調査票に回答を記入するので，他記式調査の一種である。電子調査法は，調査実施段階の過程を新しい電気通信技術を用いて行う調査である。古くはファクシミリを利用する調査から始まり，現在では，自動音声電話を利用したCATI (computer-assisted telephone interviewing)，パソコン通信やインターネット（internet）を利用した調査などが含まれる。

ふたつめは，大きな枠組みのみを前提に半構造化した調査であり，詳細面接調査やグループ・インタビュー（group interview）といった方法で実施されることが多い。詳細面接調査は調査員と対象者が一対一の直接面接で実施するのに対して，グループ・インタビューは，1グループ6〜8人の対象者を同時に同一場所に集めて，モデュレーター（moderator）の進行に従って行うものである。

3つめは，調査課題のみを前提として自由面接で行う調査であり，深層面接法（depth interview）はこれに含まれる。

実験は，原因となる変数と結果となる変数の間で，結果に影響を及ぼす他の変数をコントロールして，原因と結果の関係，すなわち因果関係（causality）を明らかにしようとする手法である。実験には，対象者を実験室に集めて原因となる変数を一定の条件下でコントロールしながら提示して行う実験室実験と，日常生活の中で対象者に対して実施するフィールド実験がある。マス・コミュニケーション研究では，心理学的実験など，実験室実験で実施されるものが多い。

観察法は，集団，特に小集団の特性などを明らかにするために利用されることが多い手法である。観察法をフィールド調査に含めるケースもあるが，対象者との接触が前掲のフィールド調査に分類した手法とは異なる点に留意して，別の分類とした。

観察法には，統制的観察法（controlled observation method）と非統制的観察

表Ⅱ-2-2　調査対象者との接触方法による調査の分類

1. フィールド調査
   (1) 指示的調査
       構造化された質問票を用いる調査。
       ① **面接調査法**：調査員が対象者と直接面接し，口頭で実施する他記式調査。
       ② **留め置き調査法**：調査票を対象者の手元に留め置き，対象者自身が回答を調査票に記入する自記式調査。
       ③ **郵送調査法**：対象者に対する調査票の送付・回収を郵送で行う調査。自記式調査の一種。
       ④ **電話調査法**：調査員と対象者間の質問・回答を，電話を介して行う調査。他記式調査の一種。
       ⑤ **電子調査法**：電気通信技術を利用した調査。FAX調査，CATI，インターネット調査など。
   (2) 半構造化された調査
       質問内容を半構造化して行う調査。
       ① **詳細面接調査**：調査員と対象者が一対一の直接面接で実施する調査。
       ② **グループ・インタビュー**：1グループ6〜8人の対象者に対して，モデュレーターの進行に従って行う調査。
   (3) 自由面接調査
       調査課題のみを定めて，自由面接で行う調査。深層面接調査など。
2. 実　験
   変数をコントロールして，原因と結果の因果関係を明らかにしようとする手法。
   (1) 実験室実験
       対象者を実験室に集めて，一定の条件下で変数をコントロールしながら行う実験。
   (2) フィールド実験
       日常生活の中で対象者に対して行う実験。
3. 観察法
   (1) 統制的観察法
       事前に決定した観察項目，手順に従って行う観察法。
   (2) 非統制的観察法
       でき得る限り事実を掌握するために，自由に行う観察法。
       ① **参与観察法**：対象集団の活動に参加しながら，観察を行う手法。
       ② **非参与観察法**：対象集団と一定の距離を置いて，観察を行う手法。

法(uncontrolled observation method)に分類できる。統制的観察法は，観察項目や手順を事前に決定し，厳密にその枠組みに従って行う手法である。非統制的観察法は，課題以外は事前に何も決めないで，でき得る限り忠実に事実を掌握しようとする手法である。

非統制観察法は，参与観察法(participant observation method)と非参与観察法(unparticipant observation method)に分類できる。参与観察法は，対象集団の一員としてその活動に参加しながら，観察を行う手法である。他方，非参与観察法は，対象集団の活動には参加せず，一定の距離を置いて観察する手法である。

③ 調査で得られるデータの特性による分類

調査の手法は，調査対象の傾向を量的に把握することを目指す定量的手法(quantitative method)と，対象の行動・態度や現象の背景にある構造を質的に把握することを目指す定性的手法(qualitative method)に大別できる。なお，内容分析のように，量・質両方の解明を目指す手法である。

定量的手法は，調査対象を属性などによって限定し，その限定された対象の傾向を統計的手法を用いて記述，あるいは推計しようとするものである。

限定された調査対象のひとつひとつを調査単位と呼ぶが，この調査単位のすべてを調査するのが悉皆調査，あるいは全数調査(complete survey)と呼ばれる手法である。悉皆調査で得られた結果を統計的に処理したものは，調査対象の姿を要約的に記述しているので，このような統計手法を記述統計学(descriptive statistics)と呼ぶ。

他方，調査単位の集まりである母集団(population)から一部を標本(sample)として抽出し，その標本を調査するのが標本調査(sample survey)である。標本調査は，得られた調査結果から母集団の傾向を推計(inductive)しようとするものである。このような統計手法を，推計統計学(inductive statistics)と呼ぶ。この推計を正しく行うためには，抽出された標本の姿が母集団の姿に近似していなければならない。そのためには，統計学的に保証された手法を用い

表Ⅱ-2-3　調査で得られるデータの特性による分類

1. **定量的手法**
   対象の傾向の量的把握を目指す手法。
   (1) 悉皆調査(全数調査)
       属性などによって限定された調査対象集団を構成するすべての調査単位を調査する。統計学上の手法は，記述統計学。
   (2) 標本調査
       母集団から一部の調査単位，即ち標本を抽出して調査する。調査結果から母集団の傾向を推計する。統計学上の手法は，推計統計学。
       標本は，無作為標本でなければならない。
       推計には，標本誤差が含まれる。
2. **定性的手法**
   対象の行動・態度や現象の背景にある構造の質的把握を目指す手法。
   (1) 詳細面接調査
   (2) グループ・インタビュー
   (3) 深層面接法
   (4) 非統制的観察法
   　　　　　　　　　　　など

て，無作為標本（random sample）を抽出しなければならない。他方，調査単位の全数を調査していないため，推計には誤差が含まれる。この誤差を，標本誤差（sampling error）と呼ぶ。

　定性的手法は，調査対象を事例研究の対象として扱い，前掲の通り，行動・態度や事象の背景にある構造を明らかにしようとするものである。

　定性的手法には，半構造化された調査手法である詳細面接調査，グループ・インタビュー，自由面接手法である深層面接法や，非統制的観察法などが含まれる（詳細は，前項Ⅱ-2-(3)-②「調査対象者との接触方法による分類」を参照）。

3. マス・コミュニケーション研究における調査方法の適用

　第1節ではマス・コミュニケーション研究の視座と方法について概観し，第2節ではマス・コミュニケーション研究で用いる調査法について概説した。本節では，マス・コミュニケーション研究における調査法の適用について論じる。

　マス・コミュニケーション研究では，初期の研究から調査が用いられてきた。例えば，アメリカにおける弾丸理論研究のひとつとして前にあげた『火星からの侵入』（キャントリル，1940）などもそのひとつである。しかし，当時の調査や実験の手法は，確立されたものではなかった。

　マス・コミュニケーション研究が，調査や実験を用いて，実証研究として大いに発展をみるのは1940年代以降のことである。この発展は，1930年代から始まった世論調査法の確立と調査専門機関の設立に負うところが大きい（田崎，1992）ことは，先に述べた通りである。

　それ以降の研究をみると，事実探索や仮説検証に多くの調査が用いられている。一例をあげると，1940年の民主党ルーズベルト（Franklin D. Roosvelt）と共和党ウィルキー（Wendell L. Willkie）の両候補の間で戦われルーズベルトの3選に終わった大統領選挙を題材にしたラザースフェルドらの研究から，いくつかの仮説が提示されたが，この研究はオハイオ州エリー郡における調査を基にしたものであった（ラザースフェルド，ベレルソン&H. ゴーデット，1944）。

　この調査はマス・メディアを利用した選挙キャンペーンの影響力の大きさを検証しようとしたものであった。調査結果は，選挙キャンペーンは投票行動に大きな影響力をもっていないという，仮説を棄却するものであった。が，他方で，いくつかのマス・コミュニケーションに関する仮説が検出された。

　ひとつは，共和党支持者はプロテスタント信者，郡部居住者，社会経済的地位が高い層，民主党支持者はカトリック信者，都市部居住者，社会経済的地位が低い層という関連性から，選挙行動が選挙キャンペーンによって左右される割合は微かであり，政治的な先有傾向によって決定される傾向が強いという仮

説である。

　次にあげられる仮説は，政党支持と政党のキャンペーン接触の分析から検出されたものである。それは，人びとは支持する政党の宣伝に接触し，支持しない政党の宣伝にはあまり接触しないという選択的メッセージ接触の仮説である。

　このほか，マス・コミュニケーションの効果は，受け手の態度の改変（conversion）よりも補強（reinforcement）や顕在化に働くという仮説や，改変においては，マス・コミュニケーションの効果より個人的影響の方が大きいといった仮説が見いだされた。

　また，オピニオン・リーダーは，オピニオン・リーダーではない人びとよりもマス・メディアに多く接触することが判明した。前掲の通り，改変においては個人的影響力が大きいことを勘案して，マス・メディアのメッセージはオピニオン・リーダーを通じてオピニオン・リーダー以外の人びとに伝達されるとするコミュニケーションの二段の流れ仮説が導き出された。

　このコミュニケーションの二段の流れ仮説は，後にカッツとラザースフェルドによる調査によって検証され，『パーソナル・インフルエンス』（カッツ＆ラザースフェルド，1955）が著されることとなる。

　このように，『ピープルズ・チョイス』の調査は仮説検証的アプローチによる調査であったが，調査結果から新たな仮説が発見された点から，結果として事実探索的役割を果たしたといえる。そして，『パーソナル・インフルエンス』の調査は，『ピープルズ・チョイス』で提示された仮説を検証するための調査であった。

　『ピープルズ・チョイス』の調査は，偶然仮説の発見につながったともいえるが，一般的には，先に仮説検討の材料を得るための調査を行い，そこから仮説を導き出し，その後仮説を検証するための調査を行うという手法が用いられることもある。（島崎，2006）。この時，事前の調査は，課題によって定量的手法のみならず，定性的手法を採用することも多い。事後の仮説検証のための調査は，一般的には定量的手法を用いることが多いといえる。

ところで，仮説検証の調査では，ひとつの調査で検証が可能とは限らない。例えば，マス・メディアの議題設定機能を検証するためには，一方でマス・メディアの記事や番組の内容分析を行い，他方で受け手を対象に効果調査を実施し，両者の結果に相関があるかどうかを分析する必要がある。竹下俊郎が和歌山で行ったマス・メディアの議題設定機能についての研究でも，内容分析と受け手調査を組み合わせて検証している（竹下，1998）。このように，研究テーマによっては，ふたつ以上の調査を組み合わせて研究を行うことが必要となる場合もある。

次に，観察調査のマス・コミュニケーション研究への適応について検討してみる。前掲のD.M.ホワイトによるゲート・キーパー研究（D.M.ホワイト，1950）は，アメリカの地方新聞で，通信社から配信されるニュースを取捨選択する編集者を観察し続け，後に不採用にしたニュースについて，不採用理由を尋ねるという方法で行われた。この方法は，非参与観察法である。

参与観察法を用いたマス・コミュニケーション研究は，最近の研究ではあまり見あたらないが，例えば，マス・メディアのあるメッセージが小集団の構成員にどのように伝わり，どのような影響をもたらすかを，その小集団に帰属する研究者が日常通り，その集団に身を置き，活動に参加しながら観察・分析を行うとするならば，それは参与観察法を用いたことになる。参与観察法は，外部からの観察では実態が解明できない場合には，有効な手法である。しかし，研究者の集団の活動への参加が，集団構成員のメッセージに対する態度や行動を左右することになれば，研究の妥当性と信頼性に問題が生じることとなる。この点には，十分留意する必要があろう。参与観察法を用いた研究の著名な事例として，マス・コミュニケーション研究ではないが，アメリカのイタリア移民第二世代に属する非行青少年集団について，その集団の人間関係や共助関係などを明らかにしたW.F.ホワイトの『ストリート・コーナー・ソサエティ』（W.F.ホワイト，1943）がある。

マス・コミュニケーション研究に対する調査手法の適用について検討してき

たが，適用する調査手法の妥当性と信頼性は，研究内容の品質を支える重要な要素であることはいうまでもない。もうひとつ重要な点は，研究によって提示された理論や仮説を再度検証しようとする時，先の研究が検証可能な調査手法を用いていなければ，検証不能に陥るという点である。前掲の通り，利用と満足研究の初期の研究は調査手法の妥当性に問題があり，かつ手法の内容を明示しなかったために，後日の再検証が不能となった。このため，利用と満足研究は衰退し，1970年代に至って，再検証可能な定量的手法の採用によって復興したのである。このことに示されるように，マス・コミュニケーション研究に適用する調査は，後日同一の手法によって提示された理論・仮説を再検証することが可能な手法を用い，かつその内容を明示しておくことが肝要である。

【引用文献】
- 飽戸弘『社会調査ハンドブック』日本経済新聞社，1987年。
- Iyenger, S., "Shortcuts to Political Knowledge : The Role of Selective Attention and Accessibility", Ferejohn, J. A. and Kukulinski, J. H. (eds.), *Information and Democratic Process*, University of Illinois Press, 1990.
- カッツ，E. & ラザースフェルド，P. F.，(竹内郁郎訳)『パーソナル・インフルエンス』培風館，1965年 (Katz, E. & Lazarsfeld, P. F., *Personal Influence — The Part Played by People in the Flow of Mass Communications*, The Free Press, 1955).
- Gerbner, G., "Cultural Indicators: The Case of Violence in Television Drama", *The Annals of the American Academy of Political & Social Science*, 388, 1970.
- Gerbner, G. & Gross, L., "Living with Television: The Violence Profile", *Journal of Communication*, 26-2, 1976.
- キャントリル，A. H., (斎藤耕二，菊池章夫訳)『火星からの侵入』川島書店，1971年 (Cantril, A. H., Gandet, H. & Hertzog, H., *The Invasion from Mars: a study in the psychology of panic*, Princeton University Press, 1940).
- クラッパー，J. T., (NHK放送学研究室訳)『マス・コミュニケーションの効果』日本放送出版協会，1966年 (Klapper, J. T., *The Effects of Mass Communication*, The Free Press, 1960).
- Greenberg, B. S., "Person-to-Person Communication in the Diffusion of a News Event", *Journalism Quarterly*, 41, 1964.
- 島崎哲彦『21世紀の放送を展望する－放送のマルチ・メディア化と将来の展望に

- 関する研究』学文社，1997年。
- 島崎哲彦編著『社会調査の実際－統計調査の方法とデータの分析－』第四版，学文社，2006年。
- 鈴木裕久『マス・コミュニケーションの調査研究法』創風社，1990年。
- 竹内郁郎「受容過程の研究」，竹内，児島和人編『現代マス・コミュニケーション論－全体像の科学的理解をめざして－』有斐閣，1982年。
- 竹下俊郎『メディアの議題設定機能－マスコミ効果研究における理論と実証』学文社，1998年。
- 田崎篤郎，児島和人編著『マス・コミュニケーション効果研究の展開』北樹出版，1992年。
- 津金沢聡広，田宮武編著『放送文化論』ミネルヴァ書房，1983年。
- Tichenor, P. J., Donohue, G. A. & Olien, C. N., "Mass Media and the Differential Growth in Knowledge", *Public Opinion Quarterly*, 34, 1970.
- Defleur, M. L. & Ball-Rokeach, S. J., *Theories of Mass Communication*, 1975.
- 日本新聞協会研究所「現代新聞記者像―『新聞記者アンケート』から（上）（下）」，『新聞研究』No.514，No.515，日本新聞協会，1994年5月，6月。
- 日本民間放送連盟研究所『取材の自由と公的規制を考える―テレビ報道事例研究報告書―』日本民間放送連盟研究所，1996年。
- ノエル-ノイマン，E., (池田謙一訳)『沈黙の螺旋理論－世論形成過程の社会心理学－』ブレーン出版，1988年 (Noelle-Neumann, E., *DIE SCHWEIGESPIRALE : öffentliche Meinung—unsere soziale Haut*, Varlag Ullstein GmbH, 1982).
- 早川善治郎「日本型ジャーナリズムの特質」，早川編『概説マス・コミュニケーション』第三版，学文社，2002年。
- Paletz, D. L. & Entman, R., *Media, Power, Politics*, Free Press, 1981.
- Himmelweit, H. T., Oppenheim, A. N. & Vince, P., *Television and the Child*, Oxford University Press, 1958.
- ブーアスティン，D.,（星野郁美，後藤和彦訳）『幻影の時代』東京創元新社，1964年 (Boorstin, D. J., *The Image: A Guide to Pseudo Events in America*, Athenaeum, 1962).
- Blelson, B., *Content Analysis in Communication Research*, Free Press, 1952.
- ホブランド，C. I., ジャニス，I. L. & ケリー，H. H.,（辻正三訳）『コミュニケーションと説得』誠信書房，1960年 (Hovland, C. I., Janis, I. L. & Kelley, H. H., *Communication and Persuasion*, 1953).
- Hall, S., *Encoding and decoding in the television discourse*, 1973.
- ホワイト，W. F.,（奥田道大，有里典三訳）『ストリート・コーナー・ソサエティ』有斐閣，1993年 (Whyte, W. F., *Street Corner Society*, The University of Chicago, 1943).

- White, D. M., "The 'Gate Keeper, —a Case Study in the Selection of News", *Journalism Quarterly*, fall, 1950.
- マクウェール, D., (竹内郁郎他訳)『マス・コミュニケーションの理論』新曜社, 1985年 (McQuail, D., *Mass Communication Theory—An Introduction—*, Sage Publications Ltd., 1983).
- McCombs, M. E. & Shaw, D. L., "The agenda-setting function of mass media", *Public Opinion Quarterly*, 36, 1972.
- マートン, R. K., (柳井道夫訳)『大衆説得』桜楓社, 1970年 (Merton, R. K., *Mass Persuasion*, Harper & Brothers, 1946).
- マレツケ, G., (NHK放送学研究室訳)『マス・コミュニケーション心理学—理論と体系—』日本放送出版協会, 1965年 (Maletzke, G., *Psychologie Der Massen-Kommunikation—theorie und Systematik—*, Verlag Hans Bredow-Institut, 1963).
- Lazarsfeld, P. F., *Radio and the Printed Page*, 1940.
- ラザースフェルド, P. F., ベレルソン, B. & ゴーデット, H., (有吉広介他訳)『ピープルズ・チョイス-アメリカ人と大統領選挙—』芦書房, 1987年 (Lazarsfeld, P. F., Berelson, B. & Gaudet, H., *The People's Choice—How The Voter Makes Up His Mind In A Presidential Campaign—*, Columbia University Press, 1944).
- ラスウェル, H. D.,「社会におけるコミュニケーションの構造と機能」, シュラム, W. 編 (学習院社会学研究室訳)『マス・コミュニケーション』創元社, 1954年 (Schramm, W. (ed.), *Mass Communication*, The University of Illinois Press, 1949).
- ラング, K. & ラング, G. E., (藤竹暁訳)「テレビ独自の現実再現とその効果・予備的研究」, シュラム, W. 編『新版マス・コミュニケーション』東京創元社, 1968年 (Lang, K. & Lang, G.E., "The Unique Perspective of Television and its Effect", *American Sociological Review*, 18 (1), 1953).
- Rayburn II, J. D. & Palmgreen, P., "Merging Uses and Gratifications and Expectancy-Value Theory", *Communication Research*, 11, 1984.

III 定量調査の手法の概説

1. 調査手法の分類と特徴

(1) 標本調査

　マス・コミュニケーションの実証研究は社会調査におうところが大きく、さまざまな視点から調査法を分類することができる。島崎哲彦は前章（II－2－(3)「調査法の分類」）で、鈴木裕久の分類（鈴木，1990）をもとに独自に、①調査の対象による分類，②調査対象者との接触方法による分類，③調査で得られるデータの特性による分類という3つの視点からの分類を試みている。

　ここでは，③調査で得られるデータの特性による分類という視点から定量的手法，②調査対象者との接触方法による分類という視点から，定量的手法によるフィールド調査，とくにここでは，標本調査についてその概要を論じる。実験については，その概要に若干触れておく。

　定量的手法にはさまざまな方法があり，具体的には面接調査法，留め置き調査法，郵送調査法，電話調査法，電子調査法といった方法がある（島崎，2006）。ここでは，面接調査法と留め置き調査法を中心に解説する。

(2) 面接調査法

　面接調査法は，調査員が調査対象者に一対一で調査票の質問を順番に読み上げ，口答で回答を得て，調査員が回答を調査票に記入する他記式調査である。面接時には，調査票を対象者に見せない。回答選択肢の数が多い質問では，選

択肢を一覧できるカードを用意し，対象者に見せながら回答を得る。選択肢を与えず記憶を回答させる純粋想起法は面接調査，電話調査法でのみ可能な質問方法である。面接調査法は，個別面接であることから以下のような特性をもっている。

＜長所＞
① 質問内容の誤解，誤答の可能性が少ない

　　面接であることから，対象者の調査内容に対する理解が得やすく誤答は少ない。

② 回答時に周囲から影響されない

　　調査員と調査対象者が一対一の面接で回答を得るため，周囲からの影響を排除することができる。したがって，意見や態度，知識を測定する調査に適している。

③ キャリー・オーバー効果が発生しにくい

　　対象者に質問票を見せないため，調査対象者は調査票全体を見ることができない，このため，前の質問が後の質問に影響を与えるキャリー・オーバー効果が発生しにくい。

④ 対象者の間違いや代人調査が発生しにくい

　　調査対象者本人に調査員が直接面接するため，対象者を間違えたり，代わりの人が回答してしまうといったことは発生しにくい。

⑤ 比較的多くの質問が可能である

　　同じインタビュー形式の電話調査法に比べ，多くの質問が可能であり，経験的には30〜40分程度が妥当である。

⑥ 回収率が高い

　　調査全体で回収率が低迷する傾向にあるが，面接調査法は電話調査法や郵送調査法に比べると回収率が高い。しかし，留め置き調査法に比べると回収率は低い傾向にある。

＜短所＞
① 調査経費が高い
　　調査対象本人に面接する必要があるため，一票あたりに要する調査員の労力が多く，他の手法に比べて調査経費が高くつく。
② 調査員の人的要素が回答に影響する恐れがある
　　調査員と調査対象者が一対一で面接するため，調査員の態度が対象者の回答に影響を与えることがある。これを親和効果という。

(3) 留め置き調査法

　留め置き調査法の基本的な流れは，まず調査員が調査対象者を訪問し，調査協力を依頼し，調査票を預けてくる。調査対象者は，調査票の質問を自分で読み，調査票に回答を記入する。これを自記式調査という。調査員は後日，記入済の調査票を訪問し回収する。留め置き調査法は，以下のような特性をもっている。

＜長所＞
① 調査協力が得やすい
　　家族などを通して調査票を依頼，回収することが可能であり，対象者は自分の都合の良い時間に回答することができることもあり，調査協力を得やすい。
② 比較的多くの質問が可能である
　　自記式調査であるため，面接調査法に比べて質問数を多くすることができる。経験的には1時間程度が妥当である。
③ 調査費用をやや低減できる
　　調査対象者に直接会えない場合でも，家族などを通して調査票を依頼，回収することができることもあり，面接調査法よりも調査経費を押さえることができる。
④ 調査員の人的要素が回答に影響を与える可能性が少ない

面接調査法に比べて，調査員と調査対象者の人的接触が少ないため，調査員の人的要素の影響が少ない。

＜短所＞

① 回答時に周囲から影響を受ける可能性がある

知識などを聞く質問については，周囲の人に相談をしたり，自分で調べることが可能である。また，回答時に周囲に人がいることがあり影響を受けることがある。このため，意見や態度，知識を測定する質問には向いていない。

② 調査票全体を一読できる

調査票全体を見ることができるため，全体の内容を把握できる。このため，キャリー・オーバー効果が発生しやすい。また，すでに回答した質問の回答を変更することもできる。

③ 代人記入の可能性

調査票を預けることから，調査対象者本人ではなく他の人が回答してしまうことがある。

④ 質問内容の誤解，誤答の可能性

自記式調査のため，質問を誤解したり，理解できない場合，誤答が発生する。また，回答経路（次にどの質問に答えればよいか）がわかりにくいと，必要な回答が得られない場合がある。

次に郵送調査法，電話調査法，電子調査法について，簡単に特徴を説明する。

(4) 郵送調査法

郵送調査法とは，調査票を調査対象者に郵送し，対象者が回答を記入（自記式調査）した後，調査者に返送してもらう手法である。郵送調査法は，郵便を利用しているため，経費を大幅に低減できる。また，郵便を利用するため，調査対象者が広い地域に散在していても，経費が大幅に増えることはない。

(5) 電話調査法

電話調査法は、調査員が調査対象者宅に電話をかけ、質問、回答選択肢を順番に読み上げ、口答で回答を得て、調査員が回答を調査票に記入する他記式調査である。

現在では、対象者から回答を得ながら、調査員が回答を直接コンピュータに入力する方法や、自動的に対象者宅に電話をかけ、あらかじめ録音した音声で質問を行い、対象者はプッシュホンで回答するといった方法（CATI: Computer-Assisted Telephone Interviewing）もある。現在、マス・メディアが行う世論調査は、電話調査法が主流となっている。電話調査法では、サンプリング台帳が大きな問題となる。電話調査法では、電話帳をサンプリング台帳として利用することが考えられるが、最近は、電話番号の電話帳掲載率が低下している。そこで、電話帳をサンプリング台帳とすると、非掲載世帯が母集団から除外されることとなる。このため、RDD法（Random Digit Dialing）が研究・利用されている（島崎、2006）。

(6) 電子調査法

CADC（Computer-Assisted Data Collection）と総称され、コンピュータやネットワーク技術を応用した手法である。これらの手法は、データ収集部分をコンピュータ化したり、ネットワーク技術を用いたりするものから、調査全体をオンライン化したものまである。CADCには、調査対象者自身が端末を操作して回答を行うCASI（Computer-Assisted Self Interviewing）、電話調査法で回答が直接随時コンピュータに入力されるCATI（Computer-Assisted Telephone Interviewing）、会場や屋外でコンピュータを用いて調査を行うCADE（Computer-Assisted Data Entry）などが含まれる（島崎、2006）。近年はインターネット調査が普及している。

電子調査法の最大の特徴は、調査実施の迅速化が可能であるという点にある。しかし、コンピュータやシステムを活用する上から、調査内容に制約が生じる

ことがある。

　広く普及し始めている，インターネット調査では，対象者のインターネットへのアクセスやパソコンの操作能力の問題，母集団規定とそこからの標本抽出に関して，問題が提起され，それに関する研究がなされている。

(7) 実験調査法

　マス・コミュニケーション調査による研究の多くは相関的研究である。このため，原因と結果の間に関係が見いだされたとしても，それだけで因果関係が見いだされたということにはならない。これは，標本調査が第3変数を統制していないため，第3変数が原因と結果の共通原因になっているかもしれないからである。例えば，次のような仮説に対し，それを検証するためのデータを収集したとき，1と2の間に相関関係が見いだされたからといって，そのまま因果関係があるとは結論できない。例えば，商品購入経験という第3変数（広告接触と商品購入意向との共通原因），つまり共通原因が背後にあるかもしれない。

　　　仮説：広告接触は商品購入意向に影響を与える。
　　　測定アイテム：1．広告接触の有無
　　　　　　　　　　2．商品購入意向の有無
　　　　　　　　　　3．商品購入経験の有無

　実験的研究では，第3変数つまり，原因と考えられる変数以外の変数を統制（固定する）し，原因と考えられる変数の値だけを変化させる，あるいは，測定と刺激提示を組み合わせて，そのデータの比較を行う。このとき関連が見いだされれば，因果関係があると結論する。

　この第3変数の統制には，ふたつの方法がある。

　① 実験的統制

　実験調査法には，因果関係を仮定し，主要な原因となる変数を統制することで原因変数が結果変数に与える影響から因果関係を同定することができるようにデータを収集する方法と，マス・コミュニケーション研究でしばしば行われ

る，測定と刺激提示を組合せ，そのデータの比較から因果関係を同定する方法がある。実験調査法では，評価に影響を与えるであろうと思われる変数（こうした変数を剰余変数という）を統制しておく必要がある（森敏昭＆吉田寿夫,1990）。統制方法には，(イ)一定化（広告接触と商品購入意向に関し，個人属性のうち性別が結果に影響するということで，女性だけを対象とするような場合），(ロ)バランス化（表Ⅲ-1-1の各実験で，グループごとに男女同数の対象者を割り当てるような場合），(ハ)ランダム化（表Ⅲ-1-1の各実験で，グループごとに対象者をランダムに割り当てるような場合）の3種類の方法がある。

表Ⅲ-1-1　マス・コミュニケーション調査での実験

	グループ	事前調査	刺激提示	事後調査
事後調査実験	G1		○	○
	G2			○
事前・事後調査実験	G1	○	○	○
	G2	○		○
事後調査 事前・事後調査実験	G1		○	○
	G2			○
	G3	○	○	○
	G4	○		○

　測定と刺激提示を組合せ，そのデータの比較をする実験方法について，鈴木（1990）は，3タイプの実験に整理している。表Ⅲ-1-1にそれらを参考に整理しておく。

　こうした実験の場合，同一の被験者（標本）がすべてのグループに参加することができない。そこで，剰余変数によって被験者をブロック化し，各グループにブロック内の被験者をランダムに割り当てるのが一般的である。

② **統計的統制**（標本調査での分析方法）

　疑似的関連を統制する第2の方法は，例えば，広告量と売上高の間には関連があるという仮説に対して，広告量と売上高の間に関連がみいだせれば，因果

関係があると考えられる。こうした場合，回帰分析を用い，売上高に与える広告量の影響を分析する。その際，店舗面積も説明変数として導入することにより，店舗面積を一定とした時の広告量の売上高げに与える影響を分析することができる。この場合，店の面積を統制すると広告量と売上高間の関係が消えてしまうならば，その関連は疑似的であったということになる。

2. 定量的手法の一般的手順

定量的手法の一般的手順は，手法により異なる。ここでは留め置き調査法の一般的手順を提示する（島崎，2006）。

① マス・コミュニケーションに関する問題意識，関心を持つ
↓
② マス・コミュニケーション調査で検証できるように仮説化する
↓
③ 調査設計
↓
④ 調査対象者の抽出
↓
⑤ 調査票の設計
↓
⑥ 実査準備
↓
⑦ 実査
↓
⑧ 品質管理（不正票のチェック）
↓
⑨ 集計作業
↓
⑩ 図表化とファインディング
↓
⑪ 統計解析
↓
⑫ 報告書作成

一般的に，調査は上記のような流れで進行する。以下，順を追ってその内容を検討する。

(1) 問題意識〜仮説の構築

　仮説とは，検証しようとする事象相互間に関連（ふたつ以上の概念間の関係を説明する法則）があるとする，仮の説である。この仮説が，事実として裏付けられるか，という視点から，調査を通じて実証するということになる。

　調査を実施する上では，かなり厳密に特定化された仮説が必要である。調査を行おうとする場合，さまざまな要因が相互に関連し合っていることはわかっているが，関係を説明する法則性が明確ではないことが多い。このため，経験的知見や既知の知識から，調査可能な範囲の仮説に基づき調査票を作成することとなる。こうした，暫定的な仮説を作業仮説という。

　また，調査では，測定したい構成概念を代表する操作的定義を理論的に導出することが難しく，構成概念と操作的定義の乖離をきたすことがあるので，注意を要する。

(2) 調査設計〜調査票の設計

　調査設計での重要なポイントは，標本抽出の設計である。標本抽出のためには，調査対象を特定し母集団を規定することが重要である。次に，規定された母集団から標本をどのような抽出方法により抽出するかを検討する。また，母集団を網羅した名簿（名前，住所，電話番号など）が存在するか，あるいは作成することが可能かは抽出設計を考える上で重要な点である。

　調査方法は大きくは，面接調査法，留め置き調査法，郵送調査法，電話調査法があげられる。どの調査法を採用するかを決定するためには，以下の条件を検討する必要がある。

　　調査対象者の地理的分布
　　調査項目の内容（純粋想起，知識を問う質問の有無など）
　　調査項目数
　　調査費用
　　スケジュール　　　　など

調査票は，暫定的な作業仮説に基づき作成する。調査票の設計にあたっては，質問文，回答形式，回答選択肢，質問の配列などを決める必要がある（Ⅲ-4「調査票の設計」を参照）。また，プリ・テストを実施し，質問や選択肢の妥当性を検討しておくことも必要である。

(3) 実査準備～品質管理

実査準備では，調査員の手配とトレーニングが重要である。調査員への説明に使用するインストラクション・ガイドの作成は必須である。また調査員トレーニングでは，調査票の内容を口頭で説明するだけではなく，ロール・プレイングによるトレーニングの方が効果が高い。調査票のチェックは，面接調査法では，最初の1ないし2票を回収した段階で，調査や調査票の内容を正しく理解しているかをチェックする初票点検が行われる。最終的には，全票回収し終わった段階で最終チェックを行う。この段階で不正票のチェックも行う。日本マーケティング・リサーチ協会では，調査員ごとに最低10％のチェックを定めている（日本マーケティング・リサーチ協会，2001）。

不正票には以下のようなものがある。(イ)調査員が自分で調査票に回答する（俗に，メイキングという），(ロ)調査票の，一部分だけ質問し残りは自分で記入してしまう（俗に，飛ばしとかスキッピングという），(ハ)調査対象者以外に調査を依頼する（代人調査・代人記入）といったものがある。いずれも不正票であるから1票でも発生した場合，その調査員の担当した調査票はすべて点検し，不正票は別の調査員により再調査を行う必要がある（島崎，2006）。

面接調査法と留め置き調査法の実査について検討する。調査対象者は住民基本台帳から抽出されたものとする。

面接調査法では，調査員に以下のものを持たせる必要がある。(イ)調査票，(ロ)回答選択肢カード，(ハ)調査対象者一覧および地図，(ニ)調査協力依頼状，(ホ)調査協力証明書，(ヘ)謝礼，(ト)インストラクション・ガイドなどである。(ハ)は，調査地点ごとに訪問すべき調査対象者の氏名，性別，住所が記入された一覧表

である。調査員はそこに書かれている調査対象者を訪問することになる。㋭は，調査対象者が調査に協力したかを確認するためのものであり，調査対象者に署名，捺印してもらう。調査によっては，事前に調査対象者に葉書などで調査協力を依頼することがある。こうした葉書が送られているようなケースでは，その葉書を回収してくるといったことで代替することもある（島崎，2006）。

⑷ 集計作業～統計解析

集計計画は，仮説が検証できるようにたてる。

基本的に集計計画に沿って集計，分析がなされる。集計計画に沿った分析の結果，さらなる分析の必要性や調査企画時には気づかなかった問題意識などが発見されることがある。こうした場合積極的に分析を行うことが重要である。

次に，集計結果を検討して，ファインディングを行う。ファインディングはデータの読み取りであり，意見や解釈を行うものではない。データが示している事実を定量的に指摘するものである。また，必要に応じて検定，多変量解析などの統計解析を行う。

⑸ 報告書の作成

報告書は，企画段階での調査目的に沿って作成されるべきである。分析過程で発見された新たな知見を盛り込むことに問題はないが，分析過程で発見された点を明確にする必要がある。

報告書では，データの視覚化を積極的に行う方がよい。

3. 標本抽出と誤差

⑴ 母集団

マス・コミュニケーション調査を設計する上で，調査対象者の抽出設計は重要なポイントのひとつである。抽出設計に当たってまずは，どのような人びと

を調査対象とするかを決めなくてはならない。この調査対象の全集合を母集団という。例えば，メディアが行う世論調査は，その多くが全国の有権者を母集団としている。あるいは，都政に対する世論調査であれば東京都在住の有権者を母集団とするのが妥当であろう。または，新聞社が自紙の閲読者から紙面評価を得ようとする調査では，ある時点でその新聞を閲読している人びとが調査対象の全集合となる。このように，母集団は全国，東京都在住といった地域，有権者といった個人属性，ある新聞といった商品・サービスの保有者（ユーザー）といった点から規定することができる。母集団の規定によっては調査結果が大きく異なることになるし，妥当な母集団規定がなされないと調査結果の妥当性は保証されない（島崎，2006）。

母集団から選び出された，調査対象をサンプル（標本）といい，そのサンプルを抽出することを標本抽出（サンプリング）という。標本抽出を行う場合，調査単位がもれなく記載された名簿が必要となる。これをサンプリング台帳という。世論調査を行う場合，住民票に基づいて作成された住民基本台帳や選挙人名簿などが利用されている。

(2) 無作為抽出法

標本抽出の方法は，無作為抽出法と有意抽出法に大別される。無作為抽出法では，母集団を構成する調査単位すべてに等しい確率で抽出の機会が与えられなければならない。例えば，母集団を構成する調査単位が10,000人，その中から100人のサンプルを抽出する場合で考えてみる。この場合，調査対象それぞれは1/100の確率で抽出される必要がある。ところで，同じ母集団から複数回，サンプルを抽出する場合がある。この時，一度抽出した人を戻して抽出する方法を「復元抽出法」という。一方，一度抜き取った人を戻さずに抽出する方法を「非復元抽出法」という。マス・コミュニケーション調査では，一人の対象者に何回も調査を実施することができないことから，「非復元抽出法」が一般的である。また，理論的には「復元抽出法」の方が簡単であるが，マス・コ

ミュニケーション調査で規定される母集団は極めて大きく，「復元抽出法」と同一視できると考えて問題ないであろう（鈴木達三＆髙橋宏一，1998）。

　無作為抽出法により抽出されたサンプルを，ランダム・サンプル（無作為標本）という。ランダム・サンプルから得られたデータは母集団の確からしい推定値となっているはずである。例えば，母集団の性比が5：5であれば，ランダム・サンプルの性比もだいたい5：5となっていることが期待される。しかしながら，希にではあるがコイン投げで表ばかり，あるいは裏ばかりが続けて出るといったことを経験するように，女性ばかりあるいは男性ばかりのサンプルにならないとも限らない。ランダム・サンプルであれば，こうした通常期待される値，あるいは，希さをサンプリング誤差として確率論的に評価することができる。

　無作為抽出には，単純無作為抽出法，系統抽出法，多段抽出法，層化抽出法（ウエイト付き抽出法），層化（確率比例）多段抽出法，集落抽出法，等確率抽出法といった方法がある。

(3) 単純無作為抽出法

　無作為抽出はクジ引きと同じことである。しかし，調査のたびごとにクジを作ることは面倒であるし，あるいは母集団が大きくなるとクジを作るのも容易ではない。こうしたとき，通常は簡単にクジ引きを行うために乱数表を使う。

　乱数表は，母集団の桁数に応じて桁数ごとの固まりとして利用する。乱数表は，数ページにわたっている場合もある。このため，乱数表を使う場合，使うページ，使い始める場所，数値を取る方向（横あるいは縦方向か）をランダムに変えなくてはならない（島崎，2006）。この場合，サイコロや，持ち合わせがないようであれば秒針の一位の数値を読むといった方法がある。

　乱数表を使用してサンプルを抽出したときは，最後に抜き取られた番号に重複がないかを確認し，重複がある場合は取り直しをする。

　単純無作為抽出法は，母集団を構成する調査単位から抽出するサンプルを，

まったく無作為に決めていく方法であり，前述の乱数表を使用し抽出することが多い。例えば，100人から10人のランダム・サンプルを抽出するとき，乱数表を使用して抽出するというようなケースである。

⑷ 系統抽出法

　系統抽出法は，等間隔抽出法とも呼ばれる。単純無作為抽出法は乱数表などを使用してランダム・サンプルを抽出方法であるが，母集団が大きく抽出すべきサンプル数が多くなると抽出作業は極めて煩雑となる。

　単純無作為抽出法では，例えば100人から10人のランダム・サンプルを抽出するとき，抽出される確率は1/10である。ということは，10人ごとに10人を抽出すればよいことになる。具体的には，母集団の調査単位すべてに連番を振り，次に1番から10番までのうちひとつの番号を無作為に決める（決められた数値をスタート番号という）。次にサンプルを抽出していく間隔を計算する（抽出間隔＝母集団数÷標本数，例の場合：100/10＝10）。決まったスタート番号を最初のサンプルとし，以下抽出間隔ごとに抽出していく。

　系統抽出法は，母集団を番号順に並べた小集団に等分しておき，その中から標本数を抽出していく方法である（西平重喜，1985）。系統抽出法では，番号順に小集団に等分し，その中からランダムに抽出した小集団をサンプルとしている。このため，母集団の調査単位が一定の規則性や周期性を持って並んでいる場合，偏りのあるサンプルが抽出されてしまうことがある。例えば，男女交互に並んでいる場合，男性ばかりというサンプル構成になってしまうことがある。

　また，抽出間隔を計算したとき，割り切れない場合は，小数点以下を切り捨てたものを抽出間隔とする。この場合，$n+1$個以上のサンプルが抽出されることがある。その時は，余計に取れたサンプルをランダムに捨てることになる（余計に取れたサンプルをaとすると，$n+a$より小さい数を乱数表からa個取り出すという作業を行う）。

(5) 多段抽出法

例えば，東京都荒川区で世論調査を行うとした場合，住民基本台帳あるいは選挙人名簿をサンプリング台帳とするのが一般的である。住民基本台帳を利用して調査対象者を抽出する場合，最初にいくつかの町丁を抽出（これを第1次抽出単位という）し，それらの町丁から何名かのサンプル（1地点5標本〜10標本が一般的）を抽出（これを第2次抽出単位という）するという方法を取る。この場合は抽出が2段階になっているので，2段抽出（2段サンプリング）という。次のような場合を考えてみる。

表Ⅲ-3-1にみるように，荒川区には51の町丁がある。この51の町丁から5つの町丁を選び，選ばれた町丁ごとに10人を抽出し調査をしようとしたとする。

表Ⅲ-3-1 荒川区町丁別人口（平成18年10月1日現在）

	町丁名	人口数	累積数		町丁名	人口数	累積数
1	南千住1丁目	3,529	3,529	27	東尾久3丁目	2,873	101,115
2	南千住2丁目	2,211	5,740	28	東尾久4丁目	4,027	105,142
3	南千住3丁目	3,085	8,825	29	東尾久5丁目	2,791	107,933
4	南千住4丁目	2,728	11,553	30	東尾久6丁目	4,311	112,244
5	南千住5丁目	4,398	15,951	31	東尾久8丁目	2,911	115,155
6	南千住6丁目	6,199	22,150	32	西尾久1丁目	2,954	118,109
7	南千住7丁目	4,791	26,941	33	西尾久2丁目	2,938	121,047
8	南千住8丁目	6,772	33,713	34	西尾久3丁目	2,106	123,153
9	荒川1丁目	4,364	38,077	35	西尾久4丁目	4,138	127,291
10	荒川2丁目	2,710	40,787	36	西尾久5丁目	2,295	129,586
11	荒川3丁目	5,048	45,835	37	西尾久6丁目	2,070	131,656
12	荒川4丁目	4,066	49,901	38	西尾久7丁目	3,272	134,928
13	荒川5丁目	2,947	52,848	39	西尾久8丁目	5,241	140,169
14	荒川6丁目	4,193	57,041	40	東日暮里1丁目	3,039	143,208
15	荒川7丁目	4,173	61,214	41	東日暮里2丁目	2,970	146,178
16	荒川8丁目	2,087	63,301	42	東日暮里3丁目	4,293	150,471
17	町屋1丁目	3,147	66,448	43	東日暮里4丁目	2,715	153,186
18	町屋2丁目	2,463	68,911	44	東日暮里5丁目	3,864	157,050
19	町屋3丁目	3,642	72,553	45	東日暮里6丁目	4,757	161,807
20	町屋4丁目	4,110	76,663	46	西日暮里1丁目	4,742	166,549
21	町屋5丁目	3,356	80,019	47	西日暮里2丁目	3,255	169,804
22	町屋6丁目	4,184	84,203	48	西日暮里3丁目	1,755	171,559
23	町屋7丁目	3,477	87,680	49	西日暮里4丁目	1,813	173,372
24	町屋8丁目	2,720	90,400	50	西日暮里5丁目	1,714	175,086
25	東尾久1丁目	3,567	93,967	51	西日暮里6丁目	3,392	178,478
26	東尾久2丁目	4,275	98,242		総数	178,478	—

（東尾久7丁目は人口数0のため除外）

この場合，抽出されるサンプル数は抽出地点ごとに10人であるから，どの町丁の住人も10/178,478の確率で抽出されなくてはならない。最初に51の町丁からランダムに5つの町丁を選び，その町丁から10人をランダムに抽出したのでは個人の抽出確率が一様にならない。例えば，人口の最も少ない西日暮里5丁目の住人の抽出確率は5/51×10/1,714，南千住8丁目では5/51×10/6,772と抽出確率が異なってしまう。そこで，51の町丁の住人に一連番号を付けたとする。南千住1丁目は1～3,592，南千住2丁目は3,593～5,740………西日暮里6丁目は175,087～178,478とする。その上で，地点（町丁）を抽出する。例えば5地点を抽出するとすれば，抽出間隔（抽出間隔＝人口累積数/地点数）は，178,478/5＝35,695.6（小数点以下は切り捨て）で35,695となる。乱数表から35,695以下の数字を選びこれをスタート番号とし，以下35,695を抽出間隔として，5つの町丁を抽出する。仮に，スタート番号として10,805を抽出したとする。この番号を含むのは南千住4丁目であるから，この町丁をまず抽出する。次の地点は10,805＋35,695であるから，46,500を含む荒川4丁目を抽出する。以下同様の手続き（3地点目は，46,500＋35,695）で5地点（町丁）を抽出する。地点抽出が終われば，抽出された町丁の住民基本台帳を閲覧し，系統抽出で10人を抽出する。この第2次抽出における抽出間隔は，一般的に個人抽出で20人おき，世帯抽出で10世帯おきが使われることが多い。このようにすればどの町丁の住人も同じ確率で抽出されることになる。ちなみに，西日暮里5丁目が抽出された場合と南千住8丁目が抽出されたケースでの抽出確率を計算してみると，

　西日暮里5丁目：$1,714/178,478 \times 10/1,714 = 10/178,478$
　南千住8丁目：$6,772/178,478 \times 10/6,772 = 10/178,478$

2つの町丁で抽出される個人の抽出確率が同じになっていることがわかる。

　この例は，第1次抽出単位の人口数に比例した確率を与えてサンプリングする方法であり，確率比例抽出法という。地点抽出および抽出町丁での個人抽出の具体的方法については島崎哲彦（2006）に詳しい。

多段抽出法は，数段にわたって無作為抽出を繰り返すため，1段ごとにサンプリングによる誤差が加わることになる。このため単純無作為抽出より標本誤差が大きくなる。

(6) 層化抽出法

① 層化抽出法（1段の場合）

単純無作為抽出をすると，何らかの偏りが生じることがあり，標本の姿が母集団の確からしい縮図になっていない可能性がある。こうした時に，母集団の何らかの情報があれば，その情報を利用することで，偏りを防ぐことができる。そうしたサンプリング方法を層化抽出法という。

例えば，ある新聞販売店が，顧客に宅配している新聞について購読の継続意向調査を実施しようとした場合で考えてみる。この場合，世帯ごとの購読新聞名の情報が事前に得られている。この情報を利用して，均質ないくつかのグループを作成する（このグループを層と呼び，層を作成することを層化するという）。調査の目的は新聞ごとの購読継続意向であるから，現在の購読紙情報を利用して世帯を層化する。その上で各層からランダムに標本を抽出する。こうすることで，少なくとも，現在の購読紙シェアの抽出時の歪みは，単純無作為抽出法よりはかなり小さくすることができる。つまり，1段の層化抽出法を用いることで，推定の精度という面では単純無作為抽出法よりもよくなる。

層化ができると，各層の母集団数がわかり，この層ごとの数に比例したサンプル数を割り当てる，比例割当法が一般的に用いられる。比例割当法で $n = 1,000$ の調査を企画した場合を考えてみる。

母集団分布（表Ⅲ-3-2）から比例割当法によりサンプル数を決めると，表Ⅲ-3-3のように，A新聞 $n = 450$，B新聞 $n = 350$，C新聞 $n = 150$，D新聞 $n = 50$ となる。分析に際し，D新聞の $n = 50$ は少ないと判断し，最低 $n = 100$ は欲しいとする。そこでD新聞を $n = 100$ とする。このように，D新聞だけ母集団における割合（5%）よりも多くのサンプルを割り当てることがあり，これをウ

表Ⅲ-3-2　母集団分布（仮想データ）

	A新聞	B新聞	C新聞	D新聞	合　計
月決め購読世帯数	4,500	3,500	1,500	500	10,000
構　成　比	45%	35%	15%	5%	100%

表Ⅲ-3-3　比例割当法による標本数

	A新聞	B新聞	C新聞	D新聞	合　計
標　本　数	450	350	150	50	1,000

表Ⅲ-3-4　ウエイト付き抽出後のサンプル数

	A新聞	B新聞	C新聞	D新聞	合　計
標　本　数	450	350	150	100	1,050

エイト付き抽出という（表Ⅲ-3-4）。ウエイト付き抽出は，ある特定の層を詳細に分析したい，あるいは，ある層の母集団数が少なく比例割当法により標本数を割り当てると，標本数が少なくなるといった場合に，その層の抽出率を大きくし標本数を増やす方法である。

この場合，新聞別に集計して分析するのであれば問題ないが，4紙を合計して全体の傾向を分析する時，1,050サンプルを一括して集計してしまうと，D新聞の割合が多くなってしまう。このような場合，ウエイト付き集計（ウエイト付き抽出と混同しないように。ここでの説明は集計方法である）を行う。この方法は，A新聞，B新聞，C新聞にウエイトを与えて集計する方法である（島崎，2006）。

表Ⅲ-3-6のように，A新聞，B新聞，C新聞を2.0倍することで，表Ⅲ-3-7に示すように，各紙の構成比が母集団分布と同じになる。こうすることで母集団の傾向を推計することが可能となる。

層化抽出法では，各層の標本数を決定する際，今まで説明してきた比例割当法以外にネイマンの最適割当法といわれる方法がある（J.ネイマン，1934）。ネイマンの最適割当法は，各層の大きさと修正標準偏差の積に比例させて，サン

表Ⅲ-3-5　ウエイト付き後の標本数

	A新聞	B新聞	C新聞	D新聞	合　計
標　本　数	900	700	300	100	2,000

表Ⅲ-3-6　集計時のウエイト

	A新聞	B新聞	C新聞	D新聞
標　本　数	2.0	2.0	2.0	1.0

表Ⅲ-3-7　標本構成比

	A新聞	B新聞	C新聞	D新聞	合　計
構　成　比	45%	35%	15%	5%	100%

プルを各層に割り当てる。このため，調査目的に応じた変数の分散が各層についてわからなければならない。また，変数が異なれば分散も異なるため，標本数が異なるということになる。例えば，テレビの視聴時間について知りたいとした場合と新聞の閲読時間を知りたいとした場合では，各層の標本数が異なるということになる。また，ネイマンの最適割当法では各層の分散が事前にわからなければならないが，これは非現実的である。このため，ネイマンは分散を調べるため小規模のプリ・サーベイを実施するよう提唱している（木村和範，2001）。

② 層化（確率比例）多段抽出法

多段抽出法と層化抽出法は似ているという印象があるが，下記の点で異なる。

- 多段抽出法：抽出された「かたまり」だけから標本を抽出する
- 層化抽出法：すべての層から標本を抽出する

母集団の推定については，次の点が指摘できる。

多段抽出法：推定精度の向上は第1次抽出単位間の分散が小さいときに大きい

層化抽出法：推定精度の向上は層間分散が大きく，層内分散が小さいときに大きい

推定の精度という点から抽出方法を評価すると，推定量の分散が小さいのは，層化無作為抽出法，単純無作為抽出法，層化多段抽出法，多段抽出法という順序になる。
　多段（2段）抽出と層化抽出の特徴をまとめると，次のようになる。
多段抽出法：広い調査地域が設定されている場合，まず調査地点を抽出する多段抽出法は時間，労力，費用の点で有利である。ただし，層化抽出法ではすべての層から標本が抽出されるのに比し，抽出された「かたまり」だけから標本が抽出されるため，推定の精度という点では劣る。
層化抽出法：限られた標本数の中で，母集団推定値の精度を向上させることができる。ただし，層化抽出法では，すべての層から標本が抽出されなくてはならないため，広い調査地域が設定されている場合，層化の方法によっては時間，労力，費用がかかる。
　実際に調査を企画する際には，費用や時間といった制約があり，標本数は限られたものとなる。標本数が一定ならば，推定の精度を高めたいと考えるであろう。こうした場合層化抽出法を採用するのが望ましい。一方，時間，労力，費用という点からは多段抽出法を採用したいところである。このふたつの要求を満たす方法として，層化多段抽出法がある。通常全国的な調査，例えばメディアが行う世論調査などが層化（確率比例）多段抽出法を採用しているのはそうした理由からである。とくに世論調査などはなるべく短期間に調査を終了させたい。というのは，調査実施中に政治的に大きな事件などが発生すると世論は変化することが考えられる。そのため，なるべく短時間で調査を終了したい。こうした，要求からも層化多段抽出法が採用されている（鈴木＆高橋，1998）。

(7) 集落抽出（クラスター抽出）法

　単純無作為抽出法，系統抽出法，層化抽出法，多段抽出法では母集団を構成

する調査単位の完全なサンプリング台帳が必要となる。ところが，母集団を構成する調査単位について完全なサンプリング台帳が得られないことがある。集落抽出法は，母集団を構成する各調査単位を抽出するのではなく，調査単位の塊（これを集落という）を抽出する方法である。このため，事前に集落内の個々の抽出単位のリスト（サンプリング台帳）を作る必要はない。ただし集落のリストは作る必要がある。このため，自ら母集団を何らかの基準で分割し集落を作成する場合もあれば，他の目的のために作られた塊，例えば投票者の塊である投票区，旅行者の塊である航空便，児童や生徒の塊である学校やクラスを集落として利用し抽出する場合もある。それら，集落を無作為に抽出した後は，その集落に含まれる調査単位を全数調査する。集落抽出法は単純無作為抽出法と同じ考え方であり，違いは100人の中から10人の標本を抽出する際，単純無作為抽出法では1人ずつ10回抽出するのに対し，集落抽出法では10人をまとめて1回で抽出すると考えているのである。

　集落抽出法では，集落の抽出確率を各集落の大きさに比例させる確率比例抽出法と，集落の大きさに比例しない等確率抽出法とがある（集落に含まれる正確な調査単位の数が不明な場合もある）。等確率抽出するのであれば，集落内の調査単位に対し全数調査が保証される必要がある（安田三郎＆原純輔，1982）。

(8) 等確率抽出法

　確率比例抽出法は，多段抽出法，集落抽出法での説明からもわかるとおり，それらの抽出方法は母集団の大きさが既知の場合に採用することができる。一方，母集団は明確に規定できるが，大きさがわからないということがある。たとえば，選挙当日における出口調査を考えてみると，そこでの母集団は有権者数ではなく当日の投票者数である。投票日当日，選挙が終了しないと母集団数はわからない。こうした時に，等確率抽出法が採用される。具体的には，投票を終えて出てきた人から一定の抽出間隔で標本を系統抽出することになる。等確率抽出法では，抽出される標本数は調査終了時までわからない。また，抽出

された標本数から母集団数を推測することとなる。この他，百貨店やスーパー，小売店などの来店客調査などにも適用される。（飯尾晃一，1986；島崎，2006）。

(9) 有意抽出法

有意抽出法は，母集団を構成する抽出単位すべてに等しい確率で抽出の機会が与えられていないということになる。代表的な有意抽出の方法には，以下のようなものがある。

① 機縁法

　関係者の縁故関係により，調査対象を抽出する方法である。

② 判定抽出法

　母集団を代表すると思われる標本を抽出する方法である。

③ 割当抽出法（クォータ・サンプリング）

　母集団を構成する調査単位の何らかの属性ないし特性を，母集団に対する既知の情報と対応するように抽出する方法である。例えば，母集団の性×年齢の分布に合わせてサンプルを抽出するといった方法である。

④ 雪だるま式抽出法（スノーボール・サンプリング）

　小さな専門的母集団，あるいは非常に限られた商品の使用者などを抽出する方法で，具体的には，最初に抽出した人から，次に対象者となるべき人を紹介してもらうことにより，順次抽出していく方法である（アーカー&デイ，1986）。

(10) 非名簿フレームによる抽出

個人情報保護法の成立を受け，住民基本台帳法の改正が実施される。これにより住民基本台帳の閲覧が，事実上官公庁の調査，学術調査とメディアの行う世論調査に限定されることになる。住民基本台帳や選挙人名簿の閲覧が不可となると，無作為抽出を実施することができないことになる。代替法は現在さまざま研究されている（島崎，2006）。例えば，調査地点と個人の抽出には以下の

ような方法がある。
- 調査地点の抽出：住民基本台帳に基づく町丁別人口による確率比例抽出
  国勢調査区を確率比例抽出
- 個人抽出：割当抽出（何らかの個人属性により割り当てられた人数に従って個人を抽出する）
  家族表を利用して個人を抽出する（西平，1985）
  誕生日法（調査対象のうち，誕生日が最も調査日に近い人を抽出する）
- 割当法による家屋の抽出：この方法は，島崎（2006）に詳しい。

⑾ 標本誤差

① サンプリングの基礎理論

(イ) 平均値のサンプリング誤差

例えば，N人の母集団から単純無作為抽出でn人の標本を取り出すとする。N人からn人の標本を取り出す組合せは，3.1式から計算される。

$$_NC_n = \frac{N!}{n!(N-n)!} \qquad (3.1)$$

計算された組合せすべてについて平均値と分散を計算すると，以下のような関係がわかる。

(a) $_NC_n$個の標本の平均値の平均は，母集団の平均値に一致する（期待値は母平均に一致する）。

(b) $_NC_n$個の標本平均の分散は，3.2式から計算される。

$$\text{標本平均値の分散} = \frac{N-n}{N-1} \cdot \frac{\sigma^2}{n} \qquad \sigma^2\text{は母集団分散} \qquad (3.2)$$

3.2式から平均値の分散を求めると，標本平均の分散と一致する（分散は母分散をnで割ったものを$(N-n)/(N-1)$倍したもの）。

$(N-n)/(N-1)$ は，有限母集団の修正項という。$(N-n)/(N-1)$ は，3.3式のように表せる。

$$\frac{N-n}{N-1} = \frac{1-\dfrac{n}{N}}{1-\dfrac{1}{N}} \qquad (3.3)$$

そのため，n に比べて N が十分大きければ（無限母集団の場合），n/N，$1/N$ はともに 0 とみなすことができる。このため有限母集団の修正項は 1 とみなせることから，標本平均の分散は σ^2/n になる。一方有限母数団の場合，標本平均の分散 σ^2/n は $(N-n)/(N-1)$ だけ小さくなる。

(c) $_NC_n$ 個の標本の平均値は，N や n が十分大きいときには正規分布する。正規分布の重要な性質には，次の諸点が含まれる。

- 平均と分散により完全に記述される
- 平均を中心に左右対称である
- 変数 x の平均値を中心に，標準偏差の±1倍の範囲の値をとる確率は68.3％，±1.96倍の範囲の値をとる確率は95.4％，±3倍の範囲の値をとる確率は99.7％という区間確率をもつ。つまり，正規分布に近似できる場合は，変数 x の95.4％は，$x-1.96\mathrm{SD}$ と $x+1.96\mathrm{SD}$ の間にある（いい換えると，変数の95％は，平均値との差が標準偏差の1.96倍以下である）。

そこで，$_NC_n$ 個の標本の平均値の標準偏差は，3.4式で計算できることから，正規分布に近似するとみなすことができ，標本の平均値について，信頼度95％で3.5式が成り立つ。

$$\sqrt{\frac{N-n}{N-1} \cdot \frac{\sigma^2}{n}} \qquad (3.4)$$

$$|\bar{x} - \bar{X}| < 1.96\sqrt{\frac{N-n}{N-1} \cdot \frac{\sigma^2}{n}} \qquad \begin{array}{l} \bar{X} \text{は母集団平均値} \\ \sigma^2 \text{は母集団分散} \end{array} \qquad (3.5)$$

右辺の3.6式を平均値の単純無作為抽出の標本誤差（サンプリング誤差）という。

$$\sqrt{\frac{N-n}{N-1} \cdot \frac{\sigma^2}{n}} \qquad (3.6)$$

(ロ) 比率のサンプリング誤差

二項分類型(ある質問について,はい,いいえ,で回答を得る形式)の比率は,反応有りの人数を総人数で割っていることから,ある種の平均値とみなせる。では分散はどのように定義できるかを考えると,次のようになる。

$$\sigma^2 = \frac{1}{N}(X_1{}^2 + X_2{}^2 + \cdots\cdots + X_n{}^2) - \bar{X}^2 \qquad (3.7)$$

$$= \frac{1}{N}(X_1 + X_2 + \cdots\cdots + X_n) - \bar{X}^2$$

$$= p - p^2$$

$$= p(1-p)$$

3.7式2行目の( )内の変数の2乗が消えているのは,データが0−1のときは,$X^2 = X$ となるからである。ゆえに,平均値と同様に3.8式が成り立つ。

$$|p - P| < 1.96 \sqrt{\frac{N-n}{N-1} \cdot \frac{p(1-p)}{n}} \qquad P\text{は母集団比率} \qquad (3.8)$$

右辺の3.9式を比率の標本誤差(サンプリング誤差)という(西平,1985)。

$$\sqrt{\frac{N-n}{N-1} \cdot \frac{p(1-p)}{n}} \qquad (3.9)$$

(ハ) 多段抽出の場合のサンプリング誤差

今まで述べてきたサンプリング誤差は,単純無作為抽出を行った際の誤差である。実際には2段ないし3段抽出が利用されることが多い。そうした場合の

2段抽出のサンプリング誤差は，調査業界では慣例的に3.10式が用いられている。

$$\bar{x}-1.96\sqrt{2\frac{N-n}{N-1}\cdot\frac{p(1-p)}{n}}<\bar{X}<\bar{x}+1.96\sqrt{2\frac{N-n}{N-1}\cdot\frac{p(1-p)}{n}} \quad (3.10)$$

式をみてもわかるとおり，2段抽出のサンプリング誤差は，1段抽出の$\sqrt{2}$倍となっている。3段抽出では$\sqrt{3}$倍ということになる（島崎，2006）。

② 母集団の平均値と比率の推定

サンプリングの基礎理論では，$_NC_n$個の標本の平均値から議論したが，実際には調査は1回，つまり$_NC_n$個のうち1組の標本が抽出される。さらに，母集団の平均値や分散は未知である。逆にいえば，これを推定するために調査を行うわけである。前項でみたサンプリング誤差が計算できれば，平均値を推定できるわけである。サンプリング誤差を計算するためには，母集団数（N），標本数（n），母集団の分散（σ^2）が必要である。標本抽出を行う場合は母集団数は既知であるケースが大多数であり，当然ながら標本数は既知である。問題は母集団分散であるが，標本数が十分大きい場合は標本分散で代用することが可能である。従って，3.5式から3.11式（信頼度95％）を得ることができる。

$$\bar{x}-1.96\sqrt{\frac{N-n}{N-1}\cdot\frac{\sigma^2}{n}}<\bar{X}<\bar{x}+1.96\sqrt{\frac{N-n}{N-1}\cdot\frac{\sigma^2}{n}} \quad (3.11)$$

比率についても，同様に3.12式（信頼度95％）を得ることができる。

$$p-1.96\sqrt{\frac{N-n}{N-1}\cdot\frac{p(1-p)}{n}}<P<p+1.96\sqrt{\frac{N-n}{N-1}\cdot\frac{p(1-p)}{n}} \quad (3.12)$$

これまで述べてきたサンプリング誤差は絶対サンプリング誤差といわれるものである。3.12式で分散が最大となるのは，ある事象が50％になるときである。確率が1あるいは0に近づくにしたがって分散は小さくなる。つまり，比率が

90%と10%ではサンプリング誤差は同じということになる。ただし変動係数（標準偏差/平均値で計算される）を計算すると，pが0に近づくに従って大きくなる。そのため，サンプリング誤差は同じでも，比率に対する比は異なる。この比率に対する比のことを相対サンプリング誤差という（西平，1985）。

⑿ 非標本誤差

非標本誤差は，サンプリングすることにより生じる標本誤差以外すべての誤差を含む。代表的なものは，次のとおりである（島崎，2006）。

① 回収率による誤差

標本誤差は，サンプリングされた標本すべてについて，調査が完了した場合に適用できる。実際には，サンプルすべてについて調査が完了することはない。また，調査完了票と調査不能票間には，特性に差があるとされている。したがって，回収率を高める努力が必要となる。

② 調査票設計時に生じる誤差

調査票の質問文や回答選択肢の設計にあたって，誘導的な質問文や回答選択肢の設計を行うと，回答者はそちらの方向に誘導されるといわれている。したがって中立的態度で質問文や回答選択肢の設計を行うことが重要となる。

③ 調査員の態度によって生じる誤差

面接調査法や留め置き調査法では，調査員が調査対象者を訪問することになる。このため，調査員の服装，言葉遣い，態度といったことが調査協力に影響するとともに，回答傾向に影響を与えることがある。とくに，サンプル数の多い調査では多くの調査員を動員することになるため，調査員間でのバラツキが大きくなることが予想される。したがって，調査員に対するインストラクションは入念に行われなくてはならない。

4. 調査票の設計

(1) 調査票作成の態度と留意点

　定量調査の場合，一般的に調査項目を質問に展開した調査票を作成し，同一基準・尺度で対象者の回答傾向を測定する。

　調査は調査対象者の協力があって始めて成立する。したがって，調査票の言葉遣いは，過度の敬語を使用する必要はないが，ある程度丁寧にすることが必要である。調査票を作成するにあたっての基本的なルールを以下にあげる（西田春彦＆新睦人，1976；島崎，2006）。

　① 調査票作成時の基本ルール

　(イ) 質問の回答次元を明確にする

　例えば，新聞の主閲読紙についてその理由を聞くと，回答者は自身の状態，新聞の属性，情報源などから回答する。この場合，すべての次元について回答できるようにする。あるいは，いずれかひとつの次元につて回答を求めているのであれば，それを明確にする。

　(ロ) ひとつの質問にふたつ以上の判断基準を含んではいけない（ダブル・バーレル質問）

　例えば，「あなたは，若者の活字離れの原因はインターネットやテレビゲームの普及にある，という意見に賛成ですか，反対ですか」という聞き方では，活字離れの原因について，インターネットとテレビゲームというふたつの基準を含んでいる。

　(ハ) 質問内容が回答者にとって現実性があるか

　質問内容が，日常の思考や行動，経験の範囲から逸脱していないか。長期的見通しや過去の記憶に頼る質問は回答が難しいため，現実性のある経験的な事柄に絞る必要がある。

　(ニ) 質問が意図する回答のあり方を理解できるか

　質問を聞いただけ，あるいは読んだだけで，対象者が何を質問されているの

か，つまりどのように回答したらよいのかが十分理解できるか．

(ホ) 回答を求めている判断基準を明確に示す

例えば「あなたが，普段よく見ているテレビ番組はどれですか」と聞かれた場合，普段をどのように解釈するかにより回答は異なったものになる．休日なのか平日なのか，朝なのか夜なのかなどにより異なるであろう．質問したい時点を具体的に明示する必要がある．あるいは，「あなたが日曜日の午前中よく見ている」なのか「お宅で日曜日の午前中よく見られている」なのかといった回答を求めている主体を明確にする必要がある．

(ヘ) 対象とする行動や意識を明確にする

例えば，「あなたが，通勤・通学途上でよく読まれる週刊誌は」という習慣行動と，「あなたが，今日通勤・通学途上で読まれた週刊誌は」という特定の行動とは異なるはずである．

(ト) 質問文中の用語や表現が正確かつ理解できるか

特定の人たちや特定の階層の人だけが使う言葉や，特定のイメージを連想させる用語や表現は使用しない．

(チ) 回答経路が適切に指示されているか（とくに自記式調査で）

分岐型質問，例えば「あなたは現在，月極で新聞をとられていますか，いませんか」を質問し，とっている人に「月極で取られている新聞に全て○をお付け下さい」という質問の場合，ふたつめの質問は回答する人と回答しなくてもよい人に分かれる．この指示を明確にする必要がある．

(リ) 質問が調査テーマに向かって十分絞り込まれているか

総花的に何でも聞こうとするのではなく，仮説の検証に必要不可欠なものだけに絞る必要がある．

(ヌ) 選択肢数が適切か

各質問の回答選択肢の数が適切か．回答選択肢の数が多いと，後ろの回答選択肢への反応が極端に少なくなるなどの問題が生じる．あまりに多ければ，ふたつの質問にするなどの工夫が必要である．

(ル) 回答者のプライバシーに触れる質問は注意を要する。

② ワーディングの基本的ルール

質問文の文章や用語，表現をワーディングという。ここでは，ワーディングの基本的なルールをあげる。

(イ) わかりやすい文章であること（回答者にはさまざまな人がいるという理解が必要）
(ロ) あいまいな表現を避ける（普段，最近といった漠然とした表現では，回答者により解釈が異なる）
(ハ) 主観的表現は避ける
(ニ) 聞き取りにくい言葉や多様な同音異義語はなるべく避ける（これは，とくに面接調査法で問題となる。留め置き調査法では文章を読むので大きな問題にはならない）
(ホ) 難解な言葉は避ける
(ヘ) 聞き慣れない言葉，外来語，特定の階層で使われている言葉は避ける

③ 誘導に対する注意

(イ) 黙従傾向

これは，「あなたは，○○○という意見に賛成ですか」という否定の入らない質問に対し「はい」と回答しがちな傾向をもつことをいう。一般的には，「……に賛成ですか，反対ですか」という中立的表現を用いる。この他，「あなたは，1日何分ぐらい新聞を読みますか」という質問も，新聞を読むのが当たり前という肯定的バイアスがかかるといわれている。

(ロ) ステレオタイプの用語は避ける

④ バイアス質問の利用

態度の強度を測定する場合など，意図的にバイアス質問を用いる場合がある。

⑤ 質問文の配列

(イ) 質問は回答しやすいものから並べる
(ロ) 実態から意識，態度といった順に並べる。先に意識や態度は聞かない

(ハ) 質問が相互に関連するものはまとめておく

(ニ) キャリー・オーバー効果に配慮する

キャリー・オーバー効果とは前に置かれた質問が後ろに置かれた質問い対し誘導的な作用をすることをいう。

⑥ 調査票全体のレイアウト

調査票のレイアウトは，回答者の混乱や誤答を少しでも防ぐような工夫が必要である。

(2) 回答型式の設計

調査票の設計にあたっては，回答の尺度を考慮しながら，図Ⅲ-4-1に示すようないくつかの回答形式の中から，その質問内容にとって妥当な回答形式を選び，選択肢の設計を行う（島崎，2006）。

図Ⅲ-4-1　回答型式

```
┌─ ①自由回答型式 ──┬─ (イ)自由回答型
│                    ├─ (ロ)数量型
│                    └─ (ハ)定数配分型(チップ・ゲーム)
├─ ②プリコード型式 ─┬─ (イ)二項分類型
│                    ├─ (ロ)多項分類型
│                    └─ (ハ)尺度型 ──── (ニ)評定尺度型
└─ ③その他の型式 ───── 推測法，投影法
```

① 自由回答型

自由回答には，意見などを自由に回答する方式，数量を回答する方式，一定の数値を配分する方式などがある。

(イ) 自由回答型

調査対象者が，質問された事項に対し意見などを自由に回答する方式である。この回答形式は，回答内容を集計するためのアフター・コーディングに時間と費用がかかるという問題がある。

(ロ) 数量型

実数値で回答を得る方法であり，年齢，体重，身長などを実際の数字で回答してもらう形式であるが，尺度型のプリ・コード形式を使うことも多い。

(ハ) 定数配分型

調査対象者に一定の数量を，項目ごとに配分してもらう方式である。例えば以下のように質問することになる。

質問）先週の日曜日，NHK総合，NHK教育，民放，その他の各放送局をそれぞれどの程度視聴されましたか。全体を100％としたとき，それぞれの局を見た時間に応じて100％を割り振ってください。合計は100％になるようにお願いいたします。

② プリ・コード型

プリ・コード型は，回答を選択肢の中から選ばせる方式である。選択肢を提示することで回答しやすくなる一方，調査対象者に回答の枠組みを与えることになる。プリ・コード型では，すべての回答内容が網羅されていることが重要である。また，選択肢の数はあまりに多いと後ろに配置した回答選択肢への回答が減少することになりかねない。回答選択肢は，質問の並び順と同様に順序効果をもつ。

(イ) 二項分類型

回答選択肢が「持っている」，「持っていない」や「見た」，「見ていない」などのふたつからなる回答形式を二項分類型という。

(ロ) 多項分類型

3つ以上の選択肢からひとつ，あるいは複数の選択肢を選ぶ回答方法を，多項分類型という。多項分類型の回答方法は，選択肢をひとつだけ選ぶ方式と選択肢を複数選ぶ方式に分かれ，前者をシングル・アンサー(SA)，後者をマルチプル・アンサー（MA）と呼ぶ。MAには，該当する選択肢を何個でも選ぶことのできる方法と，選ぶことのできる選択肢の個数を制限する制限回答方式(LA)という方法がある。多項分類型の場合，最後に「その他」という選択肢

を設けることがある。

(ハ) 尺度型

尺度型には，数量をカテゴリーに分類した尺度型と，意見項目や態度項目への賛否を測定する際に多用される評定尺度型がある。数量をカテゴリーに分類する場合は，各カテゴリーの間隔の幅は同じ値にする。間隔を一定にしない場合，カテゴリーの幅は，50万円，100万円，200万円といった倍数の値を用いる。また，カテゴリーの境界を明確にし，値がどちらのカテゴリーに入るのかを明確にする。

(ニ) 評定尺度型

一般的に態度や意見には程度があるとされる。このため態度や意見を測定する場合，その程度を提示する必要がある。このため一般的には，4段階（4件法）あるいは5段階（5件法）程度の評定尺度型を用いることが多い。

評定尺度にはさまざまなタイプがある。

(a) 両極尺度と単純尺度

「よい」と「よくない」などの肯定的と否定的両方の極を示す尺度を両極尺度と呼ぶ。肯定側ないしは否定側のいずれか一方の極のみを示す尺度を単純尺度と呼ぶ。態度や意見の測定では，両極尺度を用いるのが一般的である。

(b) バランス尺度とアンバランス尺度

「よい」,「まあよい」,「どちらともいえない」,「あまりよくない」,「よくない」といったように，中立点の左右のカテゴリー数を等しくし，かつ等間隔とみなした尺度をバランス尺度と呼ぶ。中立点の左右のカテゴリー数が異なったり，間隔が異なる尺度をアンバランス尺度と呼ぶ。

(c) 強制選択尺度と非強制選択尺度

「よい」,「まあよい」,「どちらともいえない」,「あまりよくない」,「よくない」といったように「どちらともいえない」を設けた尺度を，非強制選択尺度と呼び，中立点を設けない尺度を強制選択尺度と呼ぶ。

(d) 相対尺度と絶対尺度

ふたつの測定対象に対して，相対評価を得る尺度を相対尺度と呼ぶ。ふたつの測定対象間で行われる場合，一対比較法という。ひとつの測定対象についてだけ評価を得る尺度を，絶対尺度と呼ぶ。

(e) ワーディング

評定尺度の各カテゴリーの名称（ワーディング）は，各カテゴリーの名称を明示する場合，カテゴリーの名称をまったく明示しない場合，カテゴリーの名称の一部だけ明示する場合（両極だけ，あるいは両極と中立点だけ）がある。両極を強調する場合は，非常に，おおいに，まったく（全く）といった副詞をつけることが多い。名称を明示する場合，隣接カテゴリーとの距離感を考慮する必要がある。評定尺度は厳密には順序尺度である。これを，間隔尺度とみなしている。このため，各カテゴリー間の距離が等距離になるよう工夫すべきである（順序尺度，間隔尺度は，Ⅲ-4-(3)「尺度」を参照）。

(f) カテゴリー数

態度測定の場合，中立点の左右にふたつのカテゴリーを設けた5段階（5件法）ないし，7段階（7件法）の尺度を用いることが多い。7段階以上の尺度になると，各カテゴリー間の距離を等距離にすることが難しくなることもあり，一般的には5段階ないし7段階の尺度が一般的である。3段階の尺度もあるが，間隔尺度とみなすということからも5段階ないし7段階の尺度が妥当である。

③ その他の回答型式

推測法は，対象者に直接聞きづらい質問を間接的に聞く方法である。例えば，性行動について，「あなたは……」と聞かずに，「あなたの周りでは……」と聞くなどである。投影法は，心理測定法として発展してきた方法である。投影法には，文章完成法，略画完成法，語句連想法などがある。

(3) 尺　　度

マス・コミュニケーション調査では，尺度を用いて測定するのが一般的である。尺度とは，回答を測定する物差しであり，一般的にはS.S.スティーブン

ス（S.S.スティーブンス，1951）により提唱された尺度分類が用いられる。スティーブンスは，名義尺度，順序尺度，間隔尺度，比例尺度の4種類に分類している。名義尺度，順序尺度で測定されたデータを質的データ，間隔尺度，比例尺度で測定されたデータを量的データという。この尺度の水準により許容される演算の種類が異なり，それにともない統計処理も異なる。

① 名義尺度

名義尺度は，測定対象の質的相違を表現している。それぞれのカテゴリーに記号を与えることがあるが，記号はコードとしての意味しかもたない。例えば，新聞を毎日読むかについて「毎日読む」に1，「毎日は読まない」に2という数値を与える場合などである。名義尺度は四則演算を行うことはできない。各カテゴリーの頻度として取り扱うことができるだけである。統計量としては，代表値として最頻値を，その他にχ^2検定や連関係数などを利用することができる。

② 順序尺度

順序尺度は，名義尺度の性質に加え，測定値が大小，優劣などの順序関係を示す。例えば，新聞の閲読程度の「毎日読む」，「ほぼ毎日読む」，「ほとんど読まない」の区別（頻度の多い順）に3，2，1という数値を対応させるような場合である。この尺度も四則演算を行うことはできない。統計量としては，順序統計量（中央値，四分位偏差，順位相関係数など）を用いることができる。

③ 間隔尺度

間隔尺度は，順序尺度の性質に加え，測定値間の差が，測定する対象間の違いの大きさに対応している。尺度の原点は任意である。例えば，気温は間隔尺度であるから，20℃－10℃＝30℃－20℃が保証されている。四則演算のうち加減算が成立する。統計量として，平均値，標準偏差，相関係数などを用いることができる。

④ 比例尺度

比例尺度は，間隔尺度の性質に加え，絶対的な原点（0が「ない」を意味す

る）が存在し，単位の決め方だけが任意な尺度である。このため，数値の倍数関係を論じることができる。例えば，金額はそれにあたる。四則演算がすべて可能である。

(4) 尺度構成

　調査票の設計段階において，調査課題をどのような物差しを用いて計測するかは重要な問題である。この物差しが尺度であり，調査課題に対応した物差しの構成を尺度構成という。特にマス・コミュニケーション調査で多用されるのは，態度測定であり，態度測定は，意見項目への反応を手がかりに態度を推定しようとする方法である。

　尺度構成は，一般的には多くの項目をあげて測定を行い，結果を分析して調査課題を測定するのに妥当な項目を抽出・修正して，尺度構成を確定させる。この尺度を用いて調査を行うという手順をふむ。

　態度を測定する代表的な一次元尺度構成に，サーストン尺度，リッカート尺度，ガットマン尺度などがある。現在では，多変量解析法を利用して尺度構成するのが一般的である。

　作成された尺度は信頼性（その尺度によって測定対象から同じ結果が繰り返し得られるか）と妥当性（その尺度が測定しようとしていることを，どの程度測定しているか）を評価する必要があり，以下のような方法がある。

　信頼性の評価では，信頼性係数（クロンバックの α 係数：0.8以上が必要とされ，悪くても0.7以上が必要である）を求めることが多い。

　妥当性には，以下の3種類がありこれを十分に検討する必要がある。

内容妥当性：測ろうとしている領域をどの程度適切に測定しているか（測定領域と内容領域の関連）。何を測定しているか。

表面妥当性：何を測定しているように見えるか（見かけ上の妥当性）。

基準関連妥当性：尺度とは独立の他の基準（外部基準）とどの程度関連しているか。

信頼性との関係から,信頼性が高くても妥当性が低いことはあり得るが,妥当性が高い場合には信頼性は高くなくてはならない。

5. 集　　計

(1) 集計とは

　調査が終了し調査票の回収,点検,インスペクションが終了すると,次は集計作業である（島崎,2006）。

　集計作業は,調査手法が定量的手法か定性的手法であるかにより大きく異なる。定量的手法における集計作業は,エディティング,コーディング,データ入力,データ・チェック,カウント,統計量の計算という一連の作業をいう。

　全体的な傾向を概観するために,個々のデータの集約作業を集計作業と呼ぶ。集計作業は,正確かつ迅速に行われなければならい。機械集計は,具体的には機械操作の積み上げであって,経験的に積み上げられたノウハウやパソコン操作の習熟度が重要となる。

　エディティングからデータチェックまでは,得られた調査データを集計・分析するための準備作業ということになる。実際の作業内容は島崎（2006）に詳しい。

　単純集計とは,個々の調査票の調査項目ごとに回答度数をカウントする作業である。クロス集計は,何らかの分類項目ごとに回答度数をカウントするものである。これを集計結果表としてまとめる。また同時に,データの尺度水準によっては平均値や標準偏差などといった統計量を求める。

　集計作業を正確かつ迅速に進めるためには,集計計画が必要となる。最終的にこの集計計画は,集計計画表（島崎,2006）となる。

　調査企画段階で集計計画を立てることにより,標本数,得られる統計量,クロス集計表,あるいは可能なデータ分析の方法を確認することができる。こうした確認のためにも調査企画段階で集計計画を立てることが必要となる。さら

に重要なのは，仮説を検証するための質問項目が網羅されているかについて検討することである。とくに，部分集団だけでなく質問間の関連により仮説を検証する場合，必要な質問が網羅されているかを確認することが必要である。具体的には，クロス集計を行う項目を確認することになる。さらに，仮説を検証するための項目は当然必要であるが，仮説が否定された場合になぜ否定されたかを考察するために必要な項目も盛り込まれているかを検討しておく必要がある。

また，マス・コミュニケーション調査では，当然のことながら欠損値が生じることがある。このため，あまりに欠損値が多い質問項目については，再調査を行うか，分析を諦める必要がある。欠損値になった理由を考察せず，無批判的にデータ分析を行うのは危険である。特に欠損値が，10%を越えているような場合には問題がある。

(2) 単純集計とクロス集計

データ入力が終了し，データ・チェックが完了すると，次に単純集計とクロス集計を行う。

単純集計は，調査票の各質問における回答選択肢ごとの回答頻度をカウントする。数量型の自由回答の場合は，平均値，標準偏差，範囲（レンジ）などの基本統計量を計算する。単純集計の目的は，全体の回答傾向を把握することにある。この時，グラフ化によるデータの視覚化が有効である。

次にクロス集計表を作成する。クロス集計は，基本的に2変量間の関連を分析する目的で行うものである。

まず集計計画表に沿ってクロス集計を行う。次に仮説が検証された場合，それが真の関係といえるか，その関連の理由は何かといった分析的視点が必要になる。逆に仮説が否定された場合も，本当は真の関係が存在するにもかかわらず，何らかの変数の影響により疑似的に関連が見い出されていないかもしれないといった点を検討する必要がある。こうした分析を行う際の方法に，エラボ

レイションがある（ザイゼル，1985）。また調査計画時には気づかなかった問題意識や仮説が，クロス集計表を観察することにより生まれることがある。こうした場合，積極的にクロス集計を行い関連を分析する必要がある。

クロス集計表では，頻度（度数，応答数），構成比（相対度数，パーセンテージ）が出力される。頻度は，カテゴリーごとの回答人数であり，構成比は，全体に占める割合を表している。

構成比の重要な機能は，ふたつ以上の数値がある場合，絶対的な相違を無視し，相対的な割合に着目することで，それらの相対的な大小を明確に示すということにある。

表Ⅲ-5-1を例に説明する。例えば，40歳代では27人，50歳代では29人が「よく目を通す」と回答している。合計欄をみると，40歳代の標本数は39人，50歳代は48人である。このため，その数値をみただけでは，どちらの年代で「よく目を通す」という回答が多いかをすぐに判断することはできない。

表Ⅲ-5-1 折り込みチラシ閲読程度（数値は頻度）

	折り込みチラシ閲読程度				合　計
	よく目を通す	時々目を通す	あまり目を通さない	全く目を通さない	
10歳代	2	7	3	1	13
20歳代	6	11	13	7	37
30歳代	19	15	6	2	42
40歳代	27	7	3	2	39
50歳代	29	12	7	0	48
60歳代	7	3	1	1	12
合計	90	55	33	13	191

これを表Ⅲ-5-2のように構成比で表すことで，40歳代の方が50歳代に比べて「よく目を通す」が多いことが一目でわかる。このように，頻度という絶対的な大きさではなく，年代ごとの標本数に対する比を計算することで，相対的な大きさの違いを明確に示すことができるのである。

表Ⅲ-5-2　折り込みチラシ閲読程度（数値は行構成比）　　(%)

	折り込みチラシ閲読程度				合計
	よく目を通す	時々目を通す	あまり目を通さない	全く目を通さない	
10歳代	15.4	53.8	23.1	7.7	100.0
20歳代	16.2	29.7	35.1	18.9	100.0
30歳代	45.2	35.7	14.3	4.8	100.0
40歳代	69.2	17.9	7.7	5.1	100.0
50歳代	60.4	25.0	14.6	0.0	100.0
60歳代	58.3	25.0	8.3	8.3	100.0
合計	47.1	28.8	17.3	6.8	100.0

　特に標本数を調査者が任意に決める調査では，カテゴリーに反応した人数（頻度）に意味はない。標本数と，カテゴリーに反応した人数の比に意味があるだけである。そのため，構成比を読み取ることが重要となる。

　構成比を算出する際，3種類の計算方法がある。表側の合計を100%とする行構成比（横構成比），表頭の合計を100%とする列構成比（縦構成比），総標本数を100%とする表構成比（全体構成比）の3種類である。そこで，よく使われる行構成比と列構成比について，数値の読み方を説明しておく。行構成比は，クロス集計表の行方向の合計を100%とした場合の各セルの構成比である（行構成比は行方向の合計が100%になっている）。表Ⅲ-5-2であれば，年代により折り込みチラシの閲覧程度に差があるかないかという視点で分析している。つまり，年代により差があるかないかということであり，年代が原因で折り込みチラシの閲覧程度に差があるかないかと考えている。一方列構成比は，クロス集計表の列方向の合計を100%とした場合の各セルの構成比である（列構成比では，列方向の合計が100%になっている）。表Ⅲ-5-3の最初の項目「よく目を通す」であれば，「よく目を通す」という回答はどの年代で多いかという視点で分析をしている。このため，極端なことをいえば人気投票的と考えればいいことになる。ここで注意を要するのは，10歳代，60歳代はその比率が低い。しかし，こ

表Ⅲ-5-3　折り込みチラシ閲読程度（数値は列構成比）　　　　（％）

	折り込みチラシ閲読程度				合計
	よく目を通す	時々目を通す	あまり目を通さない	全く目を通さない	
10歳代	2.2	12.7	9.1	7.7	6.8
20歳代	6.7	20.0	39.4	53.8	19.4
30歳代	21.1	27.3	18.2	15.4	22.0
40歳代	30.0	12.7	9.1	15.4	20.4
50歳代	32.2	21.8	21.2	0.0	25.1
60歳代	7.8	5.5	3.0	7.7	6.3
合計	100.0	100.0	100.0	100.0	100.0

の調査では，10歳代は15歳～19歳，60歳代は60歳～64歳が調査対象であり，標本数が少ない。このため，そのまま数値を分析するのは問題がある。例えば，5歳階級にして集計すれば問題はなくなる。

　数値の読み取りに当たっては，合計の構成比と比較して乖離が大きい，あるいは小さい構成比を読み取る。例えば表Ⅲ-5-2であれば，「よく目を通す」の合計は47.1％である。これに対して，40歳代は22.1％，50歳代は13.3％，60歳代は11.2％数値が高い。一方，10歳代は31.7％，20歳代は30.9％数値が低い。30歳代はほぼ合計と同じ数値である。このため，折り込みチラシに「よく目を通す」のは，40歳代，50歳代，60歳代で高く，特に40歳代で高い。一方，10歳代，20歳代では低く，全体では中高齢層で高く，若齢層で低い，と記述することができる。こうした記述を行うことをファインディングという。この分析は，全体効果に対し，年代による固有の効果があるかという視点でみているのである。このため，必ず合計と比較して構成比が高いか低いかを判断する必要がある。では，どの程度数値が高いないし低ければ，高い，低いと記述することができるかが問題となる。この基準については，統計的仮説検定（Ⅲ-7「統計的仮説検定」を参照）を用いて統計的に差があるかないかを検討する方法と，簡便的にはサンプリング誤差（Ⅲ-3-⑾-①-㈹「比率のサンプリング誤差」を参照）

を計算し,サンプリング誤差を越えて数値に差があれば,数値が高いないし低いと記述する方法がある。

6. データ分析（記述統計）

データ分析では,まず度数分布表,記述統計量を検討する。分布を特徴づける統計量としては,次のふたつが重要である（東京大学教養学部統計学教室, 1991；島崎, 2006）。
- 分布の中心的傾向を表す測度
- 分布の散らばりを表す測度

(1) 分布の中心的傾向を表す測度（分布の代表値）
① 算術平均（平均値）

平均値は分布の中心的傾向を表す測度であり,尺度水準が間隔尺度,比例尺度の場合に適用される。一般に平均値と呼ばれているのは算術平均である。平均値は,データの総和を標本数で割ることで計算される。

② 中央値（メディアン）

中央値は,順序尺度以上のデータに適用できる代表値であり,すべてのデータを大きさの順に並べた時,ちょうど真ん中に位置する値である。データ数が偶数の場合,例えばデータが10個の場合,5番目のデータと6番目のデータを足して2で割るということになる。中央値は度数分布表からも計算でき,非常に便利である。

③ 最頻値（モード）

最頻値は,もっとも度数の多いカテゴリーであり,どの尺度水準で測定されていても用いることができる。名義尺度の場合は,代表値の中で最頻値だけを用いることができる。

算術平均,中央値,最頻値はまとめて代表値と呼ばれる。代表値は,尺度水

準や分布の状態により最適なものを選択する必要がある。正規分布では，どの代表値を用いても問題がないが，全データの情報を利用していることから平均値を用いるのが妥当である。他方，非対称分布（代表的な分布に，右に歪んだ賃金分布などがある）の場合，中央値ないし最頻値を代表値とすることが一般的である。また，少数の極端な値（外れ値）がある場合，平均値はこの外れ値の影響を受けることから，中央値を用いる方がよい。

(2) 分布の散らばりを表す測度：分散と標準偏差

　平均値が同じであってもデータの散らばり具合が異なれば分布の形も異なる。そこで，分布の散らばりを記述する必要がある。分散と標準偏差は間隔尺度，比例尺度で測定されたデータの散布度の測度である。各データの平均値からの偏差の2乗和を標本数で除したものであり，偏差2乗和の平均ということになる。分散は2乗されているため，測定の単位とは異なっている。そこで，一般的には分散の平方根を計算した標準偏差が使われることが多い。分散や標準偏差が意味するところは，個々のデータが平均値からどの程度ずれているか，逆にいえば平均値の周りにどの程度集まっているかを，データと同じ単位で表したものである。

　この他，中央値とセットで用いられる，散らばりを表す測度に四分位偏差がある。四分位偏差は，中央値と同様に度数分布表から求めることができる。

　分布の散らばりを表す測度も代表値と同様に，尺度水準や分布の状態により最適なものを選択する必要がある。特に，代表値でも指摘した賃金分布といった非対称分布では，散らばりを表す測度についても，順位に基づいた四分位偏差を用いる方がよい。

(3) 変量間の関連の分析

　① ピアソンの積率相関係数

　ふたつの変量間の関係を考察する場合，相関係数を用いることが多い。相関

係数は,一方の値が高くなれば,もう一方の値も高くなる,あるいは一方の値が高くなれば,もう一方の値は低くなるといった直線的な関係を表している。一般的に相関係数といった場合,ピアソンの積率相関係数を指すことが多い。ピアソンの積率相関係数(以下相関係数)は,間隔尺度以上の尺度水準に適用される測度である。

相関係数は,調査対象者ごとに2変量が同時に測定されている必要がある。相関係数は,$-1 \leq r \leq 1$の値を取り,2変量間に完全な正の相関がある場合に1,完全な負の相関がある場合に-1,直線的な関係が全くない場合に0となる。相関係数が低いということは,直線的な関係はみられないということであり,2変量間に関係がないということにはならない。また,相関係数は少数の外れ値の影響を強く受ける。特に,データ数が少ない場合に影響が大きい。こうした場合,順位相関係数を求める方がよい。

② 連関係数

連関係数は,カテゴリー化された2変量間の関連の強さを表す測度であり,測定尺度の水準が名義尺度の場合,2変量間の関連は連関係数によりその強さを評価することになる(名義尺度の場合,方向は意味をもたない)。連関には,クロス集計表の極限状態から最大関連,完全関連という2種類の状態がある。連関係数は,最大値が完全関連を想定している測度と,最大関連を想定している測度がある。クロス集計表の極限状態が,最大関連になる場合は最大関連を想定した連関係数を適用した方がよい(島崎,2006)。

連関係数で代表的なものには,次のような測度がある。

(イ) 四分点相関係数(ϕ)は,$-1 \leq \phi \leq 1$の値をとる。四分点相関係数は,完全関連を想定した測度である。このため,最大関連の場合には1にならない。

(ロ) ユールの連関係数

ユールの連関係数は,最大関連,完全関連ともに1または-1になる。

(ハ) クラメールの連関係数

2×2のクロス表以上のクロス表については、クラメールの連関係数により評価できる。クロス表の独立性の検定（Ⅲ-7-(3)-①「独立性の検定」を参照）では、χ^2値によって検定される。しかし、χ^2の最大値は総度数とカテゴリー数に影響される。そこで、χ^2の値を最大値で除すことにより、0～1の範囲を取るように定義したものがクラメールの連関係数である。クラメールの連関係数は完全関連を想定した測度であり、最大関連の場合は1にならない。

7. 統計的仮説検定

(1) 統計的仮説検定とは

これまでは、代表値や散布度、2変量間の関連についてその特徴を記述する方法について検討してきた。これらは記述統計といわれるものである。しかし、定量的調査によりデータ収集を行うのは、データを記述することだけが目的ではない。仮説検証型調査における仮説は、母集団に対する一般化した仮説であろう。また、探索型調査においても、探索された事実が母集団に対し一般化できるかが検討される。こうした、得られたデータに基づいて母集団に対し一般化した推計を行う方法が推測統計である。

統計的仮説検定は、標本から得られた結果が母集団についてもいえるかを検討するものである。検定される統計的仮説とは、平均、比率などの母集団特性値について立てられた仮説であり、棄却されることが期待される「差がない」という仮説帰無仮説（H_0と略記される）と、採択されることが期待される「差がある」という対立仮説（H_1と略記される）をたて、確率的基準（これを有意水準という、1％ないし5％が一般的水準である）の下で、帰無仮説を棄却することができるならば、対立仮説を採択し、「差がある」と判断する。このように確率的基準をもとに仮説の棄却ないし採択を判断するため、当然ながら判断

に過誤が生じる可能性をもつ。第1に,帰無仮説が真にもかかわらずこれを棄却してしまうことがある。これを第一種の過誤という。第2に,帰無仮説が偽にもかかわらずこれを採択してしまうことがある。これを第二種の過誤という。

検定には,いくつかの方法がある。例えば平均値の差の検定（t検定）は,パラメトリック検定という分布を仮定して検定を行う方法と,ノンパラメトリック検定という母集団に分布を仮定しない検定法に大別される。マス・コミュニケーション調査では名義尺度で測定される変数が多いことから,ノンパラメトリック検定が多用される。

(2) 平均値の差の検定

① 2組の母平均値の差の検定（t検定）

例えば,男女別に朝刊の新聞閲読時間を聞いたとする。この時,得られた平均値に男女差があるかを検討することがある。こうした時に用いられる検定法がt検定である。

t検定は,母分散が未知の場合のパラメトリック検定であり,少数標本での検定が可能である。t検定では母分散の代わりに標本分散が利用される。標本分散は,2組の標本それぞれから計算される。通常,それらは同一ではない。そこで,2組の分散が大きく異ならなければ,それらの平均を共通の標本分散とできる。このため,事前に等分散検定を行う必要がある。

t検定を行うには,2組の標本分散は等分散でなくてはならない。そのため等分散検定では,帰無仮説（帰無仮説は,等分散である）が棄却されない場合（等分散である）にt検定を行う。帰無仮説が棄却された場合は,ウェルチ法あるいはコクラン・コックス法の近似法を用いなければならない。t検定では,標本に対応がある場合とない場合で,計算式が異なるので注意が必要である（新聞の閲読時間を朝刊と夕刊で測定したとする。その時,朝刊と夕刊で平均閲読時間に違いがあるかといった場合,朝刊と夕刊の閲読時間を答えている人は同じである。こうした場合,標本に対応があるという。一方朝刊の閲読時間に男女差がある

かといった場合，比較しているのは男女であり，異なる標本間の比較ということになる。こうした場合標本に対応がないという）。対応がある場合，等分散検定は必要ない。また，計算はふたつのデータセットの相関係数を利用した計算と，観測値より計算する場合とがある（森&吉田，1990；島崎，2006）。

t 検定の手順は以下の通りである。

- 帰無仮説 H_0：$\mu_1 = \mu_2$，両側検定の場合は H_1：$\mu_1 \neq \mu_2$ という対立仮説を立てる。
- 有意水準（α）を設定する。
- 標本対応のあり，なし，等分散か否か（等分散検定の結果）に応じて式を選択する。
- t 値が臨界値以上ならば，帰無仮説を棄却し対立仮説を採択する。臨界値以下ならば，帰無仮説を棄却することができない。

② 平均値の差の信頼区間

実際には母平均値に差があっても，標本が少ないために検定力が低く，その差をみいだせないことは標本誤差の範囲内でも十分に起こりうる。このため，平均値の差の信頼区間を算出することにより平均値の差の大きさを推定することが望ましい（南風原朝和，2002）。

③ 3組以上の母平均値の差の検定（分散分析法）

例えば，職業別（事務職，技術職，自営，無職）に朝刊の新聞閲読時間を聞いたとする。この時，得られた平均値に職業別に差があるかを検討することがある。こうしたとき用いられる検定法が分散分析である。

分散分析（ANOVA）の基本的な考え方は，測定値全体の分散は，要因（職業別）の効果による分散と誤差による分散とが複合したものであり，要因（職業別）の効果による分散の方が誤差による分散よりも大きければ，要因（職業別）によって差があるという考え方である。また，分散分析は，標本に対応があるかないかと，取り上げる要因の数（例えば，職業別だけであれば1要因，職業別と男女別ということであれば2要因）により分析方法が異なる。マス・コ

ミュニケーション調査では，1要因を取り上げ，標本をランダムに割り当てる計画（完全無作為1要因計画），2要因を取り上げ，標本をランダムに割り当てる計画（完全無作為2要因計画），1要因で標本に対応がある計画（乱塊法：ブロックを作る計画（ランダム・ブロックデザイン））と同一標本による反復測定（反復測定デザイン）の2種類の計画が多いと考えられる（南風原，2002）。

分散分析が t 検定と異なるのは，3つ以上の平均値の差を比較できる点にある。さらに多要因の効果も同時に検定できる。例えば，三対間の平均値の差の検定を行う際，t 検定を用いるならば3回繰り返して比較してはならない。有意水準5％で3回 t 検定を繰り返すと，全体としての有意水準は26％になってしまう。そこで，全体として5％水準で検定を行うためには，分散分析（多重比較）を行う必要がある。

分散分析の結果が有意である場合，いずれの対間が有意であるかを検定する必要がある。分散分析の結果が有意であるからといって，すべての対間に有意差があるというわけではない。分散分析では，3つ以上の平均値の組み合わせによる比較によって有意差を検定している。したがって，分散分析の結果が有意であるにもかかわらず，いずれの対間も有意ではないということも起こりうる。このようにいずれの対間に差があるかを検定する方法を多重比較という。多重比較は，第一種の過誤を犯す確率をどのようにコントロールしているかによりいくつかに分類される（森&吉田，1990）。分散分析を行うためには，無作為標本，母集団分布の正規性，分散の等分散性という前提条件が満たされている必要がある。満たされていない場合は対応する必要がある（岩原信九朗，1965）。

＜分散分析の手順＞
- 帰無仮説：すべての対間の母平均値が等しい（実験要因に効果がない），対立仮説：いずれかの対間に有意差がある（実験要因に効果がある）。
- 有意水準（α）を設定する。
- F 値の計算

- F値が臨界値以上ならば，帰無仮説を棄却し対立仮説を採択する。臨界値以下ならば，帰無仮説を棄却することができない。
- 分散分析の結果が有意であれば，多重比較を行う。

(3) χ^2検定

① 独立性の検定

χ^2検定は，調査で多用される。観測度数と期待度数を用いて検定する方法であり，観測度数と期待度数が一致するとχ^2値は0となり，食い違いが大きくなるとχ^2値は大きくなる。この検定法は計算が簡単であることもあり，調査により収集されたデータの統計的仮説検定で多用されている検定法である。χ^2検定には，一様性の検定，独立性の検定，適合度検定と3種類の検定法がある。ここでは，利用頻度の高い独立性の検定について説明する。その他の検定法は，西平重喜（1985），島崎（2006）に詳しい。

独立性の検定はクロス表の検定を行うものである。クロス表における独立とは，表側にあるアイテム（カテゴリー）と表頭のアイテム（カテゴリー）とが無関連である状態をいう。関連があるという状態は，2×2のクロス表では，完全に関連している状態は，一方の対角要素が0になる状態をいう。対応がないクロス表の独立性の検定は，χ^2があらかじめ決められた有意水準の臨界値以上であるか否かにより検定を行う方法である。クロス表における期待度数は，帰無仮説（関連がない）のもとでのセルの度数である。

表Ⅲ-7-1の場合，○印のセルの期待度数（E_{ij}）は，$E_{ij} = n_1. \cdot n_{\cdot 1}/n = 24$となる。2×2クロス表では，このセルの度数が決まれば，他のセルの度数は一意的に決まる。これが期待度数になり，観測度数がこの期待度数からどの程度ずれているかにより検定を行う（島崎，2006）。

表Ⅲ-7-1　2×2クロス表における期待度数

	同 居 有 り	同 居 無 し	計
若　年　齢	○(24)		$40(n_1.)$
高　年　齢			60
計	$60(n._1)$	40	100

表Ⅲ-7-2　マックネマー検定の例

	事後調査の購入意向無し	事後調査の購入意向有り	計
事前調査の購入意向有り	購入意向有りから無し(A)	事前，事後とも 意向有り	事前調査 意向有りの人数
事前調査の購入意向無し	事前，事後とも意向無し	購入意向無しから有り(D)	事前調査 意向無しの人数
計	事後調査意向無しの人数	事後調査意向有りの人数	

<χ^2検定の手順>

- 帰無仮説は，H_0：表側の項目と表頭の項目は独立である。(関連がない)
- 対立仮説は，H_1：表側の項目と表頭の項目は独立ではない。(関連がある)
- 有意水準(a)を設定する。
- 自由度を計算し，χ_a^2分布表から自由度に対応したχ_a^2の値を調べる。自由度は，$df = (k-1)(l-1)$である。$df =$（表頭の項目数 $- 1$）（表側の項目数 $- 1$）。
- 実際の観測値からχ^2値を計算する
- $\chi^2 > \chi_a^2$ならば帰無仮説を棄却し，対立仮説を採択する。$\chi^2 \leqq \chi_a^2$ならば，帰無仮説を棄却できない。

② マックネマー検定（2×2クロス表で2条件間に対応がある場合）

Ⅲ-1-7「実験調査法」で整理した実験のうち，例えば事前調査・事後調査実験では，事前調査→刺激提示→事後調査という手順により測定することで，刺激提示物の効果を測定しようとする。こうした場合，事前調査の結果と事後調査の結果に対し検定を行うことになる。このとき，事前調査，事後調査は同じ標本に対し調査が行われることから，標本対応があるということになる。こう

したとき用いられる検定法にマックネマー検定がある(佐藤信，1985；島崎，2006)。

例えば，事前に刺激提示をせず，商品の購入意向を測定する（事前調査）。その後で，広告を見てもらう（刺激提示）。その後で，再度商品の購入意向を測定する（事後調査）。この時，広告の効果があったかなかったかを検討するような場合に用いられる。

マックネマー検定での帰無仮説は，「広告は態度の変化をもたらさなかった」であり，態度が変化した人の半分が賛成で，残りの半分が反対という状態と考えている。

マックネマー検定の問題点は，表Ⅲ-7-2の(A)と(D)という態度が変化した人の度数だけしか考慮していない点にある。全体の中で，態度が変化した人が少なければ，効果はないといえる。

8. 多変量解析法

多変量解析は，多変量データの相互関連を分析する統計手法の総称である。多変量データとは，個々の調査対象者ごとに2変数以上のデータが同時に測定されている，標本×変数という形式のデータをいう。

多変量解析にはさまざまな手法があり，分析目的に応じて手法を選択する必

表Ⅲ-8-1　多変量解析の分類

	外的基準	説明変数（量的）	説明変数（質的）	
構造分析	なし	因子分析 主成分分析	数量化Ⅲ類	共分散構造分析（SEM）
		多次元尺度構成法（MDS）		
予測・要因分析	量的	重回帰分析	数量化Ⅰ類	
	質的	判別分析	数量化Ⅱ類	
分類		クラスター分析（階層的，非階層的）		
		多段層別分析（木解析法）		

要がある。多変量解析の目的は，多変量データの簡潔な記述と，情報の圧縮，分類，変数間の影響の強さに大別することができる。また，形式から外的基準の有無，説明変数の尺度水準，変数の数により分類することができる。また，多変量解析は分析目的と形式から表Ⅲ-8-1のように分類できる。

(1) 構造の分析

① 主成分分析

ある新聞社が，自紙の記事評価を行いたいと考えたとする。ここでの目的は，多くの記事評価項目を，できるだけ少数の主成分（局面といっていい）に縮約したい，自社新聞閲読者の特徴づけをしたい，といった点であろう。こうした時に利用されるのが，主成分分析である。主成分分析は，間隔尺度以上で測定されたデータに適用できる構造分析の手法である。基本的な考え方は，多くの変数を少数の主成分に縮約することにある。

主成分分析では，主成分負荷量は，各変数と主成分の関連の大きさを表している。プラス，マイナスの絶対値が大きい変数が，その主成分との関連が強いことになり，そうした変数から主成分の意味を読みとる。主成分数の決め方は，経験的には累積寄与率が80％以上，相関行列を用いた場合，固有値が1以上の主成分といった基準が多く用いられている。実際には，マス・コミュニケーション調査で得られるデータは構造が複雑であることから，かなり多くの主成分を採用することになる。少数の主成分に要約するという主成分分析の目的を考えると，分析に利用した変数の数にもよるが，あまり多くの主成分を採用することには意味がないといえよう（田中豊＆脇本和昌，1983）。

主成分数は，経験的基準と分析目的（研究仮説）とを照合し，合理的な解釈が可能か否かから主成分数を決めるのが現実的である。あるいは，分析に利用する変数を減らしたり増やしたりしながら，試行錯誤的に決定するのもひとつの方法である。

② 因子分析

ある新聞社が，自紙の記事評価をしたいと考えたとする。ここでの目的は，新聞の記事評価はどのような要素から構成されているのか（記事評価項目を構成する潜在因子（局面）は何かを探索したい），自社新聞閲読者の特徴づけをしたいといった点であろう。こうした時に利用されるのが，因子分析である。因子分析は，間隔尺度以上で測定されたデータに適用できる構造分析の手法である。基本的な考え方は，多くの変数の背後にある潜在因子の探索にある。

因子分析は主成分分析と似ているが，考え方は全く逆の分析方法である。主成分分析は，変数をまとめ上げるという考え方である。他方，因子分析は変数に共通する部分を抽出する分析方法である。因子分析では，以下の4点を分析者が決める必要がある。

(a) 因子数の決定
(b) 因子抽出方法の決定
(c) 回転方法の決定（直交回転か斜交回転／具体的回転方法）
(d) 因子の解釈

因子分析では，回転後の因子負荷量から，因子の意味を解釈する。因子負荷量は，因子と変数の関連の強さを表している。プラス，マイナスの絶対値が大きい変数が，その因子との関連が強いことになり，そうした変数から因子の意味を読みとる。直交回転の場合，因子負荷量は1〜−1の値をとる（芝祐順，1979）。

現実には，仮説因子がある場合はその仮説に沿った因子数，探索的に分析を行っているのであれば，何通りか因子数を定め，(a)から(d)までの分析を行い，結果が良好な因子数を採用するのが一般的方法である。また，因子の解釈には，因子得点の検討も有効である。

③ 数量化Ⅲ類（コレスポンデンス分析）

主成分分析や因子分析と同様，ある新聞社が，自紙の記事評価をしたいと考えたとする。主成分分析，因子分析は間隔尺度以上の量的データで測定されて

いる場合に適用できる。しかし，多項選択型（MA）つまり質的データで測定されている場合，主成分分析や因子分析を適用することはできない。こうしたとき利用されるのが，数量化Ⅲ類である。ここでの目的は，新聞の記事評価はどのような要素から構成されているのか（記事評価項目を構成する局面は何かを探索したい），自社新聞閲読者の特徴づけをしたいといった点であろう。

数量化Ⅲ類は質的データの構造を探索する方法である。クロス集計表を分析する方法であるコレスポンデンス分析，双対尺度法といわれる手法も数量化Ⅲ類と同じ原理に基づいている。

数量化Ⅲ類で用いるデータには，2種類のデータタイプがある。ひとつは，アイテムカテゴリー・データ（単一選択型の質問から得られるデータ）である。もうひとつは，反応型データ（多項選択型の質問から得られるデータ）である。アイテムカテゴリー・データでは，反応があるカテゴリーの数値（コード）を，反応型データでは，反応があるカテゴリーに1，反応がないカテゴリーはブランクを割り当てる。

数量化Ⅲ類の基本原理は，行と列を同時に並べ替えることによりパターン分類するという考え方である（駒沢勉，橋口捷久＆石橋龍二，1998）。反応が似ている標本は近くに，似ていない標本は遠くに，カテゴリーについても同様の考え方で布置される。数量化Ⅲ類の結果の読み取りで重要なのは，カテゴリー・スコア（各軸のスコアをカテゴリー・スコアという）から各軸の意味を解釈することよりも，空間内でカテゴリーがどのようにグループ化されているかを観察することである（土屋隆裕，1999）。

(2) 分　類

① 階層的クラスター分析

クラスター分析は，類似した対象（標本や変数）を同じクラスターにまとめ，類似していない対象は別のクラスターに属すようにクラスター分けする方法の総称である。クラスター分析は，階層的クラスター分析と非階層的クラスター

分析に大別される。

　階層的クラスター分析を行うには，対象の類似度ないし非類似度が何らかの形で測定されている必要がある。類似度は，直接測定される場合と，何らかの類似度の指標を用いる場合がある。類似度の指標としては，相関係数や連関係数などがある。また，クロス集計表での度数や相対度数は類似度を表している。非類似度としてよく用いられるのは距離である。

　階層的クラスター分析は，それ自身だけからなるクラスターから始め，もっとも類似したクラスターを順にまとめ，最終的にひとつのクラスターになるまで併合が続けられる。クラスター分析の計算には，さまざまな方法がある。よく利用される方法は，最近隣法，最遠隣法，ウォード法である。最近隣法は，クラスター間の類似度をもっとも類似度が大きい値で定義し，最遠隣法は，もっとも類似度が小さい値で定義する方法である。ウォード法は，クラスターの級間変動を用いる方法である。クラスターを併合すればクラスター内の級間変動は増える。この級間変動の増加が最小になるように，クラスターを併合していく方法である（岡太彬訓，今泉忠，1994）。

　階層的クラスター分析の結果は，デンドログラムといわれる樹状図で表現する。クラスター数は，このデンドログラムを観察し分析者が決めることになる。

②非階層的クラスター分析

　非階層的クラスター分析は，多変量データの変数あるいは個体（標本）を分類する際に利用される。分類したい変数あるいは個体の数が少数であれば問題はないが，数百あるいは千を越えるような大規模データに対し，階層的クラスター分析を適用するのは現実的ではない。そうした場合，非階層的クラスター分析が利用される。とくに大規模データに適用することが多いということから，個体のクラスタリングに適用されることが多い。

　非階層的クラスター分析の代表的方法に，K-means法がある。階層的クラスター分析は凝集法とも呼ばれ，類似度（非類似度）をもとに逐次的にクラスターを作成していく。一方，非階層的クラスター分析は，ひとつの対象を類似

度(非類似度)をもとに,ひとつのクラスターに属すように分類する(非階層的クラスター分析では事前にクラスター数を決める必要がある)。

　非階層的クラスター分析では,分析結果から妥当なクラスター数を判断する必要がある。例えば,個体のクラスタリングでは,クラスターの特性を記述するために,性別,年齢,職業,収入などといったデモグラフィック特性やその他クラスター分析に使用しなかった変数の基本統計量の算出やクロス集計表を観察することでクラスターの記述を行う。この内容を解釈することで,最適なクラスター数を試行錯誤的に探索する(島崎,2006)。

③多段層別分析(AID:Automatic Interaction Detector)

　現象の分析で,最初に,かつ多用される方法は層別分析であり,単純にはクロス集計表に帰着する。つまり,ある現象に影響するであろう原因を特定し,その原因をいくつかの層に分ける,例えば,新聞の閲読時間について,職業によって違いがあるということであれば,職業別(層)の平均や構成比を観察することで,層間の差違の程度によって現象への影響を分析する。この場合,原因のひとつを特定して分析することになる。しかし,実際の分析では,原因はいくつか考えられるのが一般的である。そこで,クロス集計表でいえば,3元,4元クロス集計表を作成し分析する,つまり多段階の層別を行うことになる。現実には,多段階の層別,特に4元以上のクロス集計表を分析することは容易ではない。また,層別する変数間に交互作用があると分析はさらに困難である。

　多段層別分析は,この多段階の層別を自動的に行う方法である。ＡＩＤが自動交互作用検出法と訳すことからもわかる。この方法は,L.ブレイマンら(1984)により開発された。多段層別分析は,重回帰分析と同様に従属変数と独立変数といった形式のデータを用いて分析を行う。重回帰分析は,回帰式を構成して従属変数の値を独立変数それぞれの値で予測しようとするモデルである。他方,多段層別分析はモデルを仮定せず,従属変数に影響する変数(層別)によって標本を分割していく方法である。分割していく際,2群に分割していく方法をCART(2進木解析法)といい,回帰分析(回帰2進木)と判別分

析（分類2進木）に対応する（大滝厚，堀江宥治&スタインバーグ，1998)。

(3) 要因の分析
① 重回帰分析と数量化Ⅰ類

新聞に掲載された広告の注目率を，広告の段数，表現（何色使っているか)，掲載日といった側面から予測することができるだろうか，また予測するのにどの要因が重要なのだろうか，こうした仮説の検証に用いられる分析方法に，重回帰分析がある。重回帰分析は，モデルとして説明変数と被説明変数が仮定されており，データがともに間隔尺度以上の量的データで測定されている場合に用いられる。重回帰分析の目的は，被説明変数に対する説明変数の影響の大きさと方向を明らかにすることである。

マス・コミュニケーション調査では説明変数が名義尺度で測定されていることも多い。こうした場合用いられるのが，数量化Ⅰ類であり，説明変数が名義尺度，被説明変数が間隔尺度以上で測定されている場合に用いられる。

被説明変数は，基準変数，外的基準，目的変数，従属変数とも呼ばれる。また，説明変数は，独立変数とも呼ばれる。重回帰分析では，説明変数間は無相関あるいは相関が低いことが前提である。また，説明変数間の交互作用は考慮されておらず，被説明変数への影響は直線的かつ加算的であると仮定している。

重回帰分析の目的である被説明変数に対する説明変数の影響は，偏回帰係数を比較することで行われる。しかし，説明変数の測定単位がまちまちである場合，偏回帰係数の大きさを直接比較することはできない。この場合，標準化された標準偏回帰係数を観察することになる。偏回帰係数は被説明変数を予測する際に用いられる。

説明変数が質的データ（名義尺度で測定されている場合）の場合の分析方法として，数量化Ⅰ類がある。数量化Ⅰ類では，名義尺度で測定されている説明変数をダミー変数化（ダミー変数は，0と1のふたつの値で表した変数である。性別であれば，例えば男に1，女に0を与える）することで重回帰分析と同じモデル

に帰着する。

　数量化Ⅰ類では，アイテムの有効性は，レンジ，偏相関係数で評価される。(駒沢，橋口＆石橋，1998；田中＆脇本，1983)。

② 判別分析と数量化Ⅱ類

　ある新聞を「閲読したい読者」，「閲読したくない読者」に分類したとき，例えば正確性，社会の一員として必要な情報の提供，最新情報の提供などといった記事評価から判別することができるだろうか，また判別するのにどの要因が重要なのだろうか，こうした仮説の検証に用いられる分析方法に判別分析がある。判別分析は，モデルとして説明変数と被説明変数が仮定されており，説明変数が間隔尺度以上の量的データ，被説明変数が分類として測定されている場合に用いられる。判別分析の目的は，被説明変数に対する説明変数の影響の大きさと方向を明らかにすることである。

　判別分析は，説明変数が量的データ，被説明変数が分類として測定されている場合に用いられるが，マス・コミュニケーション調査では説明変数が名義尺度で測定されていることも多い。こうした場合に適用されるのが数量化Ⅱ類であり，説明変数が名義尺度，被説明変数が分類として測定されている場合に用いられる。

　判別分析では，判別に用いる関数を構成する項目について分類が未知な標本が得られた時，それを分類しようと考えているのである。その時，判別に寄与している説明変数を探索することもできる。

　判別に用いた説明変数の評価は，標準化された判別係数により行われる。具体的な判別は，標準化されていない判別係数により行われる。

　判別分析でも説明変数が質的データの場合に適用される分析手法として，数量化Ⅱ類がある。数量化Ⅱ類も，数量化Ⅰ類と同様に，説明変数をダミー変数化することで数量化される。アイテムの有効性は，レンジと偏相関係数の両方から評価される。(駒沢，橋口＆石橋，1998；田中＆脇本，1983)。

(4) 共分散構造分析

共分散構造分析の大きな特徴は，柔軟なモデル構成力にある。従来の多変量解析法は数理モデルであり，そのモデルにデータの形式を当てはめることで分析を行う。他方，共分散構造分析では，データの形式に合わせてモデルを構成することも可能である。

共分散構造分析では，観測変数間の共分散を，モデルに基づいたパラメータ（分散，共分散，パス係数）の関数として表現し，その式から計算された共分散が実際のデータから計算された共分散の値と近似するようにモデルのパラメータを推定する。模式的には，実際の共分散＝モデルに含まれる分散・共分散・パス係数，と考えている（豊田秀樹，1998）。

例えば，① 記事評価，② 広告評価，③ 折り込みチラシ評価，④ 継続閲読意向，⑤ 新規閲読意向といったデータが測定されているとする。これらのデータから，「評価」と「意向」間のモデルを構成してみる。モデル中，四角は観測変数，楕円は構成概念（潜在変数）を表している。

MIMICモデルでは，① 記事評価，② 広告評価，③ 折り込みチラシ評価が

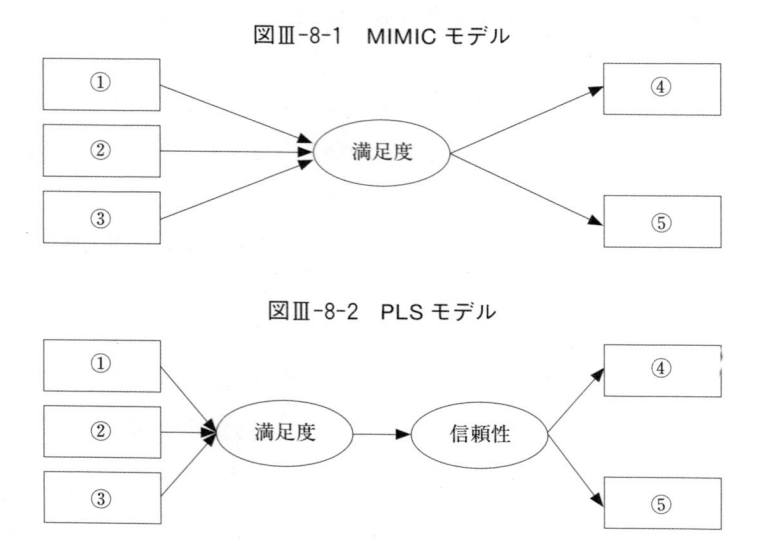

図Ⅲ-8-1 MIMIC モデル

図Ⅲ-8-2 PLS モデル

「満足度」を形成し，それが④継続閲読意向，⑤新規閲読意向に影響しているというモデルを考えることができる（図Ⅲ-8-1）。

PLSモデルでは，①記事評価，②広告評価，③折り込みチラシ評価が「満足度」を形成し，結果として「信頼性」を形成し，④継続閲読意向，⑤新規閲読意向が増加するというモデルを考えることができる（図Ⅲ-8-2）。

共分散構造分析では，このように柔軟にモデルを構成することができる。これは，モデルを構成し，モデルに合わせてデータを収集した時，そのデータから柔軟なモデルを構成し分析できることを表している。共分散構造分析は，構造方程式モデル（SEM）とも呼ばれている。

【引用文献】

- アーカー，D. A. & デイ，G. S.,（石井淳蔵，野中郁次郎訳）『マーケティング・リサーチ－企業と公組織の意志決定－』白桃書房，1981年（Aker, D. A. & Day, G. S., *Marketing Research: Private and Public Sector Decisions*, John Wiley & Sons Inc., 1980）.
- 飯尾晃一『統計学再入門』中公新書，1986年。
- 岩原信九朗『教育と心理のための推計学』日本文化科学社，1983年。
- 大滝厚，堀江宥治，Steinberg, D.,『応用2進木解析法　CARTによる』日科技連出版社，1998年。
- 岡太彬訓，今泉忠『パソコン多次元尺度構成法』共立出版，1994年。
- 木村和範『標本調査法の生成と展開』北海道大学図書刊行会，2001年。
- 駒沢勉，橋口捷久，石橋龍二『新版パソコン数量化分析』朝倉書店，1998年。
- ザイゼル，H.,（佐藤郁哉訳）『数字で語る　社会統計学入門』新曜社，2005年（Zeisel, H., *SAY IT WITH FIGURES*, 6th edition, Harper&Row Publishers Inc., 1985）.
- 佐藤信『統計的官能検査法』日科技連出版社，1985年。
- 芝祐順『因子分析法』第2版，東京大学出版会，1979年。
- 島崎哲彦編著『社会調査の実際－統計調査の方法とデータの分析－』第四版，学文社，2006年。
- Stevens, S. S., Mathematics, Measurement and Psychophysics, In S.S. Stevens (Ed.), *Handbook of Experimental Psychology*, New York: Wiley, 1951.
- 鈴木達三，高橋宏一『標本調査法』朝倉書店，1998年。
- 鈴木裕久『マス・コミュニケーションの調査研究法』創風社，1990年。

- 田中豊，脇本和昌『多変量統計解析法』現代数学社，1983年。
- 土屋隆裕「数量化理論入門」（日本行動計量学会，第2回春の合宿セミナー（1999年）資料）。
- 東京大学教養学部統計学教室編『基礎統計学Ⅰ 統計学入門』東京大学出版会，1991年。
- 豊田秀樹『共分散構造分析［入門編］』朝倉書店，1998年。
- 西田春彦，新睦人『社会調査の理論と技法(Ⅱ)－アイデアからリサーチ』川島書店，1976年。
- 西平重喜『統計調査法』改訂版，培風館，1985年。
- 日本マーケティング・リサーチ協会『マーケティング・リサーチ実施のための品質管理基準』2001年。
- Neyman, J., "On the two different aspects of the representative method : the method of stratified sampling and the method of purposive selection", *JRSS*, Vol.97, 1934.
- 南風原朝和『心理統計学の基礎 統合的理解のために』有斐閣，2002年。
- Breiman, L., Friedman, J. H., Olshen, R. A. & Stone, C.J., *Classification and Regression Tree*, Wadsworth Inc., 1984.
- 森敏昭，吉田寿夫編著『心理学のためのデータ解析テクニカルブック』北大路書房，1990年。
- 安田三郎，原純輔『社会調査ハンドブック』第3版，有斐閣，1982年。

使用データ
- 東洋大学社会学部2005年度「社会調査および実習」（大竹担当）で収集したデータを使用。

第 2 部　マス・コミュニケーション調査の実際

IV 送り手の調査

1. 統制者分析

(1) 統制者分析の視座と実情

　本書Ⅱ章で，マス・コミュニケーション研究のスキームを案出したH.D.ラスウェルの業績を紹介している。「誰が（Who）」，「何について（Says What）」，「いかなる通路によって(In Which Channel)」，「誰に対して（To Whom）」，「いかなる効果を狙って（With What Effect）」がそれである（ラスウェル，1949）が，実証研究の側面からみると，「何について」にあたるメッセージの内容の研究，「いかなる通路によって」にあたるメディア研究，「誰に対して」にあたる受け手研究や「いかなる効果を狙って」に対応する効果研究が多彩であるのに比べて，「誰が」に相応する送り手研究，即ち統制者分析は少ない。

　ラスウェルが研究の視座として提示した統制者分析に含意されている統制者は，ジャーナリストであり，ジャーナリストが所属する組織である。そこで，研究対象はジャーナリストの意識や行動をはじめ，マス・メディアの経営・組織分析，メディア産業論，技術論など，その射程はかなり広い。また，文化社会学の観点からのメディア論も，統制者分析に重要な論点を提示している。例えば，カルチュラル・スタディーズの視点からアプローチした吉見俊哉の研究（『メディア時代の文化社会学』，1994；『カルチュラル・スタディーズ』，2001）や，民衆史，社会史とメディア史が交錯する地点から群衆とメディアの相互関係を描いた中筋直哉の『群衆の居場所』（2005）も，群衆が情報の発信者である新

聞社に，またジャーナリストに有形無形の圧力を加え，情報の発信行為にバイアスをかけたという意味では，まさに統制者研究であるといえよう。このように，統制者分析の裾野は広く，研究の視点は豊穣でさえある。

とはいうものの，調査によるマス・コミュニケーション研究という観点，特に調査とは「課題の設定→データの収集→分析→知見の検出という科学的手順を踏み仮説や理論に到達するもの」（島崎，本書Ⅱ章）というセオリーに照らせば，マス・コミュニケーションの「何を」の研究（内容分析）や「誰に」の研究（受け手分析）が，さまざまな調査上の困難に直面しながらも，例えば二段階の流れ理論のように，重要な知見を次々と開拓し，新しい分析視座や着眼点を発見していったのと対照的に，「誰が」の研究（送り手研究）が相対的に遅れを取ってきたことは紛れもない事実であろう。『日本の社会学　マス・コミュニケーション』（竹内郁郎ほか，1987）は，戦後マス・コミュニケーション研究の重要文献を紹介しているが，方法論や受容分析に多くの紙幅を割いていることも，そうした事実を裏書きしている。

(2) 日本における統制者分析の系譜

ここで，日本におけるマス・コミュニケーション研究の系譜をたどってみる。第二次世界大戦以前の研究の視座は，ジャーナリズム研究であった。その代表的な著述として，戸坂潤の「新聞現象の分析」（1933）があり，新聞は対立意識の表現であるとした長谷川如是閑の「社会意識の表現形態としての新聞」（1929）をはじめとする一連の新聞論がある。『ジャーナリズムの思想』（1965）を編んだ鶴見俊輔は，その解説で，戸坂の論述は「新聞に対して唯物史観を適用することを主張し，精密な見取り図を作ったが，個別の実例についての分析に成功を収めていない。彼の仕事は主として概論に終わった」と書いている。とはいえ，ジャーナリズムとは，単に新聞をさすものではなく，同時代を記録し，その意味について批評する仕事全体をさす——鶴見は，このようにジャーナリズムを理解したときに，ジャーナリズム論は現実を穿つ強い衝撃力をもつ

ことになるとして，次の3点を指摘している。
① イデオロギー論的視点
　　同時代の出来事を正確に記録し，その豊かな意味を引き出すことを妨げる力についての考察。
② 文化人類学的視点
　　ひとつのジャーナリズムの表現形態をその置かれる文化の総体の中でとらえる方法。新聞ならば新聞を，新聞としてだけ考察するのではなく，ラジオ，映画など他の種目と合わせて論じ，さらに社会における会話の習慣，つきあいの習慣との関連においてとらえてゆく方法。
③ ジャーナリズムの自己抑制的視座
　　新聞が普及し，ラジオとテレビの台数が増せば，その社会での思想の向上があるかのように考えるコミュニケーション万能主義を排除するためにディスコミュニケーションの役割を再認識する。

　第二次世界大戦前のジャーナリズム研究を，大戦後のマス・コミュニケーション研究の中にどのように位置づけ，どのように継承していくか，という観点からの鶴見の卓説である。清水幾太郎の『流言蜚語の社会性』(1936)は，この3つの視座を兼ね備えた総合ジャーナリズム研究であり，日本独自の新聞学がこの論文によって確立されたと，鶴見は高く評価している。
　このような第二次世界大戦前後のジャーナリズム研究，マス・コミュニケーション研究の状況を俯瞰してみると，第二次大戦前のジャーナリズム研究が総じて産業分析と新聞の歴史研究にあって受け手研究の領域にまで及ばなかったのと対照的に，大戦後のマス・コミュニケーション研究は次第に受け手研究に重点を置き，効果研究や心理研究が主流となっていった。その背景には広告産業の隆盛があり，広告の機能と効果の検証が強く求められるようになっていったという時代の変化がある。また，商品としての新聞をさらに魅力あるものにするために，読者(消費者)の要求を紙面政策に反映しなければならないという

新聞経営の要請が強まったことも，受け手研究と効果研究の促進剤となった。「しかしようやくこの心理主義への反省（著者注；マス・コミュニケーションの弾丸効果モデルへの疑問と批判を指す）が生まれ，再び送り手側の問題へ帰りつつあり，しかも以前のような送り手内部の問題ではなく，その底にある社会構造や社会体制の問題が重視されるようになった」（辻村明，1956）。とはいえ，送り手研究の貧しさは否めない状況であった。

そうした中での日本における送り手研究の嚆矢ともいえるものは，柴田進午の「新聞労働者運動論」（1969）であろう。この研究は，コミュニケーション過程とイデオロギー支配の過程の敵対的関係に着目し，「前者は，大衆をして相互に結合させる契機をふくんでいるが，後者は大衆のうちに資本主義的幻想をつよめ，大衆をバラバラに孤立させる」と論じた。生産力と生産関係の矛盾という視点からのマス・メディア産業分析であった。

前後するが，日本新聞協会で，1951年から1956年にかけて，新聞記者の労働実態と適正に関する一連の基礎調査──「社会部記者（警視庁詰め）の生活調査を中心に」（日本新聞協会，1956），「政治部記者（総理官邸詰め）のばあい」（日本新聞協会，1957），「校閲部記者の調査」（日本新聞協会，1957），「整理部記者の労働実態と適正」（日本新聞協会，1960）──が行われたが，その背景には次のような事情があった。

第二次世界大戦の敗戦からようやく立ち直った新聞界は，その後順調に部数を増やし，発展の軌跡をたどることになるが，産業としての基盤は依然として脆弱で，とりわけ報道の直接的な担い手である新聞記者をとりまく環境も十分に整備されていない現実が横たわっていた。こうした切迫した事情もあって，同協会が実施した調査の主眼は，記者の労働実態と労働環境の把握に置かれており，これらの調査はいわゆる疲労度調査であった。

もちろん，同協会はこのような労働社会学・産業心理学的調査で十分であると考えていたわけではない。再び言論の自由を獲得した新聞界は，1951年に新聞倫理綱領を制定し，自由で旺盛な言論・報道活動を展開していくが，前掲の

調査ではニュースの収集・生産者である新聞記者の生活と職業意識の解明を通じて、言論活動の主体としての新聞記者の適性を探ることも意図した。しかし、いずれの調査も、ケース・スタディの域を出るものではなかった。

日本新聞協会は、業界団体であり、この種の調査主体としての適格性と実現可能性をもっているが、それでも新聞記者の深層意識を探る試みはほとんど不可能であった。この頃、辛うじて記者意識調査のパイロット・スタディーとして認められるのは、1972年に実施された真鍋一史による関西の新聞社在籍の記者を対象とした「新聞記者の職業意識調査」である（真鍋, 1983）。同調査は、在阪の全国紙1社、四国の地方紙2社の現場の第一線記者から編集局長までを対象とし、新聞記者の職業満足度、職務満足度、勤務時間意識、疲労感、収入意識、社会的責任感など、新聞記者の生活と意見を網羅的に問うもので、仮説の検証というよりは、実情の把握と問題の発見に力点を置くものであった。

(3) 現代の統制者分析

すでに概観した通り、マス・コミュニケーション研究の流れの中で、効果を含む受け手研究が多彩な調査研究の成果を集積する一方で、統制者分析のレベルでは、ゲート・キーパー論などの新しい研究の視座が紹介される。

マス・コミュニケーションの効果研究では、かの著名な「コミュニケーションの二段の流れ」（E.カッツ＆P.F.ラザースフェルド, 1955）が提唱され、弾丸理論に疑問が投げかけられた。その後、S.ホールが提起することになる「自立したオーディエンス」、「読みの多様性」に着目した新たな仮説の構築と検証に研究の方向が移っていった（P.ジェームス, 2004）。

ゲート・キーパーという研究の視座の開拓者は、D.M.ホワイト（1950）である。稲葉三千男（1987）の解説によれば、彼はニュースの流通過程に位置しているひとりの編集者に着目して、通信社から送られてくる膨大なニュースの素材の中から何を選択し、何を廃棄したのか、その理由と判断基準を克明に記録し、それをもとに分析を行った。そこで得られた知見は、ゲート（関門）通

過の条件の第1は,「紙面掲載のスペースがあるかないか」という物理的な理由であり,それに次ぐのは「おもしろさ」,「鈍い」などであった。こうした観察からホワイトは,「ニュースのコミュニケーションが現実には,主観的であり,"ゲート・キーパー"自身の経験や態度や期待の組み合わせにもとづく価値判断に依存している」という結論を導き出した。

他方,現実のマス・メディア界では情報提供機能が肥大化・拡大化し,大衆社会状況の進展に伴って,情報の洪水,氾濫に翻弄される人びとという大衆像が描かれ,流布されていった。

また肥大化するマス・メディア,マス・メディア産業の巨大化とともに情報提供の偏向現象も指摘され,その原因をマス・メディアの産業としての変質に求める,産業・構造分析が盛んに行われるようになった。新聞界に限定してみると,確かに戦後60年,競争と協調によって発展拡大しながら,産業基盤の確立に努めてきた。新聞読者の世代交代も順調に行われ,基礎的な公共財としての地歩は,テレビの登場・発展があっても揺らぐことはなかった。事実,1971年にアメリカで「ペンタゴン・ペーパーズ事件」の判決があり,ポター・スチュアート連邦最高裁判事は「世論のみがここでは民主政治の価値を擁護しうる。その意味では,おそらくこの点において,用心深く,意識の高い,また自由であるプレスがもっともよく修正第一条の基本的目的に役立つということになろう」,「もし事情に通じてしかも自由なプレスがなければ,目覚めた国民はあり得ない」と,新聞の現代的な役割と責任を的確に語っている。

だが,その新聞の理念,新聞の立ち位置が徐々に変化する兆しが現れてきた。新聞の変質といっても,1970年当時,それは予感に過ぎなかった。後に刊行された斎藤茂男の『新聞記者を取材した』(1992)は,1980年から1990年におけるジャーナリズムの危機の諸相を,やむなく職場を去っていった若いジャーナリストへのインタビューから明らかにした出色のルポである。斎藤が書いているように,「多彩な才能が打ちそろい,多様な視座から現代を見据えているジャーナリズムの現場ほど,魅惑に満ち,躍動感にあふれる仕事はなかった」。

新聞記者は，ジャーナリズムの先兵として，また，市民の味方（護民官）として世間から高い評価を得ていた。そして記者たちは24時間起居を共にし，酒を酌み交わしながら今日の記事の品評と明日の取材を打ち合わせ，先輩記者から取材の要諦と心構えを伝授されるという，まさしく家族以上に家族的，疑似的なイエ共同体を思わせる特殊な空間の中で生活していたのである。

このような状況下にあるジャーナリストを，稲葉（1987）はジャーナリストの自己陶酔という用語を使って，「ジャーナリストの『自己陶酔』は，ジャーナリズムの（あるいは『マス・コミ』の）社会的機能や使命への誇りに支えられたとき，例の『社会の木鐸』や『無冠の帝王』流のエリート意識として現象する。これがジャーナリズムの目的レベルでの自己陶酔だとすると，自己をジャーナリズムの手段と化したときの陶酔が，職人気質である」と説明している。

他方で，それ故にこそ，記者の懊悩，煩悶，諦念，不満，憤りといった生身の人間としての叫びは，ジャーナリズムの崇高な使命という理念の前にかき消され，表面化することはなかったのである。斎藤のルポは，そのような状況の下で若き新聞記者がジャーナリズムの現場に馴れることができず，葛藤の末やむなくリタイアする軌跡を追っている。1970年当時，そのような兆しが見え隠れしていたのである。

このようなジャーナリズムの時代状況を背景に企画・実施されたのが，日本新聞協会の「現代の新聞記者意識調査」（日本新聞協会，1973）である。

2. 送り手調査の技法

日本新聞協会の「現代の新聞記者意識調査」は，第1回が1973年（日本新聞協会，1973），第2回が1993年（日本新聞協会，1994）に実施された。本節では，その技法について述べる。

第1回調査は，前掲のような1970年代の新聞記者をとりまく状況下で，プロ

フェッショナルとしての新聞記者と生身の生活人——時には離反する，このふたつの側面をどう調整しどのように折り合いをつけているのか，その心理的メカニズムを把握することに主眼がおかれた。

そこで参照されたのが，ホワイトを嚆矢とするゲート・キーパー研究（ホワイト，1950）である。しかし，この調査では，ニュースの取捨選択がゲート・キーパー役の主観性に強く依存していることを追認する意図は毛頭なかった。このような主観性がどのように構築されていくのか，その動態的なメカニズムを，新聞記者個々人の意識の態様の中に発見することであった。これが第2の眼目であった。

第3の眼目では，斎藤（1992）のルポルタージュが素描した疑似的なイエ共同体を思わせる編集局の部制に注目した。ゲート・キーパーの地位と権限がどのようなメカニズムで配分されるかは，確かに重要な論点であるに違いない。しかし，本調査が狙ったのは，新聞記者という極めて専門的な知識とスキルが要求される職種にあって，ニュース判断の価値観，意識が，記者個人が所属する集団（部）によって作り上げられ，規定されているという仮説を検証することであった。具体的には，新聞記者の意識と行動を，外勤職場（社会部，経済部，政治部などの取材部門）と内勤職場（整理部や校閲部など）によって分析し，また外勤職場でも社会部と政治部とでは異同があるかを探索した。

もちろん，全国紙，地方紙などの種別も重要な分析軸であった。

1973年の第1回調査は，こうした問題意識から設計したものであり，日本新聞協会加盟の新聞・通信社編集局所属の社員を対象に，調査票を用いた定量調査で実施した。なお，この調査は内外の専門家（稲葉三千男，井上俊，田中義久，林知己夫，見田宗介などの研究者と新聞社関係者）の協力を得ている。また，本調査が意識調査を名目とした思想調査ではないかという批判や，労務管理のためのデータ収集ではないかという疑念を払拭するために，レターヘッドは日本新聞協会ではなく，『新聞研究』という協会機関誌の編集部とした。

1993年に実施した第2回調査は，第1回調査をベースに，日本新聞協会研究

所が実施した。なお，1993年7月に韓国言論研究所が行った「言論人の責任と倫理―第3回全国記者職業意識」の中から数項目の質問を入れ込み，日韓両国の記者意識の比較も行っている。

3. 送り手調査の実際（第2回現代の新聞記者意識調査を事例に）

本節では，前掲の現代の新聞記者意識調査（日本新聞協会，1993）を事例としてとりあげて，統制者研究のための調査の詳細を紹介する。

(1) 調査対象

① 調査対象社

　日本新聞協会加盟社のうち，主要な新聞・通信・放送社の編集・報道局長で構成される編集委員会に所属する57社である。この57社のうち，放送会員社（NHKと在京民放局）を除く51社を対象とした。

② 調査対象部門

　調査対象51社の編集局を構成する部門のうち，外勤部門と内勤部門の中の整理部と校閲部を対象とし，調査，記事審査，連絡，編集庶務といった部門は除外した。

③ 調査対象職位

　調査対象を直接取材・報道にかかわるものとするという考え方から，いわゆる管理職は除外した。ただし，職位は部長であっても，実際に取材し，記事執筆を行う編集委員と呼ばれるスタッフ・ライターや特派員，および地方記者，通信記者は対象とした。

④ 調査対象者の抽出方法

　調査対象51社の対象となった母集団約15,000人から，ランダム抽出によって標本を抽出した。

⑤ 標 本 数

　　約2,800人

(2)　調査方法と回収状況

　① 調査方法

　　　郵送調査法。無記名。

　② 回 収 数

　　　有効回収数1,735人，回収率62.0%

　　（第1回調査の回収率は，61.5%であった。）

(3)　質問内容と質問数

　質問内容は合計で65項目であり，大別して① 職業意識，② 生活実態・生活意識，③ 個人属性の3つに分類できる。詳細は下記の通りである。（　　）内は質問数を示す。

　① 職業意識

　　(イ)　仕事観 (6)

　　(ロ)　新聞観 (9)

　　(ハ)　取材報道観 (17)

　　(ニ)　新聞読者観 (3)

　　(ホ)　所属企業観 (3)

　② 生活実態・生活意識

　　(イ)　生活実態 (6)

　　(ロ)　生活意識 (3)

　③ 個人属性 (18)

　　　性，年齢，未・既婚，学歴，子の人数，家族との同居，親との同居，配偶者の仕事，住居形態，個人年収，世帯年収，所属会社（全国紙，ブロック紙，地方紙，通信社），勤務先（本社，支社など），勤務地，所属部署（政

治部, 経済部, 社会部など), 役職, 勤続年数, 現在の部署の所属年数。

(4) 分析結果
① 新聞記者像

調査票の個人属性項目への回答結果から描かれた現代の新聞記者像は, 次の通りである。新聞記者は高度な知的・精神的労働従事者といわれる特殊性を反映して, その大半が大学・大学院卒業であった。また, 回答結果からみる限りでは, 圧倒的に文科系卒業者によって占められている。ところで, 第1回調査(1973)の分析結果では性別が発表されていないほど, 新聞社の編集局は圧倒的な男性職場であったが, 本調査では女性が8.4%となった。マス・メディア産業の中でも図抜けて硬派であり, 体力職場である新聞社にも, 女性の進出という時代の波が押し寄せていることを現わしているといえよう。なお, 1993年当時の日本新聞協会加盟社の記者全体に占める女性の割合は, 7.8%であった。

もうひとつ注目すべき点は, 大学・大学院卒に占める理科系の割合が7.0%あり, 科学的な思考に長じた人びとが文科系職場に進出していることである。医療・医学や環境問題への読者のニーズが高まり, 科学報道の重要性が増す中で, 編集局が従来型の文科系思考のみでは限界があることを自覚したことの証左であろう(表Ⅳ-3-1参照)。

さらに, 調査結果から新聞社の編集組織の変容も指摘できる。1973年の第1回調査では校閲部門に所属する記者が10.9%を占めていたが, 1993年の第2回調査時点では6.6%に減少している。これはコンピュータ化による近代化・合理化に起因するものであり, このような校閲部門の縮小・廃止は, 2回の調査の20年間の新聞社組織の変容の象徴であるといえる(表Ⅳ-3-2参照)。

② 新聞記者の意識変化

第1回調査から20年, この間, 新聞をとりまく環境は激変した。
ひとつは, 若い世代の新聞離れが急速に進行し, 年月を経るごとに, 新聞と

表Ⅳ-3-1 最終学歴

	TOTAL	大学院(文科系)卒	大学院(理科系)卒	大学(文科系)卒	大学(理科系)卒	短大卒	高専卒	専門学校卒	高校卒	無回答	理科系大学・大学院	理科系大学・大学院以外	無回答
TOTAL	100.0 / 1,735	3.1 / 53	0.9 / 16	82.7 / 1,434	5.6 / 97	1.7 / 29	0.1 / 1	0.6 / 11	5.2 / 91	0.2 / 3	6.5 / 113	93.3 / 1,619	0.2 / 3
24歳以下	100.0 / 78	-	-	91.0 / 71	3.8 / 3	2.6 / 2	-	-	2.6 / 2	-	3.8 / 3	96.2 / 75	-
25～29歳	100.0 / 405	4.4 / 18	1.5 / 6	86.9 / 352	5.9 / 24	0.7 / 3	-	0.2 / 1	0.2 / 1	-	7.4 / 30	92.6 / 375	-
30～34歳	100.0 / 335	3.6 / 12	1.2 / 4	88.1 / 295	3.3 / 11	0.6 / 2	0.3 / 1	1.8 / 6	1.2 / 4	-	4.5 / 15	95.5 / 320	-
35～39歳	100.0 / 257	2.7 / 7	1.6 / 4	85.2 / 219	7.0 / 18	0.8 / 2	-	-	2.7 / 7	-	8.6 / 22	91.4 / 235	-
40～44歳	100.0 / 211	1.4 / 3	-	80.6 / 170	8.5 / 18	0.9 / 2	-	0.9 / 2	7.6 / 16	-	8.5 / 18	91.5 / 193	-
45～49歳	100.0 / 233	2.6 / 6	0.9 / 2	82.8 / 193	4.3 / 10	2.1 / 5	-	0.9 / 2	6.4 / 15	-	5.2 / 12	94.8 / 221	-
50歳以上	100.0 / 211	3.3 / 7	-	62.1 / 131	6.2 / 13	6.2 / 13	-	-	21.8 / 46	0.5 / 1	6.2 / 13	93.4 / 197	0.5 / 1
無回答	100.0 / 5	-	-	60.0 / 3	-	-	-	-	-	40.0 / 2	-	60.0 / 3	40.0 / 2
男性	100.0 / 1,587	2.7 / 43	0.9 / 14	83.0 / 1,318	5.8 / 92	1.3 / 20	0.1 / 1	0.7 / 11	5.5 / 87	0.1 / 1	6.7 / 106	93.3 / 1,480	0.1 / 1
女性	100.0 / 146	6.8 / 10	1.4 / 2	79.5 / 116	3.4 / 5	6.2 / 9	-	-	2.7 / 4	-	4.8 / 7	95.2 / 139	-
無回答	100.0 / 2	-	-	-	-	-	-	-	-	100.0 / 2	-	-	100.0 / 2

読者の心理的距離が拡大していったことである。それは、読者が新聞＝読者の知る権利にこたえるメディアという図式の自明性に対して、公然・非公然と疑念を投げかけ始めたことを意味しているといえる。新聞離れは、表面的には20年間に起きた多メディア化によって引き起こされた読者の接触・閲読態度の変化ではあるが、他方で民主主義の基盤としての新聞の公共性が揺らぎ始めたことを象徴する現象でもあった。

　ジャーナリズム史を繙くと、社会の木鐸、無冠の帝王、第四の権力など新聞ジャーナリズムを形容する言葉はさまざまあるが、そこに一貫しているのは、

表Ⅳ-3-2 所属部門

	TOTAL	政治・経済関連部	社会関連部	学芸・文化・家庭・科学関連部	外報関連部	運動関連部	整理関連部	校閲関連部	写真関連部	地方支局・通信部	無回答
TOTAL	100.0 1,735	10.5 183	28.9 502	6.5 112	1.8 31	3.6 62	15.5 269	6.6 115	6.1 105	16.5 287	4.0 69
24歳以下	100.0 78	3.8 3	30.8 24	9.0 7	- -	1.3 1	10.3 8	7.7 6	2.6 2	32.1 25	2.6 2
25〜29歳	100.0 405	9.1 37	31.9 129	4.0 16	0.7 3	4.7 19	10.6 43	2.7 11	4.7 19	25.2 102	6.4 26
30〜34歳	100.0 335	12.5 42	32.5 109	6.3 21	1.2 4	2.1 7	18.5 62	4.8 16	6.3 21	11.3 38	4.5 15
35〜39歳	100.0 257	16.3 42	28.0 72	7.0 18	3.1 8	1.9 5	21.4 55	2.7 7	3.9 10	14.0 36	1.6 4
40〜44歳	100.0 211	11.8 25	28.0 59	7.6 16	2.8 6	7.6 16	15.6 33	4.7 10	7.1 15	12.8 27	1.9 4
45〜49歳	100.0 233	12.0 28	27.9 65	7.7 18	3.0 7	2.6 6	16.7 39	6.9 16	7.3 17	12.9 30	3.0 7
50歳以上	100.0 211	2.8 6	20.4 43	7.6 16	1.4 3	3.8 8	13.7 29	23.2 49	9.5 20	13.7 29	3.8 8
無回答	100.0 5	-	20.0 1	-	-	-	-	-	20.0 1	-	60.0 3
男性	100.0 1,587	10.7 170	29.4 466	5.5 87	1.8 28	3.7 58	15.9 252	6.6 104	6.4 102	16.3 258	3.9 62
女性	100.0 146	8.9 13	24.0 35	17.1 25	2.1 3	2.7 4	11.6 17	7.5 11	1.4 2	19.9 29	4.8 7
無回答	100.0 2	-	50.0 1	-	-	-	-	-	50.0 1	-	-

自由で独立した市民精神である。新聞ジャーナリズムは事件・出来事の背景や意味を歴史の中に探り，行き着く先を読み解き，わかり易く解説する啓蒙者であった。読者もまた，そうした新聞の啓蒙主義的姿勢に期待を寄せた。

　1993年の調査当時には，このような読者のまなざしが揺らぎ始めていたのである。新聞記者は，この読者の変貌をどのようにとらえたのか。

　この調査では，現代の新聞記者は自らの職業を「他の職業では味わえない体験」ができ，「個性や能力を発揮でき」，「好奇心を満たすことができる」自由な職業としてとらえていた。実際の職業選択でも，新聞以外のマス・メディア

146　第2部　マス・コミュニケーション調査の実際

表Ⅳ-3-3　就職時の希望職業・職種と転職意向

	TOTAL	新聞記者	新聞社	新聞以外のマスメディア関連業種	公務員	教職	著述業	弁護士・公認会計士などの自由業	製造業	サービス業	その他	無回答	現在考えている	以前考えたことがある	考えたことはない	無回答
TOTAL	100.0 1,735	60.0 1,041	7.5 130	12.9 223	2.5 44	2.9 50	4.5 78	4.0 70	0.6 11	1.7 29	2.6 45	2.2 39	14.8 256	34.4 597	50.8 881	0.1 1
24歳以下	100.0 78	60.3 47	5.1 4	16.7 13	3.8 3	-	2.6 2	2.6 2	-	2.6 2	6.4 5	1.3 1	21.8 17	23.1 18	55.1 43	-
25～29歳	100.0 405	69.4 281	4.4 18	11.4 46	2.0 8	1.5 6	4.4 18	2.2 9	0.2 1	1.5 6	2.7 11	0.7 3	19.5 79	27.2 110	53.3 216	-
30～34歳	100.0 335	63.6 213	6.6 22	13.1 44	1.2 4	3.0 10	3.9 13	3.6 12	0.6 2	0.9 3	2.1 7	2.7 9	17.6 59	37.6 126	44.8 150	-
35～39歳	100.0 257	55.6 143	7.8 20	15.2 39	3.5 9	3.5 9	4.3 11	5.1 13	0.4 1	2.7 7	1.2 3	1.9 5	16.3 42	42.4 109	41.2 106	-
40～44歳	100.0 211	60.7 128	10.0 21	12.3 26	3.3 7	1.9 4	6.6 14	1.9 4	-	1.9 4	1.9 4	3.3 7	9.5 20	41.2 87	49.3 104	-
45～49歳	100.0 233	55.4 129	6.0 14	15.5 36	0.9 2	3.9 9	5.2 12	7.7 18	-	1.3 3	4.3 10	2.6 6	9.9 23	34.3 80	55.8 130	-
50歳以上	100.0 211	46.4 98	14.2 30	9.0 19	5.2 11	5.7 12	3.8 8	5.2 11	3.3 7	1.9 4	2.4 5	3.3 7	7.6 16	31.3 66	61.1 129	-
無回答	100.0 5	40.0 2	20.0 1	-	-	-	-	20.0 1	-	-	-	20.0 1	-	20.0 1	60.0 3	20.0 1
男　性	100.0 1,587	60.3 957	7.4 118	12.5 198	2.6 42	2.9 46	4.5 71	4.3 69	0.6 10	1.6 25	2.3 37	2.3 37	14.0 222	34.3 544	51.7 820	0.1 1
女　性	100.0 146	56.8 83	7.5 11	17.1 25	1.4 2	2.7 4	4.8 7	0.7 1	0.7 1	2.7 4	5.5 8	1.4 2	23.3 34	36.3 53	40.4 59	-
無回答	100.0 2	50.0 1	50.0 1	-	-	-	-	-	-	-	-	-	-	-	100.0 2	-

には一切目もくれず，新聞記者を選択した確信の持ち主が60％を占めている（表Ⅳ-3-3参照）。

　このような新聞記者からみれば，読者の「新聞に対する位置付け」は高く出て然るべきであろう。本調査では，新聞記者からみた読者の新聞に対する重要度観を，「（読者は）新聞があれば他のものは要らないと思っている」，「メディアを使い分けているが，中では新聞が一番重要だと思っている」，「使い分けしているメディアの中のひとつに過ぎないと思っている」，「他のいろいろなメディアの必要性の方が新聞を上回っている」，「もう新聞はなくてもいいと思っ

表Ⅳ-3-4 記者が想定する読者からみた新聞

	TOTAL	新聞があれば他のものは要らない	使い分けているが中では新聞が一番重要	使い分けしているメディアの中のひとつ	他メディアの必要性が新聞を上回ってる	他メディアがあるから新聞はなくてもいい	無回答
TOTAL	100.0 1,735	− −	24.7 428	65.5 1,136	9.2 160	0.6 10	0.1 1
24歳以下	100.0 78	− −	15.4 12	69.2 54	14.1 11	1.3 1	− −
25〜29歳	100.0 405	− −	17.8 72	69.1 280	12.1 49	1.0 4	− −
30〜34歳	100.0 335	− −	17.3 58	71.0 238	11.3 38	0.3 1	− −
35〜39歳	100.0 257	− −	21.0 54	72.4 186	6.2 16	0.4 1	− −
40〜44歳	100.0 211	− −	32.7 69	59.2 125	7.1 15	0.9 2	− −
45〜49歳	100.0 233	− −	33.5 78	59.7 139	6.4 15	0.4 1	− −
50歳以上	100.0 211	− −	39.3 83	53.1 112	7.1 15	− −	0.5 1
無回答	100.0 5	− −	40.0 2	40.0 2	20.0 1	− −	− −
男　性	100.0 1,587	− −	25.4 403	65.1 1,033	8.9 141	0.6 9	0.1 1
女　性	100.0 146	− −	16.4 24	69.9 102	13.0 19	0.7 1	− −
無 回 答	100.0 2	− −	50.0 1	50.0 1	− −	− −	− −

ている」の5つの選択肢から選ばせた結果は予想外である。もっとも多かったのは「使い分けをしているメディアの中のひとつに過ぎない」(65.5%)であり，第4権力といった新聞イメージにつながる「(読者は)メディアを使い分けているが，中では新聞が一番重要だと思っている」記者は，4人に1人(24.7%)に過ぎなかった（表Ⅳ-3-4参照）。この重要度観は，回答した記者の年齢によって差がある。「新聞が一番重要」との回答は高年齢層の記者で多く，「メディアの中のひとつに過ぎない」との回答は若年層の記者で多い傾向がある（表Ⅳ-3-4参照）。

さて，周知のように，D.リースマンは『孤独な群衆』(1961)の中で，大衆社会の下でのパーソナリティーとして，①伝統指向型，②内部指向型，③他人指向型の3つの類型をあげて，伝統指向型パーソナリティーを「共同体的社会においては，個人は伝統的な規準や権威に順応することによってのみ，自己に対する満足な関係を保持できるようになっている」し，「伝統への順応が自己を受け入れる基盤となる」と説明している。多メディア状況の中で「(読者は)新聞がもっとも重要と判断している」と考える記者が伝統指向型パーソナリティーであるとは断定できない。そのことを留保した上で，疑似的な共同体ともいえる編集局の集団の中に，「新聞はメディアのひとつに過ぎない」というシニカルな異見の記者が生まれつつあった。それが，1970年代から1990年代にかけての20年間の新聞記者意識の変化であった。

ところで，柴田進午は『現代の精神的労働』(1969)の中で，知的労働者・専門職従事者としての新聞記者の生活と実態を分析し，資本の合理化攻勢にさらされ，それが紙面編集活動の脆弱化を引き起こしていると論じた。1960年時点の分析であり，時代背景もメディア状況も，また読者の意識も現在とは大きく異なっているが，柴田の分析のキーワードであった合理化と管理化の進行が新聞記者の生活行動・意識に影響をもたらしていることは同様であるといえよう。

このことを念頭において，新聞記者の生活上の不満をみてみる。1973年の第1回調査での不満は，「収入が少ない」(24.3%)という経済的不満が第1位であり，以下，「仕事に追われる」(21.9%)という精神的・肉体的不満，「専門的知識，技術，教養が得られない」(11.5%)という自己啓発に関する不満の順であった。他方，「編集方針，経営方針に不満」，「仕事の価値が社会的に評価されていない」，「仕事に意義や価値が見出せない」という不満は少数であった。そして，83.5%(「強く感じている」+「まあまあ感じている」)が仕事にやりがいを感じており，仕事の価値(ジャーナリズムの価値)を肯定し，それが社会的にも評価されていると自認する新聞記者の姿がみえてくる。

では，20年後の1993年，新聞記者の生活行動・意識はどのように変化したの

表Ⅳ-3-5 仕事のやりがい評価

	TOTAL	感じている×5	まあ感じている	どちらともいえない×3	あまり感じていない	感じていない×1	無回答	平均
TOTAL	100.0 1,735	26.1 452	48.2 837	15.2 263	8.4 146	2.1 36	0.1 1	3.88
24歳以下	100.0 78	16.7 13	44.9 35	21.8 17	14.1 11	2.6 2	- -	3.59
25～29歳	100.0 405	28.9 117	44.4 180	17.0 69	8.4 34	1.2 5	- -	3.91
30～34歳	100.0 335	22.7 76	47.8 160	17.3 58	9.0 30	3.3 11	- -	3.78
35～39歳	100.0 257	18.7 48	55.3 142	15.6 40	7.8 20	2.7 7	- -	3.79
40～44歳	100.0 211	27.0 57	54.0 114	10.4 22	8.1 17	0.5 1	- -	3.99
45～49歳	100.0 233	27.5 64	49.8 116	13.7 32	6.0 14	3.0 7	- -	3.93
50歳以上	100.0 211	36.0 76	41.7 88	11.4 24	9.0 19	1.4 3	0.5 1	4.02
無回答	100.0 5	20.0 1	40.0 2	20.0 1	20.0 1	- -	- -	3.60
男 性	100.0 1,587	26.6 422	48.3 766	14.3 227	8.6 136	2.2 35	0.1 1	3.89
女 性	100.0 146	19.9 29	47.9 70	24.7 36	6.8 10	0.7 1	- -	3.79
無回答	100.0 2	50.0 1	50.0 1	- -	- -	- -	- -	4.50

であろうか。多メディア化が進展し，読者のまなざしが日増しに厳しくなり，新聞批判が飛び交う中で，新聞記者のやりがい度は74.3％（「感じている」＋「まあ感じている」，第1回調査とはワーディングが異なる）と，第1回調査と比べてほぼ10ポイント落ち込んでいる（表Ⅳ-3-5参照）。

この仕事にやりがいを感じられない新聞記者が抱いている不満は，どのような内容であろうか。会社に対する不満では，第1位が「適正な人事が行われていない」（55.6％）で，以下「労働環境が良くない」（52.8％），「組織全体の管理強化が目立つ」・「厳しい環境に危機意識が幹部に希薄だ」（ともに41.7％）で

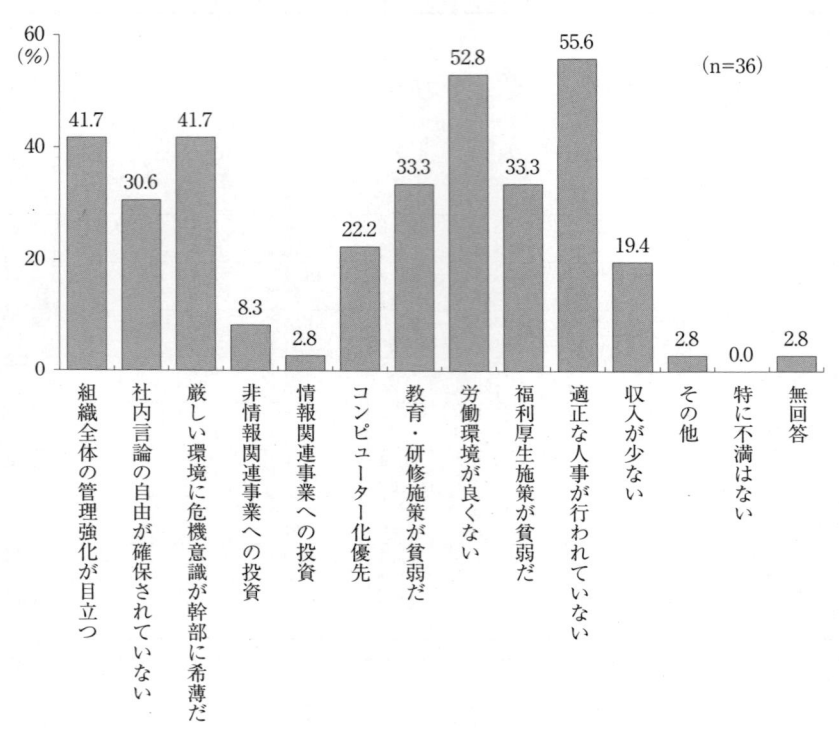

図Ⅳ-3-1　会社への不満（仕事にやりがいを感じていない層）

(n=36)

項目	%
組織全体の管理強化が目立つ	41.7
社内言論の自由が確保されていない	30.6
厳しい環境に危機意識が幹部に希薄だ	41.7
非情報関連事業への投資	8.3
情報関連事業への投資	2.8
コンピューター化優先	22.2
教育・研修施策が貧弱だ	33.3
労働環境が良くない	52.8
福利厚生施策が貧弱だ	33.3
適正な人事が行われていない	55.6
収入が少ない	19.4
その他	2.8
特に不満はない	0.0
無回答	2.8

あった（図Ⅳ-3-1参照）。一方，全員に質問した仕事に対する不満では，「仕事に追われ余裕がない」（51.9％）が第1位であった。そして，「時間が不規則」（26.2％）で，「専門知識・技術，教養が得られない」（21.4％），「総合的・新分野の仕事ができない」（28.4％）といういらだちが聞こえてくる。その上で，「幹部・先輩記者に信頼感をもてない」（21.0％）点も勘案すると，新聞記者をスポイルしている要因は，合理化や管理化というよりも，新聞社組織のあり様そのものにあり，編集局の疑似的なイエ共同体がこうした記者の煩悶を吸い上げ，解決する機能を果たし得ないことにあることがわかる。新聞記者はひたすら事件や出来事を追いかけ，そのことがますます記者の孤独感を募らせている実像が浮かび上がってくる（図Ⅳ-3-2参照）。

IV 送り手の調査　151

図IV-3-2　仕事への不満　　　　　　　　　　　　　　　（n=1,735）

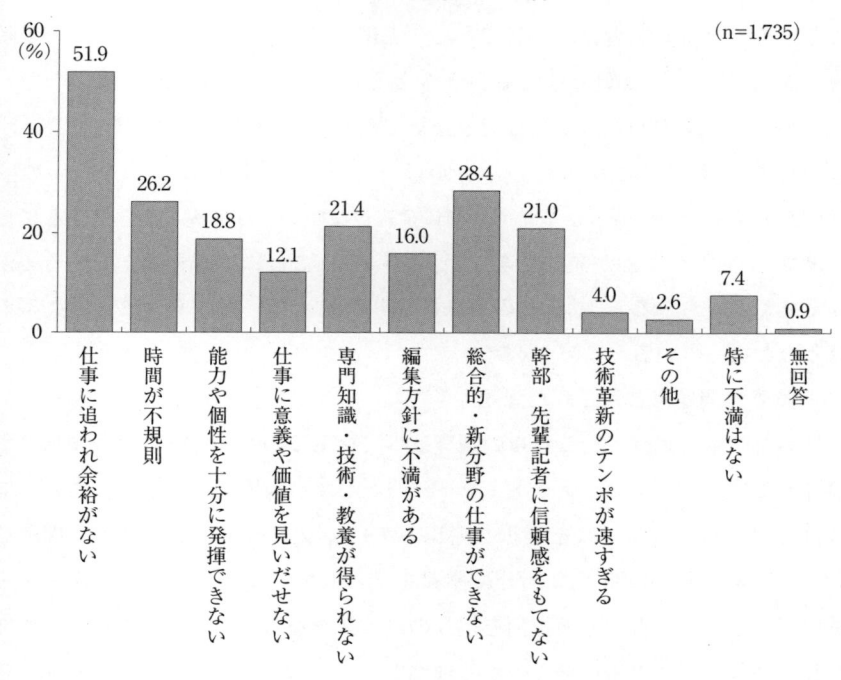

項目	%
仕事に追われ余裕がない	51.9
時間が不規則	26.2
能力や個性を十分に発揮できない	18.8
仕事に意義や価値を見いだせない	12.1
専門知識・技術・教養が得られない	21.4
編集方針に不満がある	16.0
総合的・新分野の仕事ができない	28.4
幹部・先輩記者に信頼感をもてない	21.0
技術革新のテンポが速すぎる	4.0
その他	2.6
特に不満はない	7.4
無回答	0.9

表IV-3-6　転職を考えたきっかけ（転職を現在考えている＋以前考えたことがある層）

	TOTAL	新聞に興味を失った	新聞の将来に陰りが見えた	事政治家等の意向で記見がボツになった	意見が幹部に受け入れられなかった	容格下げになった編集以外へ配属されそうになった仕事内持場の変更で	能力の限界を感じた	能力や個性が発揮できないと思った	思うように昇進しなかった	給料が思うように上がらなかった	時間に余裕がなさ過ぎがあった	具体的な転職の勧誘	他にやりたいことがある	会社に対する不満・失望	人間関係	希望の部署・仕事ができない	その他	無回答
TOTAL	100.0 853	8.7 74	17.5 149	6.3 54	10.9 93	7.5 64	1.8 15	39.4 336	20.9 178	2.1 18	11.5 98	39.2 334	9.1 78	2.8 24	2.8 24	2.3 20	2.8 24	4.6 39	1.9 16
現在考えている	100.0 256	13.3 34	24.2 62	5.9 15	7.4 19	9.4 24	0.8 2	47.7 122	16.8 43	2.0 5	16.4 42	41.4 106	7.4 19	3.9 10	5.5 14	1.2 3	4.7 12	5.5 14	1.2 3
以前考えたことがある	100.0 597	6.7 40	14.6 87	6.5 39	12.4 74	6.7 40	2.2 13	35.8 214	22.6 135	2.2 13	9.4 56	38.2 228	9.9 59	2.3 14	1.7 10	2.8 17	2.0 12	4.2 25	2.2 13
考えたことはない	–	–	–	–	–	–	–	–	–	–	–	–	–	–	–	–	–	–	–
無回答	–	–	–	–	–	–	–	–	–	–	–	–	–	–	–	–	–	–	–

そのような状況の中で,「以前転職を考えた」記者は全体の34.4%,「現に転職を考えている」記者は14.8%である(表Ⅳ-3-6参照)。その比率は,若年齢層の記者で高い。転職を考える引き金となったのは,「時間的余裕のなさ」(39.2%)と「能力や個性が発揮できない」(39.4%)点にあった。そして,「現に転職を考えている記者」のきっかけをみると,「新聞に興味を失った」(13.3%)ものは少ない。「多忙(時間に余裕がない)」(41.4%)で心身ともに疲れ果て,「能力や個性が発揮できない」(47.7%)ことに不安を覚えている姿がみえてくる。もちろん,「新聞の将来に陰りが見えた」(24.2%)ことも動機のひとつとなっている(表Ⅳ-3-6参照)。

③ 調査の問題点と残された課題

　日本新聞協会が行ったこれらの調査は事実探索型のものであり,仮説検証型のものではない。また,ゲート・キーパーとしての新聞記者に着目したが,記者自身の意識がニュースを選択し産出していくプロセスとどのように関連をもっているかという肝心な部分に測鉛を下ろしていない。さらに,ゲート・キーパーといっても,その役割を担うのはデスクなのか一線記者なのか,集団としてはニュースの出稿部なのか整理部なのか,エディターとして実質的に采配を振るっているのはどのような職位にある記者なのか,といったところまでは分析の筆が及んでいない。

　ラスウェル(1949)はコミュニケーション研究にあたって,コミュニケーション過程をそれぞれの部分に分解して解析するのではなく,コミュニケーション活動を全体的な社会過程との関連においてとらえることの重要性を指摘した。日本新聞協会が行った記者意識調査は,そうした意味ではラスウェルの主張を念頭においてコミュニケーション過程に切り込んだ調査であったが,前述の通りの問題点を含むものであったといえる。

　ここにあげた事例のように,送り手研究では,特に送り手を構成するジャーナリストらの意識や行動を探る研究にとっては,調査は重要な手段となっている。

ところで，第2回調査の実施からすでに10年が経過している。第5のマス・メディアともいわれるインターネットの台頭の前に，新聞ジャーナリズムは激しい変動期を迎え，その地盤沈下は避けられない状況にある。そのような環境の下で，新聞記者の自我はどのような変化をみせているのか，記者意識の亀裂がさらに深まっているのか，それが新聞の将来動向と紙面編集活動にどのような影響を与えているのか。このような点を見極めるために，第3回目の調査への要求が高まりつつあるといえよう。

【引用文献】
- 稲葉三千男『マスコミの総合理論』創風社，1987年。
- カッツ，E. & ラザースフェルド，P. F.，(竹内郁郎訳)『パーソナル・インフルエンス』培風館，1965年 (Katz, E. & Lazarsfeld, P. F., *Personal Influence—The Part Played by People in the Flow of Mass Communications*, The Free Press, 1955)。
- 斎藤茂男『新聞記者を取材した』岩波書店，1992年。
- 柴田進午「新聞労働運動論」，『現代の精神的労働』三一書房，1969年。
- 清水幾太郎「流言蜚語の社会性」，『ジャーナリズムの思想』筑摩書房，1965年。
- 竹内郁郎，岡田直之，児島和人編『日本の社会学　マス・コミュニケーション』東京大学出版会，1987年。
- 辻村明「マス・コミュニケーションとジャーナリズム」，『日本社会学の課題』有斐閣，1956年。
- 鶴見俊輔編『ジャーナリズムの思想』筑摩書房，1965年。
- 戸坂潤「新聞現象の分析」，『戸坂潤全集』第3巻，勁草書房，1966年。
- 中筋直哉『群衆の居場所』新曜社，2005年。
- 日本新聞協会「社会部記者(警視庁詰め)の生活調査を中心に」，『新聞研究』No.63，1956年。
- 日本新聞協会「政治部記者(総理官邸詰め)のばあい」，『新聞研究』No69，1957年。
- 日本新聞協会「校閲部記者の調査」，『新聞研究』No.77，1957年。
- 日本新聞協会「整理部記者の労働実態と適性」，『新聞研究』No.108，1960年。
- 日本新聞協会「現代の新聞記者意識」，『新聞研究』No.267，1973年
- 日本新聞協会「現代新聞記者像」，『新聞研究』No.514，No.515，1994年。
- 長谷川如是閑「社会意識の表現形態としての新聞」，『長谷川如是閑選集』第4巻，栗田出版会，1970年。
- ジェームス，P.，(小笠原博毅訳)『スチュアート・ホール』青土社，2006年 (James, P., *Stuart Hall*, Routledge, 2004)。

- White, D. M., "The 'Gate Keeper'—A Case Study in the Selection of News", *Journalism Quarterly*, fall, 1950.
- 真鍋一史『世論とマス・コミュニケーション』慶應通信，1983年。
- 吉見俊哉『メディア時代の文化社会学』新曜社，1994年。
- 吉見俊哉編『カルチュラル・スタディーズ』講談社，2001年。
- ラスウェル，H. D.,「社会におけるコミュニケーションの構造と機能」，シュラム，W. 編『新版マス・コミュニケーション』東京創元社，1954年（Schramm, W. (ed.), *Mass Communication*, The University of Illinois Press, 1949）．
- リースマン，D.,（加藤秀俊訳）『孤独な群衆』みすず書房，1964年（Riesman, D., *The Lonely Crowd*, Yale University Press, 1961）．

V 情報特性の調査(1)
メディアと情報内容特性に関する調査

1. メディアと情報内容特性に関する調査の目的

　本章では，II 章の記述を受けて，H.D.ラスウェル (1949) の 5 つの研究分類のうち，メディア分析に該当する調査の実際について紹介する。II 章では，メディア分析について，「マス・メディアを送り手，メッセージ，受け手との関係の中でとらえ，各メディアの特性と，その特性との関連の中で各メディアが果たす社会的機能を明らかにすること」と述べている。そして，先行研究でまとめられた新聞とテレビの特性や，マス・メディアの社会的機能を紹介している。

　実務でも，マス・メディアの特性はさまざまに整理されている。新聞を例にすると，朝日新聞社広告局 (1996) では，① 位置づけ，② 機能，③ 形状・形態，④ 広告媒体として，の 4 つの切り口を用いて，新聞の特性を記述している。

　また，各メディアに掲載される広告費を業種別，メディア別にみることで，メディアごとの情報内容の特性を明らかにすることもよく行われている。図 V-1-1 をみると，新聞とテレビでは，広告の情報内容が大きく異なることがわかる。この手法は，次章 (VI 章) で紹介する内容分析に近い。

　さらに，メディアの受け手を対象にした質問紙調査から，各メディアの特性を明らかにする方法もよく行われている。これまでに整理されたマス・メディアの特性は，質問紙調査の結果を元にしたものも多い。表 V-1-1 に新聞の特性

表Ⅴ-1-1　新聞のメディア特性

切り口	項　目
位置づけ	情報の網羅性
	評論・解説機能
	パッケージ性
	配布の確実性
機能	報道機能
	評論・解説機能
	教育機能
	娯楽機能
形状・形態	随意性
	可搬性
	簡便性
	一覧性
	保存性
	経済性
広告媒体として	**［物理的特性とその効果］**
	印刷媒体である
	ニュース媒体である
	マーケットセグメントが可能
	形態が自由
	［心理的特性とその効果］
	日常生活に欠かせない
	題字効果がある
	選択的に接触される
	消費者を説得する

出典：朝日新聞社広告局編『新版　新聞広告読本』1996年

として挙げた「日常生活に欠かせない」や「題字効果がある」などが一例である。

　このように，メディアの特性を明らかにすることを目的にした調査や分析には，さまざまな手法や切り口が用いられている。その中から，以下では，特に受け手に対する質問紙調査に着目して，その具体的な技法や実際の調査事例を紹介することにしたい。

V 情報特性の調査(1) メディアと情報内容特性に関する調査　157

図V-1-1　業種別広告費の業種別構成比と媒体別構成比【マス4媒体】(2004年)

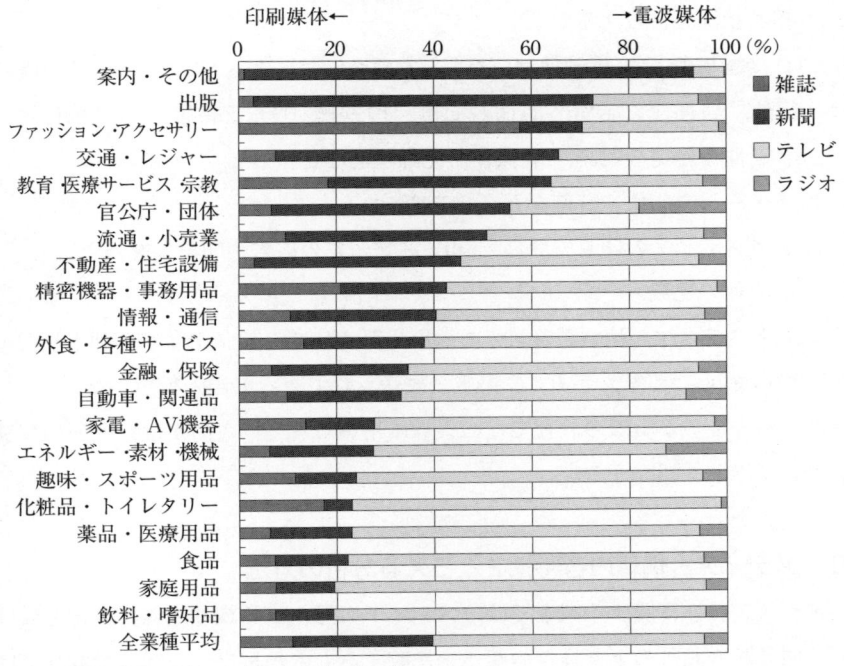

印刷媒体← →電波媒体

案内・その他
出版
ファッション・アクセサリー
交通・レジャー
教育 医療サービス 宗教
官公庁・団体
流通・小売業
不動産・住宅設備
精密機器・事務用品
情報・通信
外食・各種サービス
金融・保険
自動車・関連品
家電・AV機器
エネルギー・素材・機械
趣味・スポーツ用品
化粧品・トイレタリー
薬品・医療用品
食品
家庭用品
飲料・嗜好品
全業種平均

■雑誌　■新聞　□テレビ　▨ラジオ

出典：電通『2004年　日本の広告費』2005年

2. メディアと情報内容特性に関する調査の技法

(1) メディアと情報内容特性をとらえる変数

　テレビや新聞を始めとするメディアの特性については，これまでに数多くの調査が行われてきた。例えば，NHK放送文化研究所の「国民生活時間調査」や，ビデオリサーチの「全国新聞総合調査（J-READ）」，「ACR」などがその代表である。それらの調査で用いられた調査項目（変数）を大別すると，以下のようにまとめられるだろう。

　① 接触時間をとらえる変数

　　(イ) 接触時間，(ロ) 平均接触時間，(ハ) 接触頻度，(ニ) 接触時間帯，(ホ) 接触時

間の変化，など。
② 接触状況をとらえる変数

(イ)接触場所，(ロ)接触態度（ながら行動か専念行動か，など），(ハ)接触後の行動，(ニ)閲読開始面，(ホ)閲読記事，(ヘ)視聴（聴取）番組，(ト)接触目的，(チ)新聞や雑誌の回読，(リ)保存・記録状況など

③ イメージや印象・評価をとらえる変数

(イ)各メディアの印象や評価，(ロ)各メディアの広告の印象・評価など

④ その他の変数

(イ)各メディアの情報源としての活用状況，(ロ)新しいメディアの利用状況・利用意向，(ハ)各メディアに掲載・放送されている広告の種類，など。

これらの変数が実際の調査でどのように用いられているのかは，次節の調査実例にて詳しく紹介する。

(2) メディアと情報内容特性をとらえる分析の方法

メディア特性に関する調査では，メディアに対する意識や環境の変化を受けて，同じ調査設計の下で経年の変化を比較するものが目立つ。次節で取り上げる調査実例についても，一定期間ごとに調査を実施し，前述の変数から得られた平均値やパーセンテージを経年で比較している。社会の中で各メディアがどのような位置づけにあるのかをマクロな視点で把握するためには，経年の比較が欠かせない。

また，1回の調査を単独でみる場合には，以下の方法が用いられる。

接触時間に関する分析には，平均と分布の両方の視点がある。接触時間や接触頻度などの平均値を算出したり，接触時間帯の度数分布の形状をメディア間で比較したりすることがよく行われる。

各メディアのイメージに関しては，調査から得られた個々のイメージのパーセンテージをメディア間で比較することが行われる。一方，複数のイメージを総合的にとらえるために，イメージの度数分布の形状（プロフィル）を比較す

ることもよく行われている。この場合，コレスポンデンス分析や因子分析を用いてイメージ空間の構造を図示することも多い。ただし，作成された図は，あくまで要約に過ぎないので，クロス表など，元のデータと常に照らし合わせて確認する必要がある。

3. メディアと情報内容特性に関する調査の実際

　前節の記述を受けて，本節では，メディアと情報内容の特性をとらえる調査の実例として，ふたつの実際の事例を紹介する。ひとつは，NHK放送文化研究所が5年に一度実施している「国民生活時間調査」，もうひとつは日本新聞協会が隔年で実施している「全国メディア接触・評価調査」である。

3-1. 受け手の生活時間からみたメディアと情報内容特性に関する調査の実際（国民生活時間調査を事例に）

(1) 調査の対象と目的

　NHK放送文化研究所が行う「国民生活時間調査」は，人びとの1日の過ごし方を，時間という視点からとらえたもので，1960年から5年おきに実施されている。生活行動を，睡眠や食事などの必需行動（個体を維持向上させるために行う必要不可欠性の高い行動），仕事や学業などの拘束行動（家庭や社会を維持向上させるために行う義務性・拘束性の高い行動），そしてレジャー活動や会話・交際などの自由行動（人間性を維持向上させるために行う自由裁量性の高い行動）の3つに分類し，その行為時間を調べている。生活者の「生活時間」を把握することで，日本人の生活実態を明らかにする基本データとして，NHKの放送業務に役立てるだけでなく，広く各方面でデータを利用することを調査目的としている。

表V-3-1 「国民生活時間調査(2005年)」行動分類

(1) 必需行動
　　個体を維持向上させるために行う必要不可欠性の高い行動。
　　睡眠，食事，身のまわりの用事，療養・静養，からなる。
(2) 拘束行動
　　家庭や社会を維持向上させるために行う義務性・拘束性の高い行動。
　　仕事，学業，家事，通勤・通学，社会参加，からなる。
(3) 自由行動
　　人間性を維持向上させるために行う自由裁量性の高い行動。
　　マスメディア接触，積極的活動であるレジャー活動，人と会うこと・話すことが中心の会話・交際，心身を休めることが中心の休息，からなる。

大分類	中分類	小分類	具体例
必需行動	睡眠	睡眠	30分以上連続した睡眠,仮眠,昼寝
	食事	食事	朝食，昼食，夕食，夜食，給食
	身のまわりの用事	身のまわりの用事	洗顔，トイレ，入浴，着替え，化粧，散髪
	療養・静養	療養・静養	医者に行く，治療を受ける，入院，療養中
拘束行動	仕事関連	仕事	何らかの収入を得る行動，準備・片づけ・移動なども含む
		仕事のつきあい	上司・同僚・部下との仕事上のつきあい，送別会
	学業	授業・学内の活動	授業，朝礼，掃除，学校行事，部活動，クラブ活動
		学校外の学習	自宅や学習塾での学習，宿題
	家事	炊事・掃除・洗濯	食事の支度・後片付け，掃除，洗濯，アイロンがけ
		買い物	食料品・衣料品・生活用品などの買い物
		子どもの世話	授乳，子どもの相手，勉強をみる，送り迎え
		家庭雑事	整理・片付け，銀行・役所に行く，病人や老人の介護
	通勤	通勤	自宅と職場・仕事場(田畑など)の往復
	通学	通学	自宅と学校の往復
	社会参加	社会参加	PTA，地域の行事・会合への参加，冠婚葬祭，奉仕活動
自由行動	会話・交際	会話・交際	家族・友人・知人・親戚とのつきあい，おしゃべり，電話，電子メール
	レジャー活動	スポーツ	体操，運動，各種スポーツ，ボール遊び
		行楽・散策	行楽地・繁華街へ行く，街をぶらぶら歩く，散歩，釣り
		趣味・娯楽・教養	趣味・けいこごと・習いごと，鑑賞，観戦，遊び，ゲーム，仕事以外のパソコン(インターネットは除く)
		趣味・娯楽・教養のインターネット	趣味・娯楽・遊びとしてのインターネット，ホームページ作成
	マスメディア接触	テレビ	BS，CS，CATVの視聴を含める
		ラジオ	
		新聞	朝刊・夕刊・業界紙・広報紙を読む
		雑誌・マンガ・本	週刊誌・月刊誌・マンガ・本・カタログなどを読む
		CD・MD・テープ	CD・MD・テープ・レコードなどラジオ以外で音楽を聞く
		ビデオ	ビデオ・ビデオディスク・DVDを見る，ビデオ録画は含めない
	休息	休息	休憩。おやつ，お茶，特に何もしていない状態
その他	その他・不明	その他	上記のどれにもあてはまらない行動
		不明	無記入

出典：NHK放送文化研究所『国民生活時間調査』2005年

表Ⅴ-3-2 「国民生活時間調査(2005年)」調査概要

● 調査対象日
第1回　2005年(平成17年)10月11日(火), 12日(水)
第2回　2005年(平成17年)10月13日(木), 14日(金)
第3回　2005年(平成17年)10月15日(土), 16日(日)
第4回　2005年(平成17年)10月17日(月), 18日(火)
第5回　2005年(平成17年)10月19日(水), 20日(木)
第6回　2005年(平成17年)10月21日(金), 22日(土)
第7回　2005年(平成17年)10月23日(日), 24日(月)

● 調査相手
全国10歳以上の国民12,600人(12人×150地点×7回)

● 調査方法
配付回収法(15分刻みの時刻目盛り日記式)

● 有効数・率
7,718人(61.3%)　　注)1曜日でも有効な回答のあった人

● 曜日別の指定サンプルと調査有効数

	指定サンプル数	調査有効数	率(%)
月　曜	3,600	2,175	60.4
火　曜	3,600	2,167	60.2
水　曜	3,600	2,180	60.6
木　曜	3,600	2,177	60.5
金　曜	3,600	2,142	59.5
土　曜	3,600	2,123	59.0
日　曜	3,600	2,157	59.9
平　日	18,000	10,841	60.2
週	25,200	15,121	60.0

出典:NHK放送文化研究所『国民生活時間調査』2005年

(2) 生活時間の調査方法

　まずは,「生活時間」の調査方法について,2005年の調査概要を参考に確認しておく。同調査は,配付回収法によるプリ・コード方式で行われている。調査対象日は連続する2日間で,対象者は各日午前0時から24時間,15分きざみの時刻が記入された「時刻目盛り日記式」調査票に生活行動を記入する。調査票には,行動名があらかじめ印刷されており,対象者は該当する行動をとった時間帯に線で記入していく。調査票は,調査対象日の前日に配付し,翌日に回収するという流れになっている。調査は,曜日によるサンプル数が均等になるように,7回に分けて行われ,全国の10歳以上の国民12,600人(12人×150地点

×7回）を対象として実施され，7,718人の有効回答を得た（有効回収率61.3%）。

(3) 生活時間とマス・メディア接触の指標

同調査において，生活時間をはかる指標は，次にあげる4つである。

① 行為者率：ある時間幅（15分，6時間，24時間）に該当の行動を少しでも（15分以上）した人が全体の中で占める割合

② 平均行為者率：15分ごとの行為者率を基本単位として，ある時間幅（30分，1時間など）に合わせて，行為者率を平均化したもの

③ 行為者平均時間量：該当の行動を少しでも（15分以上）した人がその行動に費やした時間量の平均

④ 全員（体）平均時間量：該当の行動をしなかった人も含めた調査相手全体がその行動に費やした時間量の平均

マス・メディアの接触をはかる指標も，これに準じている。これらに加え，曜日（平日，土曜，日曜），接触態度（専念，他の行動との「ながら」接触），接触場所（自宅内，自宅外）および性，年齢，職業をはじめとするデモグラフィック特性などをクロスすることで，各メディアへの接触の特徴が見えてくる。

(4) 分析結果

① マス・メディア接触の位置づけ

同調査における「マス・メディア」は，テレビ，ラジオ，新聞，雑誌・マンガ・本，CD・MD・テープ，ビデオの6つの小分類に分かれている。インターネットは，「趣味・娯楽・教養のインターネット」として，同じ自由行動のうち，レジャー活動のひとつとして分類されており，マス・メディア接触には含まれていない。これらの分類は，メディア環境の変化に対応して何度か変更されている。特に，2005年の第10回調査では，インターネットの急速な普及や音声メディアのデジタル化をとらえ，インターネットは「趣味・娯楽・教養」から「趣味・娯楽・教養のインターネット」として独立，「CD・テープ」

表V-3-3　マスメディア接触の時間量（国民全体・曜日別）

(時間：分)

	全員平均時間	専念	ながら	自宅内	自宅外
平日	4:27	2:52	1:35	4:00	0:27
土曜	5:09	3:34	1:36	4:42	0:28
日曜	5:23	3:49	1:33	4:56	0:26
週	4:41	3:06	1:35	4:14	0:27

出典：日本放送出版協会『放送研究と調査』2006年7月号

は「CD・MD・テープ」に変更された。また，調査対象者の負担を考慮するという理由で，「雑誌・マンガ」と「本」は「雑誌・マンガ・本」として一体化されている。

　これらの前提をふまえて，2005年調査の結果を中心に，調査結果を紹介しよう。

　1日の自由行動時間における週平均のマス・メディア接触時間は，4時間41分である。平日の4時間27分に対し，土曜は5時間9分，日曜が5時間23分と週末ほど接触時間は長い。マス・メディアへの接触態度をみると，専念利用が他の行動との「ながら」利用の約2倍長く，接触場所は，自宅内での利用が自宅外での利用に比べ，圧倒的に多い。

　次に，専念利用に限って，自由行動時間に占めるマス・メディア接触の割合を示したものが図V-3-1である。全体では，自由行動時間の58％をマスメディア接触が占めている。年代層が高くなるにつれてその割合は高くなる傾向にあり，マスメディアが生活全体の中で，重要な位置づけになっていることがうかがえる。

② 各メディアの行為者率と平均時間量

　続いて，各メディアの接触状況を確認しよう。メディア接触の基本指標となるのは，1日の中でどれだけの人がその行動を行っている（15分以上）のかを

図Ⅴ-3-1　自由時間の時間配分

	マスメディア専念	レジャー活動	会話・交際	休息	各行動の合計(時間:分)
国民全体	58	25	7	9	5:18
男性10代	45	40	7	8	5:06
男性20代	43	39	11	7	5:18
男性30代	51	33	7	9	4:12
男性40代	59	25	5	10	4:04
男性50代	63	23	4	9	4:51
男性60代	62	25	4	9	6:54
男性70代以上	67	19	3	11	8:19
女性10代	51	30	11	7	4:37
女性20代	48	28	16	9	4:36
女性30代	53	26	10	10	3:49
女性40代	58	24	9	9	4:19
女性50代	61	22	8	9	4:44
女性60代	61	22	8	9	6:09
女性70代以上	67	14	7	12	6:51

出典：日本放送出版協会『放送研究と調査』2006年7月号

示す行為者率と，その平均時間量である。

　各メディアの週平均の行為者率は，テレビが90％ともっとも高く，以下，新聞（44％），雑誌・マンガ・本（19％），ラジオ（14％）の順である。参考までに，「マス・メディア接触」の分類ではない「趣味・娯楽・教養のインターネット（以下，自由行動のインターネット）」の行為者率は13％である。

　各メディアの行為者率は，性・年代別によっても大きく異なる。テレビは男性20歳代が78％と他の年代より低いほかは全般的に高く，50歳代以上では男女ともに90％を超えている。新聞およびラジオは，年代層が高くなるに従って行

表V-3-4　各メディアの1日の行為者率・時間量（国民全体・週）

	行為者率 (%)	行為者平均時間 (時間：分)	全員平均時間 (時間：分)	専念 (時間：分)	ながら (時間：分)	「ながら」度 (※)
テレビ	90	4:02	3:39	2:21	1:18	0.36
ラジオ	14	2:30	0:22	0:06	0:15	0.68
新聞	44	0:48	0:21	0:11	0:10	0.48
雑誌・マンガ・本	19	1:13	0:14	0:10	0:04	0.29
CD・MD・テープ	10	1:41	0:10	0:03	0:06	0.60
ビデオ	9	1:43	0:09	0:07	0:02	0.22
自由行動のインターネット	13	1:49	0:14	0:11	0:03	0.21

（※ながら時間÷全員平均時間）

出典：日本放送出版協会『放送研究と調査』2006年7月号

為者率が上がる傾向にある。逆に，自由行動のインターネット，雑誌・マンガ・本，CD・MD・テープ，ビデオは，若年層のスコアが高い。

　1人あたり1日の平均時間量（接触していない人も含む）は，テレビが3時間39分と圧倒的に長く，以下，ラジオ22分，新聞21分の順である。自由行動のインターネットは，雑誌・マンガ・本と同じ14分である。また，各メディア接触の平均時間を，別のことをしながら行っていた「ながら時間」で除した割合をみると，ラジオが68％ともっとも高い。テレビは36％，新聞は48％，自由行動のインターネットは21％で，各メディアへの接触態度に違いがみられる。

　続いて，性・年代，職業，曜日，時間帯，接触場所などによる各メディアの行為者率や平均接触時間の違いを，経年変化の視点も加えながら，メディアごとにみていこう。なお，同調査は1995年の第8回調査から調査方式を変更したため，経年の変化は1995年以降の調査結果を対象としている。

(イ)　テレビ

　テレビの行為者率は，1995年の調査以降，平日，土曜日，日曜日とも90％を超える水準で大きな変化はない。テレビを見ていない人を含めた全員平均時間

量(視聴時間)は,平日が3時間27分,土曜日が4時間3分,日曜日が4時間14分で,土曜日は前回調査に比べて30分近く増加した。「ながら視聴」は,全体の3分の1強である。自宅外での1日のテレビ視聴時間は14分で自宅内での視聴が圧倒的に多く,前回と大きな変化はないが,今後はデジタル放送(ワンセグ)の普及に伴い,携帯電話などによる自宅外視聴が増えることも予想される。

　年代別にみると,年代が高いほど長時間視聴しており,特に70歳代以上の1日の視聴時間はどの曜日も5時間を超えている。これら高年代層が,全体の視聴時間を支えているといってよいだろう。その一方で,経年変化をみると,平日の男性40歳代や女性10～30歳代など,視聴時間が減少している層があるのも見逃せない。職業別では,農林漁業者,主婦,無職などの行為者率,視聴時間が高くなっている。比較的自宅にいる時間が長い層ほど,テレビを長く視聴する傾向にあるといえる。

　㈱　新　　聞

　行為者率で2番目に高いのが新聞である。平日,土曜,日曜とも45%前後と,曜日による大きな差はない。年代別では,男女ともに50歳代以上で高く,特に男性60歳代以上では70%を超えているが,若年層の行為者率は30%以下である。職業別では,主婦層や無職で高く,学生は低い。過去2回の調査に比べると,全般的に減少傾向にある。特に,男性では50歳代以下,女性では40歳代以下でその傾向は顕著だ。

　平均時間は,それぞれ20分強と経年による大きな変化はない。「専念」と「ながら」の割合は,ほぼ半々である。自宅内外では,圧倒的に自宅内で読まれている。持ち運びのしやすさも新聞の特徴のひとつだが,家庭で読まれるメディアとして定着している様子がうかがえる。

　㈵　ラジオ

　ラジオの行為者率は,平日が15%,土曜,日曜がそれぞれ,13%,12%である。土・日曜に比べ平日の行為者率がやや高いのは,過去2回の調査と同様で

ある。年代別では,若年層に比べて高年代層のスコアが高い。ただ,経年ではピークの年代に変化がみられる。1995年の調査では,男女ともに50歳代の行為者率がもっとも高かったが,2005年の調査ではピークが60歳代に移行しており,聴取層の高齢化が進んでいる様子がみてとれる。

平均時間量(聴取時間)は,平日が23分,土・日曜日が18分である。年代別では,特に60歳代以上の増加が目立っている。「ながら」聴取は,全体の1日のラジオ聴取時間(22分・週)のうち,約7割(15分)を占め,他のメディアより高い。特に農林漁業や自営業,主婦などでその傾向は強い。また,自宅外で聴取している割合が約3割と比較的高いのも,ラジオならではの特徴である。

(二) インターネット

2005年の調査からは,新たに「自由行動のインターネット」の接触状況についてまとめられている。これは自由行動時間のうち,「趣味・娯楽・教養のインターネット」の利用を示したもので,次にあげる行動がそれに該当する。

(a) ウェブの閲覧,検索
(b) 掲示板・ブログを読む
(c) オンラインゲームやネットオークション
(d) ホームページやブログの作成

仕事や学業,家事でのインターネット利用は,それぞれ「仕事」,「学業」,「家事」に分類され,ここには含まれていない。また,メールの読み・書きや掲示板の書き込みなど,インターネット上でのやり取りは,「会話・交際」として分類されている。これらをふまえた上で,「自由行動のインターネット」の接触状況をみてみたい。

国民全体における「自由行動のインターネット」の行為者率は,平日13%,土曜14%,日曜15%である。年代別では,男女ともに20歳代を中心に10〜30歳代の若年層でのスコアが高く,週末になると,男性20〜50歳代での行為者率が上昇する。

平均時間は,平日の13分に対し,土曜が18分,日曜は20分と,週末のほうが

長い。「専念」と「ながら」の比率は，およそ3：1で「専念」利用のほうが多く，「ながら」利用の中ではテレビとの同時利用がもっとも多い。接触場所は圧倒的に自宅内が多いが，テレビと同様，モバイルによる利用が今後増加するかもしれない。

③ 接触時間帯

同調査では，メディアへの接触時間帯を，午前（午前6〜12時），午後（正午〜午後6時），夜間（午後6〜12時），深夜（午前0時〜6時）の4つに区分している。時間帯別の各メディアの行為者率は，マス・メディアが生活の中にどのように組み込まれているかを示す指標である。それぞれのメディアの特徴をみてみよう。

テレビは，朝・昼・夜と1日に3つのピークが存在する。中でも，夜7〜9時台のいわゆるゴールデンタイムは，もっともよく見られている時間帯だ。この時間帯では，男女の50歳代以上や子どもを中心に幅広い層でテレビが視聴されている。しかし，男性20〜30歳代のピークは，午後10時台以降である。代わって70歳代以上の視聴が大幅に減少し，午後10時を境に視聴層が入れ替わるようだ。朝のピークは，平日では午前7時〜8時30分である。特に7時台前半は，性・年代を問わず行為者率が高い。8時以降は，男性40歳代以下や女性10歳代の視聴が減るが，成人女性や男性60歳代以上では引き続きよく見られている。

経年変化をみると，全般的な傾向に大きな変化はない。2000年に比べ，行為者率の上昇が目立つのは土曜の午前8〜11時台で，特に学生の視聴が増加した。完全学校週5日制の導入により在宅率が高まったことが影響しているようだ。一方，5年前と比べ減少したのは日曜夜9〜10時台である。

新聞は平日，土曜，日曜ともに午前が閲読のピークである。2000年と比べると，土曜・日曜では大きな変化がないものの，平日の午前と夜間の時間帯で行為者率が減少している。過去2回の調査では，午前に新聞を読む人の率は曜日を問わずほぼ同じだったが，2005年の調査では平日の行為者率が土曜・日曜を

表V-3-5 時間帯・曜日別各メディアの行為者率（国民全体）

(%)

	平日				土曜				日曜			
	テレビ	ラジオ	新聞	自由時間のインターネット	テレビ	ラジオ	新聞	自由時間のインターネット	テレビ	ラジオ	新聞	自由時間のインターネット
深夜 (午前0〜6時)	9	3	3	1	9	2	3	2	9	2	3	2
午前 (午前6〜12時)	56	10	30	3	57	8	34	4	58	7	33	4
午後 (正午〜午後6時)	40	6	10	4	48	5	12	7	50	5	9	7
夜間 (午後6〜12時)	84	6	16	9	83	5	14	8	83	5	9	9

出典：NHK放送文化研究所『国民生活時間調査』2005年報告書を元に作成

下回った。

　ラジオの時間帯別行為者率は，過去2回の調査と比べ，ほとんど変化がない。ピークは午前だが，1日を通してほぼ平均的に聞かれている。50歳代以上では午後や夜間，60歳代以上では深夜の行為者率が高いのも特徴である。

　「自由時間のインターネット」は，曜日を問わず夜間の利用が多い。それに加え，週末になると平日より午後の時間帯の行為者率が高くなる。インターネット利用者が多い20〜30歳代は，全体より夜間および深夜の利用が多い。もっともインターネットを利用する男性20歳代の動向を見ると，平日の日中は率が低いが，夜7時ごろから利用が増え始め，夜11時台が利用のピークとなる。週末は日中の利用も増加し，土曜では夜10時台，日曜では夜9時台と，平日よりピークが早まる傾向にある。

3-2. 受け手の利用と評価からみたメディアと情報内容特性に関する調査の実際（全国メディア・接触評価調査を事例に）

(1) 調査の対象と目的

　日本新聞協会では，2001年から2年おきに新聞，テレビ，ラジオ，雑誌，インターネットという5つのメディアへの接触状況や利用・評価について調べる「全国メディア接触・評価調査」を実施している。メディア環境が年々変化する中で，人びとのメディアへの接触実態を把握し，各メディアや各メディアの広告が果たす機能や役割を確認することが目的である。調査対象は全国15歳以上69歳以下の男女個人で，標本サイズは6,000である。対象者の抽出は，住民基本台帳からの層化2段無作為抽出で行い，過去3回の調査ともに実施は10月である。調査方法は，調査員による訪問留め置き法を採用している。

(2) 調査項目

　調査項目は，各メディアへの接触状況と印象・評価，各メディアの広告接触状況と広告への評価，さまざまな業種の情報源としての広告の評価，広告接触後の行動およびデモグラフィック特性などである。対象となるメディアは新聞，テレビ，ラジオ，雑誌，インターネットの主要5媒体である。以下に，その詳細を紹介する。

　① 各メディアへの接触状況と印象・評価

　　 (イ)各メディアの接触状況(接触者・非接触者の割合，各メディアの1週間の平均接触日数，各メディアに毎日接触している人の割合)，(ロ)各メディアの印象・評価，(ハ)メディア別接触頻度，(ニ)メディア別1日あたりの接触時間と平均時間，(ホ)メディア接触状況の変化（生活時間の変化）

　② 各メディアの広告への接触状況と広告への評価

　　 (イ)各メディアの広告接触状況，(ロ)各メディアの広告への評価，(ハ)企業・団体の情報源としての広告の評価，(ニ)広告接触後の行動，(ホ)メディ

V 情報特性の調査(1) メディアと情報内容特性に関する調査

表V-3-6 「全国メディア接触・評価調査」調査概要

- ●2005年全国メディア接触・評価調査
- ・調査地域：全国
- ・調査対象：15歳以上69歳以下の男女個人
- ・標本抽出：住民基本台帳からの層化2段無作為抽出
- ・調査方法：訪問留め置き法
- ・標本サイズ：6,000
- ・有効回収数(率)：3,443(57.4%)
- ・調査期間：2005年10月6日(木)～10月30日(日)
- ・調査主体：(社)日本新聞協会　広告委員会
- ・実査・レターヘッド：(社)中央調査社

- ●2003年全国メディア接触・評価調査
- ・調査地域：全国
- ・調査対象：15歳以上69歳以下の男女個人
- ・標本抽出：住民基本台帳からの層化2段無作為抽出
- ・調査方法：訪問留め置き法
- ・標本サイズ：6,000
- ・有効回収数(率)：3,873(64.6%)
- ・調査期間：2003年10月4日(土)～10月26日(日)
- ・調査主体：(社)日本新聞協会　広告委員会
- ・実査・レターヘッド：(社)中央調査社

- ●2001年全国メディア接触・評価調査
- ・調査地域：全国
- ・調査対象：15歳以上69歳以下の男女個人
- ・標本抽出：住民基本台帳からの層化2段無作為抽出
- ・調査方法：訪問留め置き法
- ・標本サイズ：6,000
- ・有効回収数(率)：3,843(64.5%)
- ・調査期間：2001年10月6日(土)～10月28日(日)
- ・調査主体：(社)日本新聞協会　広告委員会
- ・実査・レターヘッド：(社)中央調査社

出典：日本新聞協会広告委員会『全国メディア接触・評価調査報告書』2002年，2004年，2006年

ア別広告接触態度，(ヘ)商品・サービスの情報源（2003，2001年調査のみ）
③ 新聞接触の基礎データ
　　(イ)回読人数，(ロ)宅配制度の必要性，(ハ)購読年数，(ニ)有用期間，(ホ)閲読頻度，(ヘ)閲読時間帯，(ト)閲読時間，(チ)閲読場所，(リ)閲読開始面，(ヌ)閲読記事
④ その他
　　(イ)テレビの視聴状況（衛星・デジタル・有料放送等の利用状況と1日あたりの平均視聴時間，チャンネル切り替えの有無，チャンネル切り替え時にテレビCMが入った時の行動，テレビ番組の録画方法，1週間あたりのテレビ録画時間，1週間あたりの録画番組の再生時間），(ロ)インターネットの利用状況（インターネット利用場所・方法，インターネット利用目的，ウェブサイト認知・利用のきっかけ，インターネットの接続方法），(ハ)新しいメディアの利用状況・利用意向（情報通信機器の利用意向，衛星・デジタル・有料放送などの認知と利用意向）（2003年調査のみ）
⑤ デモグラフィック特性
　　(イ)性別，(ロ)年齢，(ハ)未婚・既婚，(ニ)世帯構成，(ホ)世帯内立場，(ヘ)職業，(ト)学歴，(チ)住居形態，(リ)同居家族人数，(ヌ)家族構成，(ル)個人年収，(ヲ)世帯年収

(3) **分析結果**

以上の項目から，各メディアへの接触状況と印象・評価，各メディアの広告接触状況と広告への評価項目について，2005年調査の結果を中心に，性・年代別や経年変化の視点から，その特徴をみてみよう。

① 各メディアへの接触状況

各メディアに接触して（読んで・見て・聞いて・利用して）いる人の割合は，テレビが99.2％ともっとも高く，以下，新聞92.5％，雑誌74.4％，インターネット60.5％，ラジオ59.3％の順である。2003年からの比較では，インター

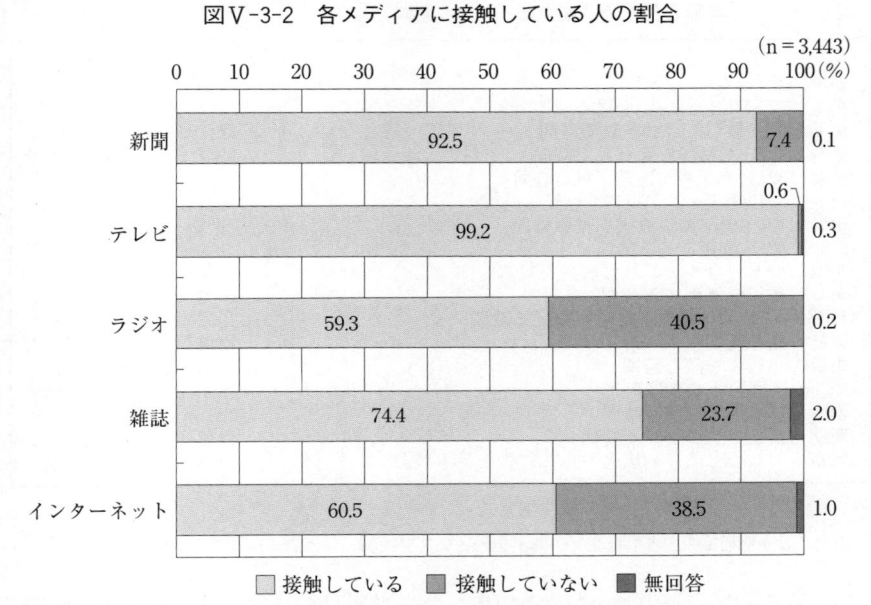

図V-3-2　各メディアに接触している人の割合

(n=3,443)

メディア	接触している	接触していない	無回答
新聞	92.5	7.4	0.1
テレビ	99.2	0.6	0.3
ラジオ	59.3	40.5	0.2
雑誌	74.4	23.7	2.0
インターネット	60.5	38.5	1.0

出典：日本新聞協会広告委員会『2005年全国メディア接触・評価調査報告書』2006年

ネット（51.3→60.5％）が伸びる一方で，ラジオ（64.9→59.3），雑誌（82.3→74.4）は減少している。

　年代別でみると，テレビはほぼ全世代で変わらないが，新聞，ラジオは高年代層，一方でインターネットは若年層ほど接触者の割合が高くなっている。この傾向は，経年でみても大きな変化はない。

②接触状況の変化

　同調査では，メディア接触状況の変化を生活時間の変化という視点でとらえ，1年前と比べたメディアと接触する時間を，「増えた」，「多少増えた」，「変わらない」，「多少減った」，「減った」，「この1年間（利用）したことがない」の6段階で聞いている。

　全体での傾向をみると，「新聞を読む時間」，「インターネットを使う時間」などで「増えた（＋多少）」と答えた人が多い。一方，「減った（＋多少）」項目

表V-3-7　1年前と比べて「増えた」と思う時間，「減った」と思う時間　（n=3,443，%）

	増えた	減った
新聞を読む時間	21.8	15.2
テレビでNHK（地上波）を見る時間	13.7	21.1
テレビで民放（地上波）を見る時間	12.7	22.3
テレビでNHK衛星放送を見る時間	10.7	8.4
テレビでBSデジタル放送を見る時間	4.9	4.3
テレビでBS放送（WOWOW）を見る時間	1.6	3.4
テレビでCSデジタル放送を見る時間	1.3	2.5
テレビでCS放送を見る時間	1.8	3.6
テレビでケーブルテレビの放送を見る時間	6.0	5.5
テレビ番組を録画する時間	16.2	23.1
ビデオ・DVDや録画した番組を見る時間	18.2	23.4
雑誌を読む時間	12.4	30.3
書籍・単行本を読む時間	16.3	29.0
インターネットを使う時間	28.0	8.9
携帯電話やPHSを使う時間	30.1	9.9
新聞の折込チラシを見る時間	12.2	18.6
電車・バスなどの車内広告や車体広告を見る機会	8.1	24.8

※「増えた」＝「増えた」＋「多少増えた」，「減った」＝「減った」＋「多少減った」
出典：日本新聞協会広告委員会『2005年全国メディア接触・評価調査報告書』2006年

では，「テレビで地上波（民放やNHK）の放送を見る時間」，「雑誌を読む時間」，「書籍・単行本を読む時間」，「テレビ番組を録画する時間」，「ビデオ・DVDや録画した番組を見る時間」などがあげられた。テレビを始めとするマスメディアの接触時間の減少が目立つ中で，インターネットと新聞の接触時間が増えているのは見逃せない。

年代別にみると，インターネットは各年代ともに増えている。テレビは，60歳代では増えているが，50歳代以下では減少傾向である。新聞は，40歳代を除くすべての年代で増加している。

③ 高接触者と低接触者

報告書では，各メディアへの接触量を時間×頻度で測定し，平均値を境にして「高接触層」と「低接触層」の2つに分類し，各メディアの接触形態の違いを比較している。時間は1日あたり，頻度は1週間あたりのデータから計算しており，平均値は「高接触者」に含めている。各メディアの接触量の高低による構成比を性×年代別にまとめたものが表V-3-8である。

表V-3-8　性×年代別にみた各メディアの高接触者と低接触者の割合

● 新聞（朝刊） (%)

	高接触者	低接触者	無回答
全体(n=3,443)	42.8	55.3	1.9
男性(n=1,639)	47.2	50.9	1.9
女性(n=1,804)	38.7	59.4	1.9
男性15〜19歳(n=99)	9.1	88.9	2.0
男性20歳代(n=227)	19.8	78.0	2.2
男性30歳代(n=315)	34.0	62.2	3.8
男性40歳代(n=292)	47.3	52.1	0.7
男性50歳代(n=368)	59.8	39.1	1.1
男性60歳代(n=338)	75.4	22.8	1.8
女性15〜19歳(n=115)	8.7	87.0	4.3
女性20歳代(n=262)	13.7	84.7	1.5
女性30歳代(n=371)	30.5	68.5	1.1
女性40歳代(n=316)	37.0	61.4	1.6
女性50歳代(n=384)	52.6	46.9	0.5
女性60歳代(n=356)	62.1	34.0	3.9

● 雑誌 (%)

	高接触者	低接触者	無回答
全体(n=3,443)	28.3	67.2	4.5
男性(n=1,639)	31.4	64.4	4.1
女性(n=1,804)	25.4	69.7	4.9
男性15〜19歳(n=99)	38.4	56.6	5.1
男性20歳代(n=227)	41.0	54.6	4.4
男性30歳代(n=315)	32.4	64.4	3.2
男性40歳代(n=292)	29.8	66.8	3.4
男性50歳代(n=368)	27.7	67.7	4.6
男性60歳代(n=338)	27.5	67.8	4.7
女性15〜19歳(n=115)	35.7	57.4	7.0
女性20歳代(n=262)	34.0	61.8	4.2
女性30歳代(n=371)	22.6	74.9	2.4
女性40歳代(n=316)	18.4	76.3	5.4
女性50歳代(n=384)	21.4	73.2	5.5
女性60歳代(n=356)	29.2	64.6	6.2

● テレビ (%)

	高接触者	低接触者	無回答
全体(n=3,443)	45.0	54.5	0.5
男性(n=1,639)	36.9	62.2	0.9
女性(n=1,804)	52.4	47.4	0.2
男性15〜19歳(n=99)	30.3	68.7	1.0
男性20歳代(n=227)	33.5	64.3	2.2
男性30歳代(n=315)	36.8	62.5	0.6
男性40歳代(n=292)	30.5	68.8	0.7
男性50歳代(n=368)	35.9	63.9	0.3
男性60歳代(n=338)	47.6	51.2	1.2
女性15〜19歳(n=115)	46.1	53.9	0.0
女性20歳代(n=262)	44.3	55.3	0.4
女性30歳代(n=371)	52.8	47.2	0.0
女性40歳代(n=316)	47.5	52.5	0.0
女性50歳代(n=384)	53.9	45.8	0.3
女性60歳代(n=356)	62.9	36.8	0.3

● インターネット (%)

	高接触者	低接触者	無回答
全体(n=3,443)	23.9	74.8	1.3
男性(n=1,639)	31.0	68.1	0.9
女性(n=1,804)	17.5	80.9	1.7
男性15〜19歳(n=99)	49.5	49.5	1.0
男性20歳代(n=227)	47.6	50.7	1.8
男性30歳代(n=315)	40.0	59.4	0.6
男性40歳代(n=292)	34.9	64.4	0.7
男性50歳代(n=368)	20.7	78.5	0.8
男性60歳代(n=338)	13.9	85.2	0.9
女性15〜19歳(n=115)	43.5	56.5	0.0
女性20歳代(n=262)	33.2	66.8	0.0
女性30歳代(n=371)	23.7	76.0	0.3
女性40歳代(n=316)	16.1	82.3	1.6
女性50歳代(n=384)	8.3	89.1	2.6
女性60歳代(n=356)	2.0	94.1	3.9

● ラジオ (%)

	高接触者	低接触者	無回答
全体(n=3,443)	25.3	73.5	1.2
男性(n=1,639)	29.9	69.1	1.0
女性(n=1,804)	21.1	77.4	1.4
男性15〜19歳(n=99)	8.1	90.9	1.0
男性20歳代(n=227)	20.3	79.3	0.4
男性30歳代(n=315)	27.6	72.1	0.3
男性40歳代(n=292)	31.5	67.8	0.7
男性50歳代(n=368)	35.9	62.5	1.6
男性60歳代(n=338)	37.0	61.5	1.5
女性15〜19歳(n=115)	7.8	92.2	0.0
女性20歳代(n=262)	13.0	86.3	0.8
女性30歳代(n=371)	13.5	86.3	0.3
女性40歳代(n=316)	19.9	78.8	1.3
女性50歳代(n=384)	28.9	70.6	0.5
女性60歳代(n=356)	32.0	63.2	4.8

※各メディアの接触量を時間×頻度で測定し，平均値を境にして「高接触者（平均値含む）」と「低接触者」に分類

出典：日本新聞協会広告委員会『2005年全国メディア接触・評価調査報告書』2006年

各メディアの特徴を記すと，新聞は，男女ともに年代が上がるに連れて高接触者の割合が多い。男女ともに50歳代で高・低接触者の比率が逆転している。テレビは，男女で傾向が異なる。男性では50歳代までは低接触者の割合が高接触者を大きく上回り，60歳代で両者の割合が近づくが，各年代で低接触者が高接触者を上回る。一方，女性は50歳代まではほぼ同じで，60歳代になると高接触者の割合が低接触者の割合を大きく上回る。

④ メディアの印象・評価

各メディアの印象や評価については，「情報源として欠かせない」，「知的である」，「親しみやすい」など29項目を，新聞，テレビ（民放），テレビ（NHK），ラジオ，雑誌，インターネットについて質問している。

各メディアの特徴を整理すると，新聞は「情報源として欠かせない」，「地域や地元のことがよく分かる」，「日常生活に役立つ」などの項目で他メディアより評価が高く，日常生活に根づいたメディアとして認識されていることが分かる。また，「社会に対する影響力がある」，「社会の一員としてこのメディアに触れていることは重要だ」，「世の中の動きを幅広くとらえている」など社会性や社会への影響力を示す項目や，「知的である」，「教養を高めるのに役立つ」など知的メディアとしての評価も高い。

テレビ（民放）は，「親しみやすい」，「楽しい」，「手軽に見聞きできる」など，身近なメディアとして評価されている。テレビ（NHK）は，「中立・公正である」，「社会的弱者に配慮している」などのほか，「情報内容が信頼できる」，「情報が正確」などの項目で評価が高く，比較的新聞とイメージが類似している。

ラジオは「お金があまりかからない」，「親しみやすい」，雑誌は「専門的である」，「楽しい」などの評価項目が高い。インターネットは，「情報量が多い」，「多種多様な情報を知ることができる」，「時代を先取りしている」などの評価が高く，各メディアの印象・評価のスコアは，それぞれのメディア特性を浮き彫りにしている。

また，これらの質問で尋ねた6つのメディアと29の印象・評価項目の位置関

V 情報特性の調査(1) メディアと情報内容特性に関する調査

表V-3-9 各メディアの印象・評価

(複数回答, n=3,443, %)

全体(項目は新聞のスコアの高い順から並べている)	新聞	テレビ(民放)	テレビ(NHK)	ラジオ	雑誌	インターネット
情報源として欠かせない	53.6	38.5	35.4	16.0	12.5	31.3
社会に対する影響力がある	53.4	46.7	46.7	14.3	15.4	29.9
地域や地元の事がよく分かる	52.1	19.5	15.1	12.4	3.2	11.4
知的である	50.7	6.4	39.6	6.7	7.4	13.8
社会の一員としてこのメディアに触れていることは大切だ	47.0	23.9	27.9	12.1	8.2	23.0
教養を高めるのに役立つ	44.9	12.6	37.2	9.0	15.8	19.9
日常生活に役立つ	44.0	35.8	28.7	15.1	18.2	31.2
世の中の動きを幅広くとらえている	43.3	28.2	27.5	9.7	9.6	21.4
情報が正確	42.8	13.6	43.8	11.7	4.3	12.8
手軽に見聞きできる	42.3	52.8	31.5	30.8	22.0	29.9
読んだ(見た・聞いた)事が記憶に残る	42.0	25.9	21.3	10.5	20.1	13.0
情報が整理されている	39.6	11.7	28.8	6.7	10.3	14.5
情報量が多い	38.9	29.1	21.3	8.5	14.5	49.9
情報内容が信頼できる	38.1	11.0	39.8	8.6	3.3	6.3
情報が詳しい	35.9	17.0	26.6	6.2	12.9	27.0
物事の全体像を把握することができる	35.5	18.1	21.6	5.1	6.2	11.2
多種多様な情報を知ることができる	34.9	32.1	20.3	11.1	18.6	47.0
仕事に役立つ	34.2	12.4	15.2	7.2	10.0	31.3
親しみやすい	31.3	67.0	21.6	31.8	32.1	20.9
分かりやすい	28.0	40.8	27.9	13.9	18.6	17.1
お金がかかりかからない	26.6	39.0	17.6	35.6	5.8	13.8
中立・公正である	21.8	6.5	33.1	5.4	2.0	3.7
プライバシーに配慮している	20.7	8.4	26.1	6.9	2.6	3.7
専門的である	19.7	6.8	23.9	4.5	20.6	26.9
情報が速い	16.8	36.1	38.8	21.3	3.6	46.6
社会的弱者に配慮している	16.8	7.7	23.5	8.0	1.9	2.2
楽しい	11.3	65.5	14.7	23.0	31.9	26.7
時代を先取りしている	9.0	22.9	10.0	4.5	16.8	43.2
イメージがわかない・評価できない	3.4	3.6	7.8	20.1	17.3	17.4
無回答	2.2	2.7	4.4	10.4	9.8	8.9

出典:日本新聞協会広告委員会『2005年全国メディア接触・評価調査報告書』2006年

図Ⅴ-3-3　各メディアの印象・評価のポジショニングマップ
（コレスポンデンス分析）

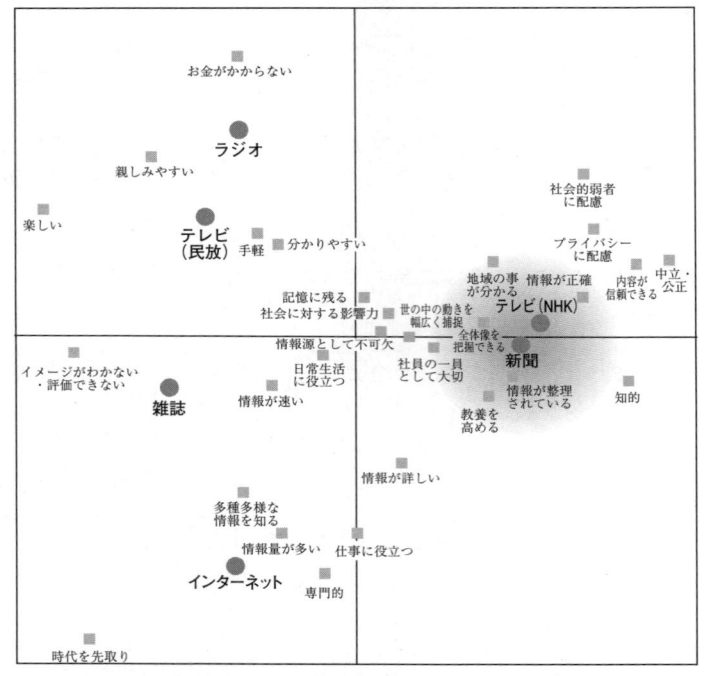

出典：日本新聞協会広告委員会『2005年全国メディア接触・評価調査報告書』
2006年

係を，コレスポンデンス分析を用いて図示したものが図Ⅴ-3-3である。

　この結果でも新聞とテレビ（NHK）のイメージは類似している。「情報が正確」，「全体像を把握できる」，「情報が整理されている」などの項目からの距離が近いことから分かるように，世の中の動きを正しく知り，整理するために重要なメディアとして評価されていることが読み取れる。一方，テレビ（民放）とラジオは，「親しみやすい」，「お金があまりかからない」，「分かりやすい」など手軽なメディアとしてポジショニングされている。また，インターネットは「情報量が多く」，「多種多様な情報を知ることができる」という点が特徴である。

このように,メディアと情報特性を明らかにするためには,受け手を対象にした調査が重要な位置を占めているといえよう。

【引用文献】
- 朝日新聞社広告局編『新版　新聞広告読本』朝日新聞社,1996年。
- ラスウェル,H. D.,「社会におけるコミュニケーションの構造と機能」,シュラム,W.編(学習院社会学研究室訳)『マス・コミュニケーション』創元社,1954年(Schramm, W. (ed.), *Mass Communication*, The University of Illinois Press, 1949).

【調査報告書】
- NHK放送文化研究所『国民生活時間調査』,2005年。
- 電通『2004年　日本の広告費』,2005年。
- 日本放送出版協会『放送研究と調査』,2006年4月号,2006年7月号。
- 日本新聞協会 広告委員会『新聞のポジショニングと新聞広告の役割－2001年全国メディア接触・評価調査 報告書－』日本新聞協会,2002年。
- 日本新聞協会 広告委員会『多メディア時代の新聞力－2003年全国メディア接触・評価調査 報告書－』日本新聞協会,2004年。
- 日本新聞協会 広告委員会『クロスメディア時代の新聞広告－2005年全国メディア接触・評価調査 報告書－』日本新聞協会,2006年。
- ビデオリサーチ『全国新聞総合調査(J-READ)』,2005年。
- ビデオリサーチ『ACR』,2006年。

VI 情報特性の調査(2) 内容分析

1. 内容分析の目的

　内容分析は，研究対象となる事象に関するメッセージを科学的に解釈しようとする手法であること，また，どのような課題に適用できるかについてのG.マレツケの説（マレツケ，1963）に関しては，すでに述べた通りである。（Ⅱ-1-(2)「内容分析」参照）。

　では，内容分析は，研究の実際的局面において，どのように位置付け，利用することができるのであろうか。鈴木裕久は，以下の3つの分類をあげている（鈴木，1990）。

① 結果が目的変数である分析

　　メッセージをある先行事象の結果（の一部）とみなし，後続事象の実態を明らかにするためにメッセージの分析を行う。

② 結果を説明変数として用いる内容分析

　　あるコミュニケーションを刺激として提示し，それに対する反応を調べる，といった形式に帰着する研究においては，刺激側の特性を明らかにしておかなければ刺激－反応の関係についての推論は不可能である。

③ 結果を他の変数との相関関係をみるのに用いる内容分析

　　ここでは因果関係は問題にならず，併存する他の事象との相関をみるために内容分析の結果を用いる。

　鈴木は，①のタイプの例として，マス・コミュニケーションのメッセージ

から社会の実態と特徴を表す文化指標を得るための内容分析をあげている。②のタイプの例としては，マス・コミュニケーションの効果研究のための内容分析をあげている。この場合，議題設定機能の研究方法で述べたように，メッセージの内容分析と同時に，効果測定のための受け手調査が必要となる（Ⅱ-1-(2)「内容分析」およびⅡ-1-(5)-③-(ロ)「議題設定機能仮説」参照）。③のタイプの例としては，マス・コミュニケーションの公平性や客観性などについて，報道内容のチェックを行うためのメディア比較の内容分析をあげている。

2. 内容分析の技法

　内容分析の目的について，鈴木の3つの分類をあげたが，いずれの目的で内容分析を行うにしても，どのような項目で分析するかという点では特別な差はない。ところで，内容分析について，H.D.ラスウェルは意味の研究と形式の研究に分けている（ラスウェル，1949）。一般的に内容分析では，両方の研究に相当する項目について分析するのがふつうである。

　ここで，ふたつの内容分析の実際例について，分析項目を示しておく。

(1) **9.11同時多発テロ事件およびアフガニスタン戦争における日本の新聞報道の内容分析の技法**

　本内容分析は，2001年9月12日にアメリカ・ニューヨークで起きた同時多発テロについて，日本の朝日・毎日・読売の全国紙3紙に，事件翌日の2001年9月13日から，アフガニスタン戦争が一定の終息をみた2002年3月31日までの約半年間に掲載されたすべての記事（17,787件）を対象に行ったものである。分析の目的は，日本の新聞に掲載された記事の量や内容などから内外における事件の影響の大きさを検証し，かつ，記事の発信元，情報源や登場人物，登場機関など，そして記事内容から，同事件に対する3紙の報道の公平性や客観性を検証しようとするものであった（島崎哲彦他，2005）。したがって，本内容分析

は，前掲の内容分析の3つのタイプの中では，「③ 結果を他の変数との相関関係をみるのに用いる内容分析－メディア比較の内容分析」にあたる。

(a) 記事の形式に関する項目
　① 記事掲載新聞
　② 記事掲載年月日
　③ 記事掲載刊別（朝刊，夕刊）
　④ 記事の種類（社説，特集，コラム・オピニオン，解説，報道記事など）
　⑤ 記事の掲載面別
　⑥ 掲載面内の記事の位置（トップ記事，それ以外）
　⑦ 写真の有無
　⑧ 図表の有無

(b) 記事の内容に関する項目
　① 記事の発信元（自社取材，通信社取材－国別など）
　② 記事中の事件の発生地（国別）
　③ 記事中の登場人物（国別）
　④ 記事中の登場人物（頻度の多い人物については個人別）
　⑤ 記事内容のテーマ（詳細に分類）

　なお，本分析では記事件数の多さ，多岐にわたる掲載面，トップ記事の多さなどから，事件の衝撃と影響の大きさが検証された。また，記事の発信元，登場人物や記事のテーマなどから，3紙の報道が西欧側の情報に偏っており，さらに，いかにアフガニスタンや一部の中近東諸国における取材が困難であったとしても，アフガンなどの報道であっても多くの報道が西欧側を情報源としていることが検証された。このほか，報道内容が圧倒的に事件の事実報道に偏っており，この事件の政治・経済・社会・歴史的背景についての解説などがわずかであることも検証された。

　ところで，本内容分析の分析項目のうち(a)記事の形式に関する項目では，①～⑧以外に「記事のスペース（行数）」や「写真の色刷（多色，モノクロ）」

なども考えられる。この記事の形式に関する分析項目は，新聞記事を対象とした他の内容分析でも利用できるものである。他方，(b)記事の内容に関する分析項目は，内容分析の目的によって，その都度検討する必要がある。

(2) マスコミ関連投書の内容分析の技法

本内容分析は，早川善治郎が長年にわたって研究したテレビに関する新聞投書の内容分析の一部である。分析の目的は，テレビに関する投書を通じて，人びとがテレビのどのようなことに関心をもっているのか，どのような点を評価し，あるいは批判しているのかを明らかにし，同時に時系列でその変化を明らかにすることであった。すなわち，テレビ文化と社会的機能の変容を，視聴者の投書を通じて解明することを試みたといえよう（早川他，1989，1990，1992）。その意味で，前掲の内容分析の3つのタイプの中では，「① 結果が目的変数である内容分析－文化指標を得るための内容分析」にあたる。

ここでは，1985～1990年の全国紙3紙の投書の内容分析における分析項目をあげておく。

(a) 投書者の個人属性に関する項目
  ① 性　　別
  ② 年齢層
  ③ 職　　業
  ④ 居住地
(b) 投書の内容に関する項目
  ① 投書の内容（作り手，タレント，局・組織，スポンサー，番組批評，企画・編成，広告・CM，影響，産業・経営，視聴率，テレビ文化，放送制度，その他）

投書は，無作為に掲載されるのではなく，投書欄担当の編集者の編集過程を経て，選別される。さらに，投書者本人の了解の下に，修正が加えられることも多い。それでも，投書の内容分析は，ある事象に関する読者の反応や，意見・態度を把握するには，重要な分析手法であるといえる。

ところで,本研究で扱う記事はすべて投書であるため,(a)記事の形式に関する分析項目はない。そのかわり,投書者の層別の傾向を知るため,投書者の個人属性に関する分析項目を用いている。なお,投書における個人属性は,ここにあげた程度の項目しか表示されていない。他方,(b)記事の内容に関する項目は,目的によって異なることとなる。

ここにあげたふたつの事例は新聞記事の内容分析であり,同じ文字メディアである雑誌や書籍などの分析に援用することが可能であろう。しかし,テレビやラジオのような映像や音声のメディアの内容分析には,文字メディアとは別の観点からの分析項目が必要となろう。近年,テレビ・ニュースのショー化が言われているが,そのようなニュースを対象とした内容分析では,報道時間やナレーション・映像の内容のほかに,アナウンサーまたはキャスターの性別,話法,効果音などに関する分析項目も必要となると考えられる。

3. 内容分析の実際（神戸児童連続殺傷事件の新聞・週刊誌の報道に関する内容分析を事例に）

本節では,1997年2・3月および5月に兵庫県神戸市須磨区で発生し,6月時点で中学3年生の男児が加害者であることが発覚し,逮捕に至った児童連続殺傷事件に関する新聞と週刊誌の記事を対象に実施した内容分析（島崎他,2006）を事例にとりあげて,内容分析の実際を詳細に紹介する。

(1) 内容分析の対象と目的

本内容分析では,朝日,毎日,読売の全国紙3紙と,週刊文春,週刊新潮,週刊ポストの出版社系総合週刊誌3誌を対象とした。対象期間は,事件発生直後の1997年5月27日から,報道が終息した約1年後の1998年5月31日までと,加害者が少年院から仮退院した2004年3月である。

内容分析の目的は，少年犯罪報道における新聞と週刊誌の報道内容の違い，新聞3紙間の違い，週刊誌3誌間の違いを，比較分析によって検出することにあった。したがって，本内容分析は，前掲の内容分析の3つのタイプの中では，「③ 結果を他の変数との相関関係をみるのに用いる内容分析－メディア比較の内容分析」の1例である。また，同時に時系列での記事内容の変化も明らかにしようとした。

(2) 内容分析の項目

〈新聞の分析項目〉

(a) 記事の形式に関する項目

① 記事掲載新聞

　1．朝日　　2．毎日　　3．読売

② 記事掲載年月日

③ 記事掲載刊別

　1．朝刊　　2．夕刊　　3．日曜版

④ 記事の掲載面

　1．第1総合　　2．第2総合　　3．第3総合　　4．政治
　5．国際　　6．経済　　7．文化・家庭　　8．教育　　9．解説
　10．医療・科学　　11．芸能　　12．ラジオ・テレビ　　13．スポーツ
　14．地方　　15．第1社会　　16．第2社会　　17．第3社会
　18．特集　　19．日曜版　　20．投書　　21．書評・読書　　22．その他

⑤ 掲載面内の記事の位置

　1．1面トップ　　2．社会面トップ　　3．その他

⑥ 記事の種類

　1．一般記事　　2．社説　　3．解説　　4．コラム　　5．談話
　6．その他

⑦写真の有無

　　1．あり　　2．なし

⑧図表の有無

　　1．あり　　2．なし

(b)　記事の内容に関する項目

①記事内容

　　1．事件の経過　　2．捜査の状況　　3．地域住民の対応・反応　　4．その他一般市民の対応・反応　　5．加害者の学校の対応　　6．被害者の学校の対応　　7．その他の学校の対応　　8．加害者の犯行動機　　9．加害者更生の制度　　10．犯行声明文の内容　　11．神戸新聞社の対応　　12．加害者の事件以前の生活　　13．加害者家族に関する記述　　14．被害者の事件以前の生活　　15．被害者家族に関する記述　　16．冤罪を示唆する一部動向　　17．当該事件報道に対する検証または批判　　18．一部雑誌による加害者の顔写真掲載　　19．類似事件との関連・比較　　20．事件直後・更生施設での加害者　　21．少年法への批判及び改訂問題　　22．加害者の仮退院関連　　23．加害者側弁護団の動向　　24．被害者側弁護団の動向　　25．加害者の正式退院とその後　　26．被害者（男児A）の首切断の事実　　27．被害者（男児A）の遺体損壊の詳細　　28．供述調書の流出　　29．その他

②記事の登場人物

　　1．加害者　　2．被害者（男児A）　　3．被害者（女児B・女児C）　　4．加害者の父　　5．加害者の母　　6．加害者のその他の親族　　7．被害者（男児A）の父　　8．被害者（男児A）の母　　9．被害者（男児A）のその他の親族　　10．被害者（女児B・女児C）の父　　11．被害者（女児B・女児C）の母　　12．被害者（女児B・女児C）のその他の親族　　13．加害者の同級生・友人　　14．被害者（男児A）の同級生・友人　　15．被害者（女児B・女児C）の同級生・友人　　16．加害者の学

校関係者　　17．被害者（男児A）の学校関係者　　18．被害者（女児B・女児C）の学校関係者　　19．その他の学校・教育関係者　　20．事件発生地域の児童・学生　　21．事件発生地域の児童の保護者　　22．事件発生地域の近隣住民　　23．その他地域の一般市民　　24．捜査・警察関係者　　25．ジャーナリスト・出版関係者　　26．有識者　　27．加害者弁護団・弁護士　　28．被害者弁護団・弁護士　　29．政府関係者　　30．その他政治家　　31．一般企業関係者　　32．少年院施設関係者　　33．その他医療・福祉関係者　　34．類似事件関係者　　35．企業・団体など　　36．裁判官　　37．その他　　38．登場人物なし

③ 被害者（男児A）個人属性の記述

　1．氏名　　2．仮名　　3．性別　　4．住所　　5．年齢　　6．学校名　　7．病歴　　8．知的障害　　9．その他　　10．プライバシー該当項目なし　　11．被害者（男児A）登場せず

④ 被害者（男児A）親族個人属性の記述

　1．氏名　　2．仮名　　3．性別　　4．住所　　5．転居の事実　　6．年齢　　7．学歴　　8．職業　　9．経済状況　　10．病歴　　11．その他　　12．プライバシー該当項目なし　　13．被害者（男児A）の親族登場せず

⑤ 加害者個人属性の記述

　1．氏名　　2．仮名　　3．性別　　4．住所　　5．年齢　　6．学校・施設名　　7．病歴　　8．異常性の示唆　　9．弟の存在　　10．勤め先　　11．その他　　12．プライバシー該当項目なし　　13．加害者登場せず

⑥ 加害者親族個人属性の記述

　1．氏名　　2．仮名　　3．性別　　4．住所　　5．転居の事実　　6．年齢　　7．学歴　　8．職業　　9．経済状況　　10．病歴　　11．苗字の変更　　12．出身地　　13．実家関係事項　　14．その他　　15．

プライバシー該当項目なし　16．加害者の親族登場せず

⑦ 写真・図表の内容

1．加害者　2．被害者（男児A）　3．被害者（女児B・女児C）　4．加害者の父　5．加害者の母　6．加害者のその他の親族　7．被害者（男児A）の父　8．被害者（男児A）の母　9．被害者（男児A）のその他の親族　10．被害者（女児B・女児C）の父　11．被害者（女児B・女児C）の母　12．被害者（女児B・女児C）のその他の親族　13．加害者自宅　14．被害者（男児A）自宅　15．被害者（女児B・女児C）自宅　16．小学校（外観）　17．中学校（外観）　18．学校（内観）　19．殺害現場（タンク山）　20．遺体遺棄現場（中学校校門）　21．通り魔事件現場　22．現場周辺風景　23．児童・生徒らの登下校　24．地域住民及び一般市民　25．警察署　26．捜査風景　27．警察記者会見　28．加害者の学校関係者（記者会見を含む）　29．神戸新聞社記者会見　30．加害者側記者会見（弁護団のみ）　31．加害者親族記者会見　32．被害者側記者会見（弁護団のみ）　33．被害者親族記者会見　34．その他記者会見　35．事件関連立て看板・貼り紙　36．加害者の移送　37．犯行声明文（マークを含む）　38．報道陣（小・中学校前）　39．報道陣（加害者宅）　40．報道陣（被害者宅）　41．報道陣（加害者移送時）　42．報道陣（その他）　43．関連書籍　44．有識者　45．表　46．地図　47．ホームページ　48．通夜・告別式　49．家庭裁判所・更生施設　50．その他建造物　51．犯行道具類　52．新聞・雑誌記事及び表紙　53．その他

〈週刊誌の分析項目〉

(a) 記事の形式に関する項目

①記事掲載週刊誌

1．週刊文春　2．週刊新潮　3．週刊ポスト

②記事掲載年月日

③ 記事の掲載位置・種類

　　1．グラビア　　2．目次　　3．トップ記事　　4．特集・スクープ記事　　5．追跡・検証記事　　6．小コーナー　　7．インタビュー　　8．対談　　9．署名連載記事　　10．手記　　11．書評　　12．コラム　　13．その他

④ 写真の有無

　　（分類は新聞(a)-⑦と同じ）

⑤ 図表の有無

　　（分類は新聞(a)-⑧と同じ）

(b)　記事の内容に関する項目

① 記事内容による分類

　　1．発表　　2．反響　　3．続報　　4．対策・提言・批判　　5．インタビュー　　6．調査　　7．手記　　8．その他

② 記事内容の詳細

　　（分類は新聞(b)-①と同じ）

③ 記事の登場人物

　　（分類は新聞(b)-②と同じ）

④ 被害者（男児A）個人属性の記述

　　（分類は新聞(b)-③と同じ）

⑤ 被害者（男児A）親族個人属性の記述

　　（分類は新聞(b)-④と同じ）

⑥ 加害者個人属性の記述

　　（分類は新聞(b)-⑤と同じ）

⑦ 加害者親族個人属性の記述

　　（分類は新聞(b)-⑥と同じ）

⑧ 写真・図表の内容

　　（分類は新聞(b)-⑦と同じ）

分析項目については，新聞記事と週刊誌記事の比較を可能とするため，でき得る限り共通のものとした。また，掲載時期による異同を知るため，全対象期間を通じて共通の項目を用いた。

(3) 分析対象期間の区分

分析対象の期間を，事件の推移にしたがって，下記の5つに区分した。

第Ⅰ期　1997年5月27日～同年6月27日
　　　被害者男児Aの頭部発見から加害者少年逮捕の前日まで。
第Ⅱ期　1997年6月28日～同年7月31日
　　　加害者の逮捕から加害者少年の精神鑑定の検討入りまで。
第Ⅲ期　1997年8月1日～同年12月31日
　　　加害者少年の精神鑑定開始から同年末まで。
　　　この間の1997年10月20日に，加害者少年は医療少年院に収容された。
第Ⅳ期　1998年1月1日～同年5月31日
　　　年が明け事件報道が沈静した頃から，事件発生1年目まで。
第Ⅴ期　2004年3月1日～同年3月31日
　　　加害者少年の少年院からの仮退院が決定し，実際に仮退院した時期。

(4) 内容分析の作業工程

① 新聞記事は，各新聞の縮刷版を用いて収集した。週刊誌記事は，大宅文庫からコピーを入手した。
② 事件関連記事を通読して，分析項の分類を作成した。
③ 新聞，週刊誌とも，同事件に関連するすべての記事を切り抜いた。
④ 切り抜いたすべての記事について，分析項目と分類にしたがって，判定・コーディングを行った。
⑤ この過程で，分析項目の分類に必要な修正を加えた。
⑥ 判定・コーディング終了後，データ入力作業を行った。

⑦ 各紙誌別・時期別に，集計を行った。
⑧ 集計結果を用いて分析を行い，必要な箇所では個別の記事を再読して分析に加えた。

上記の①〜⑧の過程のうち③〜⑤は，東洋大学社会学部の「社会調査および実習⑬」（担当教員：島崎哲彦）の2005年4月から同年12月までの授業で，履修学生約40人の手で実施した。

(5) 分析結果

ここでは，分析結果の詳細を論述するスペースがないので，新聞3紙間の違い，週刊誌3誌間の違いと時系列変化については省略し，新聞ジャーナリズムと雑誌ジャーナリズムの差異に関する分析について要点を抜粋するにとどめる。

第Ⅰ期（1997年5月27日から）〜第Ⅳ期（1998年5月31日まで）の1年間の記事量は，新聞が朝日・毎日・読売の3紙計で1,216件，週刊誌が文春・新

表Ⅵ-3-1　メディア別時期別記事の件数

	Ⅰ〜Ⅳ期計	第Ⅰ期 (1997.5.27 〜6.27)	第Ⅱ期 (1997.6.28 〜7.31)	第Ⅲ期 (1997.8.1 〜12.31)	第Ⅳ期 (1998.1.1 〜5.31)	第Ⅴ期 (2004.3.1 〜3.31)
新聞計	100.0% 1,216件	17.0 207	42.1 512	24.8 301	16.1 196	63
朝日新聞	100.0 443	15.3 68	42.2 187	23.9 106	18.5 82	25
毎日新聞	100.0 416	16.6 69	36.3 151	26.4 110	20.7 86	16
読売新聞	100.0 357	19.6 70	48.7 174	23.8 85	7.8 26	22
週刊誌計	100.0 97	17.5 17	44.3 43	28.9 28	9.3 9	5
週刊文春	100.0 40	22.5 9	60.0 24	12.5 5	5.0 2	1
週刊新潮	100.0 32	15.6 5	34.4 11	37.5 12	12.5 4	3
週刊ポスト	100.0 25	12.0 3	32.0 8	44.0 11	12.0 3	1

注）比率は第Ⅰ〜Ⅳ期計を100％として算出。第Ⅴ期は独立して扱った。

表Ⅵ-3-2　新聞別時期別記事の種類

		計	一般記事	社説	解説	コラム	談話	その他
Ⅰ～Ⅳ期計		100.0% 1,216件	63.2 768	1.6 20	2.6 32	5.3 64	1.3 16	26.0 316
	朝日新聞	100.0 443	62.1 275	1.6 7	2.3 10	5.4 24	2.7 12	26.0 115
	毎日新聞	100.0 416	53.6 223	1.7 7	3.4 14	6.3 26	0.7 3	34.4 143
	読売新聞	100.0 357	75.6 270	1.7 6	2.2 8	3.9 14	0.3 1	16.2 58
Ⅴ期計		100.0 63	50.8 32	4.8 3	9.5 6	4.8 3	3.2 2	27.0 17
	朝日新聞	100.0 25	44.0 11	4.0 1	8.0 2	8.0 2	4.0 1	32.0 8
	毎日新聞	100.0 16	56.3 9	6.3 1	6.3 1	－	6.3 1	25.0 4
	読売新聞	100.0 22	54.5 12	4.5 1	13.6 3	4.5 1	－	22.7 5

表Ⅵ-3-3　週刊誌別時期別記事内容による分類

		計	発表	反響	続報	対策・提言・批判	インタビュー	調査	手記	その他
Ⅰ～Ⅳ期計		100.0% 97件	1.0 1	10.3 10	36.1 35	42.3 41	4.1 4	4.1 4	3.1 3	5.2 5
	週刊文春	100.0 40	2.5 1	10.0 4	30.0 12	35.0 14	5.0 2	5.0 2	－ －	12.5 5
	週刊新潮	100.0 32	－ －	18.8 6	28.1 9	53.1 17	6.3 2	3.1 1	9.4 3	－ －
	週刊ポスト	100.0 25	－	－	56.0 14	40.0 10	－	4.0 1	－	－
Ⅴ期計		100.0 50	－	10.0 5	48.0 24	8.0 4	－	4.0 2	20.0 10	12.0 6
	週刊文春	100.0 19	－	15.8 3	42.1 8	10.5 2	－	－	10.5 2	21.1 4
	週刊新潮	100.0 25	－	8.0 2	48.0 12	4.0 1	－	4.0 1	32.0 8	8.0 2
	週刊ポスト	100.0 6	－	－	66.7 4	16.7 1	－	16.7 1	－	－

潮・ポストの3誌計で97件であり，加害者が少年院から仮退院した2004年3月は，新聞3紙計で63件，週刊誌3誌計で5件であった。新聞3紙計と週刊誌3誌計の第Ⅰ期から第Ⅳ期までの区分別記事量の比率を比較すると，新聞・週刊誌ともに第Ⅱ期に40％強の記事が集中しており，それ以外の時期の記事量の比

率も新聞と週刊誌は似通った傾向を示している（表Ⅵ-3-1参照）。

しかし，新聞と週刊誌の記事の種類には大きな差がある。第Ⅰ期から第Ⅳ期の新聞記事の63.2％は「一般記事」であり，第Ⅴ期でも「一般記事」が50.8％であった。（表Ⅵ-3-2参照）。

これに対して週刊誌記事は，第Ⅰ期から第Ⅳ期では「対策・提言・批判」が42.3％で最も多く，次いで「続報」（36.1％）であった。また，第Ⅴ期では，「続報」が48.0％を占めていた（表Ⅵ-3-3参照）。

さらに，新聞と週刊誌の記事内容を比較すると，第Ⅰ期～第Ⅳ期の新聞3紙計では，「捜査の状況」（21.8％），「事件の経過」（14.6％），「犯行声明文の内容」（13.5％），「被害者（男児A）の首切断の事実」（11.4％），「一部雑誌による加害者の顔写真掲載」（11.2％）といった事件の事実に関する報道が主である。他方，同時期の週刊誌3誌計では，「被害者（男児A）の首切断の事実」（39.2％），「当該事件報道に対する検証または批判」（35.1％），「捜査の状況」（32.0％），「事件の経過」（28.9％），「加害者の犯行動機」・「犯行声明文の内容」（各25.8％），「少年法への批判及び改訂問題」（24.7％），「加害者の事件以前の生活」（20.6％），「類似事件との関連・比較」（19.6％），「一部雑誌による加害者の顔写真掲載」（18.6％）と記事内容が多岐にわたり，かつ事実報道以外の内容が多い傾向がある。なお，第Ⅴ期の記事内容は，新聞・週刊誌とも，「加害者の仮退院関連」（新聞71.4％，週刊誌80.0％），「加害者更生の制度」（同34.9％，60.0％），「事件直後・更生施設での加害者」（同20.6％，60.0％）が主な内容であった（表Ⅵ-3-4参照）。

新聞と週刊誌の記事内容について質的に比較すると，新聞記事がたんたんと事実を報道しているのに対して，週刊誌は「被害者（男児A）の首切断の事実」について度々言及するのみならず，"生首""バラバラ"といった扇情的表現も数多く目につく。

新聞より週刊誌の方が言及範囲が多岐にわたるという傾向は，記事中の登場人物やその属性の記述にも現れている。第Ⅰ期から第Ⅳ期における新聞記事の

表Ⅵ-3-4　メディア別時期別記事内容

	計	事件の経過		捜査の状況		地域住民の対応・反応		その他一般市民の対応・反応		加害者の学校の対応		被害者の学校の対応		その他の学校の対応		加害者の犯行動機		加害者の更生の制度	
新聞 I～IV期計	100.0% 1,216件	14.6	178	21.8	265	5.6	68	8.0	97	2.9	35	2.3	28	1.9	23	7.3	89	8.1	99
朝日新聞	100.0 443	14.7	65	17.4	77	5.0	22	7.0	31	3.6	16	2.3	10	2.3	10	6.5	29	7.4	33
毎日新聞	100.0 416	13.9	58	17.8	74	6.7	28	11.1	46	2.6	11	1.9	8	1.7	7	5.5	23	8.2	34
読売新聞	100.0 357	15.4	55	31.9	114	5.0	18	5.6	20	2.2	8	2.8	10	1.7	6	10.4	37	9.0	32
新聞V期計	100.0 63	4.8	3	—	—	—	—	1.6	1	—	—	—	—	—	—	3.2	2	34.9	22
朝日新聞	100.0 25	8.0	2	—	—	—	—	4.0	1	—	—	—	—	—	—	8.0	2	24.0	6
毎日新聞	100.0 16	6.3	1	—	—	—	—	—	—	—	—	—	—	—	—	—	—	75.0	12
読売新聞	100.0 22	—	—	—	—	—	—	—	—	—	—	—	—	—	—	—	—	18.2	4
週刊誌 I～IV期計	100.0 97	28.9	28	32.0	31	23.7	23	8.2	8	9.3	9	1.0	1	3.1	3	25.8	25	19.6	19
週刊文春	100.0 40	32.5	13	32.5	13	22.5	9	15.0	6	7.5	3	2.5	1	5.0	2	30.0	12	15.0	6
週刊新潮	100.0 32	25.0	8	28.1	9	25.0	8	—	—	9.4	3	—	—	3.1	1	25.0	8	15.6	5
週刊ポスト	100.0 25	28.0	7	36.0	9	24.0	6	8.0	2	12.0	3	—	—	—	—	20.0	5	32.0	8
週刊誌V期計	100.0 5	20.0	1	—	—	—	—	—	—	—	—	—	—	—	—	20.0	1	60.0	3
週刊文春	100.0 1	—	—	—	—	—	—	—	—	—	—	—	—	—	—	—	—	—	—
週刊新潮	100.0 3	33.3	1	—	—	—	—	—	—	—	—	—	—	—	—	33.3	1	66.7	2
週刊ポスト	100.0 1	—	—	—	—	—	—	—	—	—	—	—	—	—	—	—	—	100.0	1

VI 情報特性の調査(2) 内容分析

	犯行声明文の内容		神戸新聞社の対応		加害者の事件以前の生活		加害家族に関する記述		被害者の事件以前の生活		被害者家族に関する記述		冤罪を示唆する一部動向		当該事件報道に対する検証または批判		一部雑誌による加害者の顔写真掲載		類似事件との関連・比較	
新聞I〜IV期計	13.5	164	1.6	20	8.2	100	2.7	33	1.4	17	2.5	30	0.7	8	9.8	119	11.2	136	7.9	96
朝日新聞	12.6	56	2.3	10	8.1	36	2.7	12	0.7	3	2.5	11	0.5	2	12.0	53	12.4	55	6.5	29
毎日新聞	15.9	66	1.2	5	7.7	32	3.1	13	2.4	10	2.6	11	0.7	3	11.8	49	11.8	49	10.3	43
読売新聞	11.8	42	1.4	5	9.0	32	2.2	8	1.1	4	2.2	8	0.8	3	4.8	17	9.0	32	6.7	24
新聞V期計	1.6	1	—	—	3.2	2	9.5	6	1.6	1	3.2	2	—	—	6.3	4	4.8	3	3.2	2
朝日新聞	4.0	1	—	—	—	—	4.0	1	4.0	1	4.0	1	—	—	8.0	2	8.0	2	4.0	1
毎日新聞	—	—	—	—	6.3	1	25.0	4	—	—	6.3	1	—	—	6.3	1	—	—	—	—
読売新聞	—	—	—	—	4.5	1	4.5	1	—	—	—	—	—	—	4.5	1	4.5	1	4.5	1
週刊誌I〜IV期計	25.8	25	4.1	4	20.6	20	17.5	17	4.1	4	17.5	17	8.2	8	35.1	34	18.6	18	19.6	19
週刊文春	25.0	10	5.0	2	17.5	7	12.5	5	2.5	1	12.5	5	5.0	2	30.0	12	22.5	9	10.0	4
週刊新潮	21.9	7	3.1	1	21.9	7	18.8	6	6.3	2	15.6	5	12.5	4	37.5	12	21.9	7	21.9	7
週刊ポスト	32.0	8	4.0	1	24.0	6	24.0	6	4.0	1	28.0	7	8.0	2	40.0	10	8.0	2	32.0	8
週刊誌V期計	—	—	—	—	40.0	2	—	—	—	—	—	—	20.0	1	—	—	—	—	—	—
週刊文春	—	—	—	—	100.0	1	—	—	—	—	—	—	—	—	—	—	—	—	—	—
週刊新潮	—	—	—	—	33.3	1	—	—	—	—	—	—	33.3	1	—	—	—	—	—	—
週刊ポスト	—	—	—	—	—	—	—	—	—	—	—	—	—	—	—	—	—	—	—	—

196　第2部　マス・コミュニケーション調査の実際

	事件直後・更生施設での加害者		少年法への批判及び改訂問題		加害者の仮退院関連		加害者側弁護団の動向		被害者側弁護団の動向		加害者の正式退院とその後		被害者（男児A）の首切断の事実		被害者（男児A）の遺体損壊の詳細		供述調書の流出		その他	
新聞 I～IV期計	6.8	83	9.7	118	0.1	1	3.6	44	0.2	3	0.1	1	11.4	139	0.7	9	7.1	86	34.6	421
朝日新聞	8.8	39	8.8	39	–	–	3.6	16	–	–	0.2	1	10.4	46	0.5	2	9.3	41	35.2	156
毎日新聞	6.3	26	9.4	39	0.2	1	2.4	10	0.5	2	–	–	10.3	43	0.7	3	7.5	31	40.1	167
読売新聞	5.0	18	11.2	40	–	–	5.0	18	0.3	1	–	–	14.0	50	1.1	4	3.9	14	27.5	98
新聞 V期計	20.6	13	9.5	6	71.4	45	–	–	–	–	–	–	–	–	–	–	–	–	27.0	17
朝日新聞	20.0	5	8.0	2	64.0	16	–	–	–	–	–	–	–	–	–	–	–	–	44.0	11
毎日新聞	43.8	7	18.8	3	87.5	14	–	–	–	–	–	–	–	–	–	–	–	–	6.3	1
読売新聞	4.5	1	4.5	1	68.2	15	–	–	–	–	–	–	–	–	–	–	–	–	22.7	5
週刊誌 I～IV期計	8.2	8	24.7	24	–	–	5.2	5	1.0	1	–	–	39.2	38	16.5	16	3.1	3	18.5	18
週刊文春	15.0	6	10.0	4	–	–	2.5	1	–	–	–	–	42.5	17	15.0	6	–	–	25.0	10
週刊新潮	–	–	37.5	12	–	–	12.5	4	3.1	1	–	–	37.5	12	18.8	6	6.3	2	15.6	5
週刊ポスト	8.0	2	32.0	8	–	–	–	–	–	–	–	–	36.0	9	16.0	4	4.0	1	12.0	3
週刊誌 V期計	60.0	3	20.0	1	80.0	4	–	–	–	–	20.0	1	20.0	1	–	–	–	–	20.0	1
週刊文春	100.0	1	–	–	100.0	1	–	–	–	–	–	–	–	–	–	–	–	–	–	–
週刊新潮	33.3	1	33.3	1	66.7	2	–	–	–	–	33.3	1	33.3	1	–	–	–	–	–	–
週刊ポスト	100.0	1	–	–	100.0	1	–	–	–	–	–	–	–	–	–	–	–	–	100.0	1

登場人物は,「被害者(男児A)」(83.1%),「加害者」(67.8%),「被害者(女児B・女児C)」(43.6%),「企業・団体など」(27.4%),「有識者」(15.4%),「捜査・警察関係者」(11.3%),「ジャーナリスト・出版関係者」・「政府関係者」(各10.4%)といったところで,ほぼ事件とかかわりの深い人物や組織に限られている。他方,週刊誌記事では,「加害者」(78.4%),「被害者(男児A)」(72.2%),「企業・団体など」(58.8%),「有識者」(52.6%),「ジャーナリスト・出版関係者」(51.5%),「被害者(女児B・女児C)」,「捜査・警察関係者」(各41.2%)といった事件とかかわりの深い人物・組織の出現頻度が新聞記事より多いのみならず,「加害者の母」(32.0%),「加害者の父」・「類似事件関係者」(各28.9%),「事件発生地域の近隣住民」(23.7%),「加害者の学校関係者」(22.7%),「加害者弁護団・弁護士」(19.6%),「被害者(女児B・女児C)の母」・「その他の医療・福祉関係者」(各18.6%),「被害者(男児A)の父」(16.5%),「裁判官」(14.4%),「加害者のその他の親族」(13.4%),「事件発生地域の児童の保護者」(12.4%),「被害者(男児A)の母」・「被害者(女児B・女児C)の母」・「その他の学校・教育関係者」・「政府関係者」(各11.3%),「事件発生地域の児童・学生」(10.3%)といった事件の中心人物や関係の深い組織以外の人物などが度々登場する。特に,加害者・被害者の父母への言及が多い点には,着目する必要があろう(表VI-3-5参照)。

　ここで,記事中の被害者(男児A)と加害者の個人属性への言及について比較してみる。第Ⅰ期から第Ⅳ期の被害者(男児A)の個人属性への言及は,新聞記事では「性別」が43.6%,「氏名」が35.9%,「年齢」が24.6%,「学校名」が16.4%,「住所」が13.5%で,個人属性に言及していない記事も36.7%,被害者(男児A)が登場しない記事が19.0%あった。これに対して,同時期の週刊誌記事では,「性別」が62.9%,「氏名」が55.7%,「年齢」が39.2%,「住所」が19.6%,「学校名」が9.3%で,被害者(男児A)が登場しない記事は32.0%あったが,それ以外の記事はすべて被害者(男児A)の個人属性に触れている。特に注目されるのは,被害者(男児A)の知的障害などについては,同時期の

表Ⅵ-3-5　メディア別時期別登場人物

	計	加害者	被害者(男児A)	被害者(女児B・女児C)	加害者の父	加害者の母	加害者のその他の親族	被害者(男児A)の父	被害者(男児A)の母	被害者(男児A)のその他の親族	被害者(女児B・女児C)の父	被害者(女児B・女児C)の母	被害者(女児B・女児C)のその他の親族
新聞Ⅰ～Ⅳ期計	100.0% 1,216件	67.8 824	83.1 1,011	43.6 530	7.6 93	9.2 112	5.4 66	6.4 78	5.3 65	6.0 73	3.6 44	4.7 57	2.2 27
朝日新聞	100.0 443	69.5 308	81.5 361	43.6 193	7.2 32	9.3 41	5.0 22	8.6 38	7.7 34	7.7 34	4.5 20	5.2 23	3.2 14
毎日新聞	100.0 416	64.9 270	81.5 339	43.5 181	7.9 33	8.4 35	5.5 23	5.0 21	4.1 17	5.0 21	2.9 12	4.1 17	1.4 6
読売新聞	100.0 357	68.9 246	87.1 311	43.7 156	7.8 28	10.1 36	5.9 21	5.3 19	3.9 14	5.0 18	3.4 12	4.8 17	2.0 7
新聞Ⅴ期計	100.0 63	92.1 58	76.2 48	76.2 48	31.7 20	31.7 20	6.3 4	54.0 34	38.1 24	38.1 24	38.1 24	50.8 32	38.1 24
朝日新聞	100.0 25	84.0 21	76.0 19	76.0 19	28.0 7	28.0 7	4.0 1	40.0 10	28.0 7	28.0 7	28.0 7	36.0 9	28.0 7
毎日新聞	100.0 16	100.0 16	62.5 10	62.5 10	37.5 6	43.8 7	6.3 1	81.3 13	56.3 9	56.3 9	56.3 9	75.0 12	56.3 9
読売新聞	100.0 22	95.5 21	86.4 19	86.4 19	31.8 7	27.3 6	9.1 2	50.0 11	36.4 8	36.4 8	36.4 8	50.0 11	36.4 8
週刊誌Ⅰ～Ⅳ期計	100.0 97	78.4 76	72.2 70	41.2 40	28.9 28	32.0 31	13.4 13	16.5 16	11.3 11	9.3 9	11.3 11	18.6 18	2.1 2
週刊文春	100.0 40	75.0 30	77.5 31	42.5 17	30.0 12	27.5 11	12.5 5	12.5 5	10.0 4	7.5 3	7.5 3	15.0 6	—
週刊新潮	100.0 32	84.4 27	68.8 22	28.1 9	25.0 8	37.5 12	18.8 6	25.0 8	15.6 5	12.5 4	6.3 2	12.5 4	—
週刊ポスト	100.0 25	76.0 19	68.0 17	56.0 14	32.0 8	32.0 8	8.0 2	12.0 3	8.0 2	8.0 2	24.0 6	32.0 8	8.0 2
週刊誌Ⅴ期計	100.0 5	100.0 5	100.0 5	60.0 3	20.0 1	40.0 2	20.0 1	40.0 2	40.0 2	20.0 1	20.0 1	20.0 1	—
週刊文春	100.0 1	100.0 1	100.0 1	100.0 1	—	100.0 1	100.0 1	100.0 1	100.0 1	—	—	—	—
週刊新潮	100.0 3	100.0 3	100.0 3	33.3 1	33.3 1	33.3 1	33.3 1	33.3 1	33.3 1	33.3 1	33.3 1	—	—
週刊ポスト	100.0 1	100.0 1	100.0 1	100.0 1	—	100.0 1	100.0 1	100.0 1	100.0 1	—	100.0 1	100.0 1	—

Ⅵ　情報特性の調査(2)　内容分析　199

	加害者の同級生・友人	被害者(男児A)の同級生・友人	被害者(女児B・女児C)の同級生・友人	加害者の学校関係者	被害者(男児A)の学校関係者	被害者(女児B・女児C)の学校関係者	その他・学校・教育関係者	事件発生地域の児童・学生	事件発生地域の児童の保護者	事件発生地域の近隣住民	その他地域の一般市民	捜査・警察関係者	ジャーナリスト・出版関係者
新聞 Ⅰ～Ⅳ期計	5.5 / 67	1.4 / 17	0.3 / 4	8.5 / 103	2.7 / 33	0.4 / 5	8.4 / 102	4.0 / 49	3.3 / 40	8.2 / 100	4.3 / 52	11.3 / 138	10.4 / 127
朝日新聞	5.4 / 24	1.6 / 7	− / −	10.6 / 47	3.6 / 16	0.2 / 1	9.0 / 40	5.4 / 24	2.9 / 13	7.2 / 32	4.5 / 20	9.0 / 40	14.9 / 66
毎日新聞	5.3 / 22	1.2 / 5	0.2 / 1	7.0 / 29	1.4 / 6	0.2 / 1	7.9 / 33	3.1 / 13	3.6 / 15	9.9 / 41	3.6 / 15	9.1 / 38	9.6 / 40
読売新聞	5.9 / 21	1.4 / 5	0.8 / 3	7.6 / 27	3.1 / 11	0.8 / 3	8.1 / 29	3.4 / 12	3.4 / 12	7.6 / 27	4.8 / 17	16.8 / 60	5.9 / 21
新聞Ⅴ期計	− / −	− / −	− / −	− / −	− / −	− / −	− / −	− / −	− / −	− / −	− / −	− / −	3.2 / 2
朝日新聞	− / −	− / −	− / −	− / −	− / −	− / −	− / −	− / −	− / −	− / −	− / −	− / −	8.0 / 2
毎日新聞	− / −	− / −	− / −	− / −	− / −	− / −	− / −	− / −	− / −	− / −	− / −	− / −	− / −
読売新聞	− / −	− / −	− / −	− / −	− / −	− / −	− / −	− / −	− / −	− / −	− / −	− / −	− / −
週刊誌 Ⅰ～Ⅳ期計	13.4 / 13	2.1 / 2	1.0 / 1	22.7 / 20	4.1 / 4	2.1 / 2	11.3 / 11	10.3 / 10	12.4 / 12	23.7 / 23	8.2 / 8	41.2 / 40	51.5 / 50
週刊文春	17.5 / 7	2.5 / 1	− / −	32.5 / 13	5.0 / 2	5.0 / 2	7.5 / 3	12.5 / 5	7.5 / 3	22.5 / 9	7.5 / 3	42.5 / 17	65.0 / 26
週刊新潮	9.4 / 3	3.1 / 1	3.1 / 1	12.5 / 4	3.1 / 1	− / −	21.9 / 7	12.5 / 4	18.8 / 6	25.0 / 8	15.6 / 5	43.8 / 14	43.8 / 14
週刊ポスト	12.0 / 3	− / −	− / −	20.0 / 5	4.0 / 1	− / −	4.0 / 1	4.0 / 1	12.0 / 3	24.0 / 6	− / −	36.0 / 9	40.0 / 10
週刊誌Ⅴ期計	− / −	− / −	− / −	20.0 / 1	− / −	− / −	− / −	− / −	− / −	− / −	− / −	− / −	40.0 / 2
週刊文春	− / −	− / −	− / −	− / −	− / −	− / −	− / −	− / −	− / −	− / −	− / −	− / −	− / −
週刊新潮	− / −	− / −	− / −	100.0 / 1	− / −	− / −	− / −	− / −	− / −	− / −	− / −	− / −	66.7 / 2
週刊ポスト	− / −	− / −	− / −	− / −	− / −	− / −	− / −	− / −	− / −	− / −	− / −	− / −	− / 2

	有識者	加害者弁護団・弁護士	被害者弁護団・弁護士	政府関係者	その他政治家	一般企業関係者	少年院施設関係者	その他医療・福祉関係者	類似事件関係者	企業・団体など	裁判官	その他	登場人物なし
新聞I～IV期計	15.4 187	9.5 116	1.2 15	10.4 126	0.9 11	1.7 21	3.5 42	2.3 28	6.6 80	27.4 333	5.6 68	25.1 305	0.3 4
朝日新聞	13.8 61	9.0 40	1.1 5	9.9 44	1.4 6	2.7 12	4.3 19	2.9 13	5.2 23	30.9 137	5.4 24	27.5 122	0.2 1
毎日新聞	15.6 65	9.1 38	1.2 5	9.1 38	1.0 4	0.5 2	3.4 14	2.2 9	9.1 38	24.0 100	5.0 21	28.1 117	0.5 2
読売新聞	17.1 61	10.5 38	1.4 5	12.3 44	0.3 1	2.0 7	2.5 9	1.7 6	5.3 19	26.9 96	6.4 23	18.5 66	0.3 1
新聞V期計	19.0 12	6.3 4	4.8 3	6.3 4	–	–	39.7 25	14.3 9	6.3 4	17.5 11	6.3 4	34.9 22	–
朝日新聞	24.0 6	–	4.0 1	4.0 1	–	–	44.0 11	16.0 4	4.0 1	12.0 3	8.0 2	44.0 11	–
毎日新聞	18.8 3	25.0 4	6.3 1	6.3 1	–	–	43.8 7	6.3 1	–	6.3 1	6.3 1	43.8 7	–
読売新聞	13.6 3	–	4.5 1	9.1 2	–	–	31.8 7	18.2 4	13.6 3	31.8 7	4.5 1	18.2 4	–
週刊誌I～IV期計	52.6 51	19.6 19	6.2 6	11.3 11	2.1 2	4.1 4	7.2 7	18.6 18	28.9 28	58.8 57	14.4 14	38.1 37	–
週刊文春	40.0 16	12.5 5	–	7.5 3	–	5.0 2	2.5 1	17.5 7	25.0 10	52.5 21	12.5 5	40.0 16	–
週刊新潮	68.8 22	34.4 11	12.5 4	12.5 4	6.3 2	3.1 1	–	21.9 7	25.0 8	62.5 20	21.9 7	34.4 11	–
週刊ポスト	52.0 13	12.0 3	8.0 2	16.0 4	–	4.0 1	24.0 6	16.0 4	40.0 10	64.0 16	8.0 2	40.0 10	–
週刊誌V期計	60.0 3	–	–	20.0 1	–	–	60.0 3	–	–	60.0 3	–	40.0 2	–
週刊文春	–	–	–	–	–	–	100.0 1	–	–	100.0 1	–	100.0 1	–
週刊新潮	66.7 2	–	–	33.3 1	–	–	33.3 1	–	–	33.3 1	–	–	–
週刊ポスト	100.0 1	–	–	–	–	–	100.0 1	–	–	100.0 1	–	100.0 1	–

新聞記事では0.2%が「知的障害」に触れているに過ぎないが、週刊誌記事では「知的障害」に触れたものが9.3%,「病歴」に触れたものが2.1%あった点である。(表Ⅵ-3-6参照)。

このように、被害者（男児A）の個人属性への言及をみると、週刊誌はやや詳細に触れる傾向があるが、この傾向は加害者の個人属性についての記述ではさらに顕著になる。第Ⅰ期から第Ⅳ期の新聞記事での加害者の個人属性への言及は、「性別」が58.1%,「年齢」が45.1%が主で、「学校名」・「異常性の示唆」は共に7.1%であり、個人属性に触れていない記事が5.9%, 加害者が登場しない記事が30.8%である。他方、同時期の週刊誌記事では、「性別」が75.3%,「年齢」が53.6%のほか、「学校名」(14.4%)や「住所」(12.4%)に触れており、「異常性の示唆」(24.7%)に触れたものも相当数ある。さらに、「弟の存在」にも8.2%の記事が言及している。加害者が登場しない記事（21.6%）以外は、すべて加害者の個人属性に触れている（表Ⅵ-3-7参照）。

また、新聞と週刊誌では、写真・図表の利用にも大きな差がある。第Ⅰ期から第Ⅳ期では、26.3%の新聞記事が写真を掲載しているのに対して、同時期の週刊誌記事では83.5%が写真を用いている。第Ⅴ期でも、写真を掲載した記事は、新聞で22.2%, 週刊誌で100.0%と、第Ⅰ期～第Ⅳ期と同様の傾向である（表Ⅵ-3-8参照）。図表の利用は、第Ⅰ期から第Ⅳ期では新聞が6.4%, 週刊誌が19.6%, 第Ⅴ期では新聞が11.1%, 週刊誌ではなかった（表Ⅵ-3-9参照）。

記事に用いられた写真・図表の内容をみると、さらに新聞と週刊誌で大差がある。第Ⅰ期から第Ⅳ期の新聞に掲載された写真は「有識者」（写真・図表全体の25.3%）がもっとも多く、他の写真・図表は僅かしか掲載されていない。「遺体遺棄現場（中学校校門）」(5.4%)や「殺害現場（タンク山）」(3.6%)の写真も少数であった。これに対して、同時期の週刊誌はひとつの記事で多くの写真を掲載しているものが多い。その内容は、「被害者（男児A）」(43.2%),「遺体遺棄現場（中学校校門）」(32.1%),「加害者の移送」(30.9%),「殺害現場（タンク山）」・「捜査風景」・「家庭裁判所・更生施設」(各21.0%),「犯行声明文（マー

202　第2部　マス・コミュニケーション調査の実際

表Ⅵ-3-6　メディア別時期別被害者（男児A）個人属性の記述

	計	氏名	仮名	性別	住所	年齢	学校名	病歴	知的障害	その他	個人属性該当項目なし	被害者（男児A）登場せず
新聞Ⅰ〜Ⅳ期計	100.0% 1,216件	35.9 437	0.1 1	43.6 530	13.5 164	24.6 299	16.4 199	—	0.2 3	0.9 11	36.7 446	19.0 231
朝日新聞	100.0 443	28.7 127	—	36.3 161	12.6 56	21.9 97	12.2 54	—	0.2 1	1.4 6	42.4 188	20.5 91
毎日新聞	100.0 416	38.2 159	—	43.8 182	10.1 42	23.3 97	17.5 73	—	0.5 2	1.0 4	34.4 143	20.9 87
読売新聞	100.0 357	42.3 151	0.3 1	52.4 187	18.5 66	29.4 105	20.2 72	—	—	0.3 1	32.2 115	14.8 53
新聞Ⅴ期計	100.0 63	31.7 20	—	31.7 20	—	20.6 13	—	—	—	—	49.2 31	17.5 11
朝日新聞	100.0 25	32.0 8	—	36.0 9	—	20.0 5	—	—	—	—	48.0 12	16.0 4
毎日新聞	100.0 16	31.3 5	—	31.3 5	—	25.0 4	—	—	—	—	31.3 5	37.5 6
読売新聞	100.0 22	31.8 7	—	27.3 6	—	18.2 4	—	—	—	—	63.6 14	4.5 1
週刊誌Ⅰ〜Ⅳ期計	100.0 97	55.7 54	—	62.9 61	19.6 19	39.2 38	9.3 9	2.1 2	9.3 9	—	—	32.0 31
週刊文春	100.0 40	62.5 25	—	70.0 28	17.5 7	25.0 10	10.0 4	2.5 1	7.5 3	—	—	25.0 10
週刊新潮	100.0 32	50.0 16	—	62.5 20	18.8 6	50.0 16	15.6 5	3.1 1	15.6 5	—	—	31.3 10
週刊ポスト	100.0 25	52.0 13	—	52.0 13	24.0 6	48.0 12	—	—	4.0 1	—	—	44.0 11
週刊誌Ⅴ期計	100.0 5	100.0 5	—	100.0 5	—	80.0 4	20.0 1	—	—	—	—	—
週刊文春	100.0 1	100.0 1	—	100.0 1	—	—	—	—	—	—	—	—
週刊新潮	100.0 3	100.0 3	—	100.0 3	—	100.0 3	33.3 1	—	—	—	—	—
週刊ポスト	100.0 1	100.0 1	—	100.0 1	—	100.0 1	—	—	—	—	—	—

VI 情報特性の調査(2) 内容分析

表VI-3-7 メディア別時期別加害者個人属性の記述

	計	氏名	仮名	性別	住所	年齢	学校・施設名	病歴	異常性の示唆	弟の存在	勤め先	その他	個人属性該当項目なし	加害者登場せず
新聞 I〜IV期計	100.0% 1,216件	-	2.1 26	58.1 706	1.1 13	45.1 548	7.1 86	0.4 5	7.1 86	1.6 20	0.2 2	0.7 3	5.9 72	30.8 375
朝日新聞	100.0 443	-	1.4 6	56.7 251	1.1 5	43.3 192	8.6 38	0.9 4	7.2 32	1.4 6	0.2 1	0.7 3	7.9 35	30.0 133
毎日新聞	100.0 416	-	3.4 14	58.2 242	0.7 3	41.8 174	6.3 26	-	5.0 21	1.9 8	0.2 1	0.5 2	3.6 15	33.9 141
読売新聞	100.0 357	-	1.7 6	59.7 213	1.4 5	51.0 182	6.2 22	0.3 1	9.2 33	1.7 6	-	0.8 3	6.2 22	28.3 101
新聞V期計	100.0 63	-	9.5 6	90.5 57	-	50.8 32	27.0 17	-	15.9 10	4.8 3	-	1.6 1	1.6 1	7.9 5
朝日新聞	100.0 25	-	20.0 5	80.0 20	-	44.0 11	12.0 3	-	20.0 5	8.0 2	-	-	4.0 1	16.0 4
毎日新聞	100.0 16	-	6.3 1	100.0 16	-	43.8 7	37.5 6	-	18.8 3	-	-	6.3 1	-	-
読売新聞	100.0 22	-	-	95.5 21	-	63.6 14	36.4 8	-	9.1 2	4.5 1	-	-	-	4.5 1
週刊誌 I〜IV期計	100.0 97	-	42.3 41	75.3 73	12.4 12	53.6 52	14.4 14	1.0 1	24.7 24	8.2 8	-	1.0 1	-	21.6 21
週刊文春	100.0 40	-	50.0 20	75.0 30	10.0 4	50.0 20	12.5 5	2.5 1	17.5 7	5.0 2	-	-	-	25.0 10
週刊新潮	100.0 32	-	18.8 6	75.0 24	18.8 6	62.5 20	25.0 8	-	34.4 11	9.4 3	-	3.1 1	-	18.8 6
週刊ポスト	100.0 25	-	60.0 15	76.0 19	8.0 2	48.0 12	4.0 1	-	24.0 6	12.0 3	-	-	-	20.0 5
週刊誌V期計	100.0 5	-	100.0 5	100.0 5	20.0 1	80.0 4	40.0 2	-	60.0 3	20.0 1	-	-	-	-
週刊文春	100.0 1	-	100.0 1	100.0 1	-	100.0 1	-	-	100.0 1	-	-	-	-	-
週刊新潮	100.0 3	-	100.0 3	100.0 3	-	100.0 3	66.7 2	-	33.3 1	33.3 1	-	-	-	-
週刊ポスト	100.0 1	-	100.0 1	100.0 1	100.0 1	100.0 1	-	-	100.0 1	-	-	-	-	-

表VI-3-8　メディア別時期別写真の有無

	計	あり	なし
新聞 I〜IV期計	100.0% 1,216件	26.3 320	73.7 896
朝日新聞	100.0 443	24.2 107	75.8 336
毎日新聞	100.0 416	28.6 119	71.4 297
読売新聞	100.0 357	26.3 94	73.7 263
新聞 V期計	100.0 63	22.2 14	77.8 49
朝日新聞	100.0 25	28.0 7	72.0 18
毎日新聞	100.0 16	18.8 3	81.3 13
読売新聞	100.0 22	18.2 4	81.8 18
週刊誌 I〜IV期計	100.0 97	83.5 81	16.5 16
週刊文春	100.0 40	82.5 33	17.5 7
週刊新潮	100.0 32	78.1 25	21.9 7
週刊ポスト	100.0 25	92.0 23	8.0 2
週刊誌 V期計	100.0 5	100.0 5	−
週刊文春	100.0 1	100.0 1	−
週刊新潮	100.0 3	100.0 3	−
週刊ポスト	100.0 1	100.0 1	−

表VI-3-9　メディア別時期別図表の有無

	計	あり	なし
新聞 I〜IV期計	100.0% 1,216件	6.4 78	93.6 1,138
朝日新聞	100.0 443	6.1 27	93.9 416
毎日新聞	100.0 416	5.8 24	94.2 392
読売新聞	100.0 357	7.6 27	92.4 330
新聞 V期計	100.0 63	11.1 7	88.9 56
朝日新聞	100.0 25	12.0 3	88.0 22
毎日新聞	100.0 16	6.3 1	93.8 15
読売新聞	100.0 22	13.6 3	86.4 19
週刊誌 I〜IV期計	100.0 97	19.6 19	80.4 78
週刊文春	100.0 40	22.5 9	77.5 31
週刊新潮	100.0 32	18.8 6	81.3 26
週刊ポスト	100.0 25	16.0 4	84.0 21
週刊誌 V期計	100.0 5	− −	100.0 5
週刊文春	100.0 1	− −	100.0 1
週刊新潮	100.0 3	− −	100.0 3
週刊ポスト	100.0 1	− −	100.0 1

クを含む)」・「有識者」(各17.3%)など多岐にわたり,かつ,事件当事者や事件現場といった受け手にインパクトを与える写真が数多く含まれている。第V期では,新聞の写真は「家庭裁判所・更生施設」(28.6%),「有識者」(21.4%),「被害者(女児B・女児C)」・「被害者(男児A)の父」(各14.3%)といったところであるが,週刊誌は「家庭裁判所・更生施設」(80.0%)と「加害者の移送」(40.0%)の写真のほかに,「被害者(男児A)」・「遺体遺棄現場(中学校校門)」・「殺害現場(タンク山)」(各40.0%)といった7年前の事件当事者・現場

の写真を再度掲載している。

　写真内容の中で，加害者，被害者と両者の父母や自宅の写真について注目してみる。第Ⅰ期から第Ⅳ期では，新聞に掲載された「被害者（男児A）」・「被害者（女児B・女児C）」の写真は各1.5%，「加害者の父」・「加害者の母」が各0.3%とわずかであり，そのほかに「被害者（男児A）の自宅」が0.9%である。また，第Ⅴ期では「被害者（女児B・女児C）」・「被害者（男児A）の父」が各14.3%と，「被害者（男児A）」が7.1%であった。他方，第Ⅰ期から第Ⅳ期の週刊誌に掲載された写真は，前掲の通り「被害者（男児A）」が43.2%で，新聞とは大差で多い。そのほかにも，「被害者（女児B・女児C）」（9.9%），「加害者自宅」（4.9%），「被害者（男児A）の父」（2.5%），「被害者（女児B・女児C）の父」・「被害者（男児A）の自宅」（各1.2%）が掲載されており，新聞の写真より多岐にわたっている。特に，加害者が少年であるにもかかわらず，新潮社の写真週刊誌がその写真を掲載した後，週刊新潮にもまた同様の写真を掲載したことは物議を醸した。また，第Ⅴ期には，週刊ポストが，目にマスクをした状態で，加害者の写真を掲載している（表Ⅵ-3-10参照）。この週刊誌による加害者少年の写真掲載が，メディア間で報道姿勢についての論戦を生じさせた。第Ⅰ期から第Ⅳ期の記事内容で「当該事件報道に対する検証または批判」（新聞9.8%，週刊誌35.1%）が多いのは，このためである（表Ⅵ-3-4参照）。なお，週刊誌が新聞を批判することで読者を獲得するという傾向は，これまでにも指摘されるところである。本事件に関する新聞と週刊誌の論戦の背景にもそのような傾向が垣間みえる。

　以上，記述した新聞記事と週刊誌記事の分析結果から，次のような点が指摘できる。
　前掲の新聞と週刊誌の記事の種類（表Ⅵ-3-2，表Ⅵ-3-3参照）の違いや記事内容（表Ⅵ-3-4参照）の違いは，新聞ジャーナリズムと週刊誌ジャーナリズムの異なるあり方を示しているといえる。新聞で「一般記事」が多く，事件の

事実関係の記事が多いことは，新聞ジャーナリズムが日々の出来事を記録し報じることを第1の機能としていることを反映している。他方，第Ⅰ期から第Ⅳ期の週刊誌の記事で「対策・提言・批判」が多く，かつ記事内容が多岐にわたり事実報道以外の内容が多いことは，新聞やテレビで報じられた多くの出来事の中から特定の出来事に焦点を絞って深く追求するという週刊誌ジャーナリズムの機能を反映したものであるといえる。

しかし，この事件が稀にみる特異な事件であったことを勘案すると，新聞記事における「社説」や「解説」があまりにも少ないともいえる（表Ⅵ-3-2参照）。このことは，日本型新聞ジャーナリズムの批判性と解説性の脆弱さと，出来事の結果のみを報じるいわゆる"結果ジャーナリズム"の傾向を示しているとも考えられる。

また，このような主として事件結果を報じる各紙共通の傾向と，第Ⅰ期から第Ⅳ期にかけて，記事件数が第Ⅱ期をピークに減少していく傾向は，メディアが同じ問題をとりあげ，同じニュース・ソースを用いて，しかもほとんど同一内容の報道を行うという同型パックのジャーナリズム，すなわち，海外メディアの記者から批判される"パック・ジャーナリズム"という日本型ジャーナリズムの特質（早川，2002）を表しているといえよう。

本章では，各紙・誌別分析についてはとりあげないこととしたが，読売新聞の記事に特筆するべき傾向がみられるので，ここに指摘しておく。読売新聞の第Ⅰ期から第Ⅳ期の記事件数の比率をみると，第Ⅰ期が19.6%，第Ⅱ期が48.7%，第Ⅲ期が23.8%であるのに対して，第Ⅳ期は7.8%と，他紙に比べて第Ⅳ期で極端な減少傾向を示している（表Ⅵ-3-1参照）。また，第Ⅰ期から第Ⅳ期の読売新聞の記事内容は，他紙に比べて「捜査の状況」（31.9%）が極端に多く（表Ⅵ-3-4参照），記事中の登場人物も「捜査・警察関係者」（16.8%）が他紙より多い（表Ⅵ-3-5参照）。読売新聞記事のこのような分析結果から，同紙のパック・ジャーナリズム的傾向の強さと，警察発表や警察取材に重点を置く傾向を読みとることができる。この警察を情報源とする傾向は，取材対象である当局

の発表を垂れ流すとして批判される"発表ジャーナリズム"(早川,2002)に結びつく可能性を有している。

　ところで,週刊誌ジャーナリズムは,特定の出来事を深く追求する機能を担っていることは,すでに述べた通りである。このため,前掲の通り,週刊誌記事には「対策・提言・批判」が多く(表Ⅵ-3-3参照),かつ事実報道以外の記事が多く内容は多岐にわたっている(表Ⅵ-3-4参照)。しかし,「被害者(男児A)の首切断の事実」に数多く触れて,"生首,"バラバラ"など事件の怪奇性を強調する表現を多用している(表Ⅵ-3-4参照)。また,記事中では,加害者や被害者の父母など事件当事者以外の人物にも言及している(表Ⅵ-3-5参照)。さらに,被害者(男児A)については,「氏名」や「住所」に数多く触れた上で,「知的障害」や「病歴」に言及しているし(表Ⅵ-3-6参照),加害者については,「学校名」や「住所」,さらには「異常性の示唆」に言及した上で,(表Ⅵ-3-7参照),加害者が少年であるにもかかわらず,一部週刊誌は顔写真まで掲載している(表Ⅵ-3-10参照)。写真は,「加害者」以外に,「被害者(男児A)」,「遺体遺棄現場(中学校校門)」,「殺害現場(タンク山)」など,受け手である読者を扇情するような写真を多用している(表Ⅵ-3-10参照)。

　このように事件の異常性を強調し,刺激的な用語や写真を用いて,受け手の原始的な感情を扇ることによって読者を獲得しようとする手法は,センセーショナリズム(sensationalism:扇情主義)と呼ばれる(早川,2002)。センセーショナリズムは日本固有のものではないし,週刊誌特有のものでもない。しかし,本研究の対象となった事件に関する新聞と週刊誌の記事では,明らかに週刊誌の報道内容にセンセーショナリズムの兆候が鮮明に現れているといえよう。

　ところで,本研究は少年法の是非を論じるものではないし,報道被害について検討するものでもない。しかし,加害者・被害者およびその関係者には,それぞれ何らかの制約があるとしても,人権やプライバシーは担保されている。週刊誌がそのセンセーショナリズム故に,加害者の住所や学校名に触れた上で,加害者の自宅の写真,ましてや加害者本人の写真を掲載,加害者の父母の個人

表VI-3-10 メディア別時期別写真・図表の内容(写真・図表ありベース)

	計	加害者	被害者(男児A)	被害者(女児B・女児C)	加害者の父	加害者の母	加害者のその他の親族	被害者(男児A)の父	被害者(男児A)の母	被害者(男児A)のその他の親族	被害者(女児B・女児C)の父	被害者(女児B・女児C)の母	被害者(女児B・女児C)のその他の親族
新聞 I～IV期計	100.0% 332件	—	1.5 / 5	1.5 / 5	0.3 / 1	0.3 / 1	—	—	—	—	—	—	—
朝日新聞	100.0 / 110	—	0.9 / 1	—	—	—	—	—	—	—	—	—	—
毎日新聞	100.0 / 123	—	1.6 / 2	1.6 / 2	—	—	—	—	—	—	—	—	—
読売新聞	100.0 / 99	—	2.0 / 2	3.0 / 3	1.0 / 1	1.0 / 1	—	—	—	—	—	—	—
新聞V期計	100.0 / 14	—	7.1 / 1	14.3 / 2	—	—	—	14.3 / 2	—	—	—	—	—
朝日新聞	100.0 / 7	—	14.3 / 1	14.3 / 1	—	—	—	14.3 / 1	—	—	—	—	—
毎日新聞	100.0 / 3	—	—	—	—	—	—	33.3 / 1	—	—	—	—	—
読売新聞	100.0 / 4	—	—	25.0 / 1	—	—	—	—	—	—	—	—	—
週刊誌 I～IV期計	100.0 / 81	1.2 / 1	43.2 / 35	9.9 / 8	—	—	—	2.5 / 2	—	—	1.2 / 1	1.2 / 1	—
週刊文春	100.0 / 33	—	33.3 / 11	—	—	—	—	—	—	—	—	—	—
週刊新潮	100.0 / 25	4.0 / 1	64.0 / 16	28.0 / 7	—	—	—	8.0 / 2	—	—	—	—	—
週刊ポスト	100.0 / 23	—	34.8 / 8	4.3 / 1	—	—	—	—	—	—	4.3 / 1	4.3 / 1	—
週刊誌V期計	100.0 / 5	20.0 / 1	40.0 / 2	20.0 / 1	—	—	—	—	—	—	—	—	—
週刊文春	100.0 / 1	—	—	—	—	—	—	—	—	—	—	—	—
週刊新潮	100.0 / 3	—	33.3 / 1	—	—	—	—	—	—	—	—	—	—
週刊ポスト	100.0 / 1	100.0 / 1	100.0 / 1	100.0 / 1	—	—	—	—	—	—	—	—	—

Ⅵ 情報特性の調査(2) 内容分析

	加害者自宅	被害者(男児A)自宅	被害者(女児B・女児C)自宅	小学校(外観)	中学校(外観)	学校(内観)	殺害現場(タンク山)	遺体遺棄現場(中学校校門)	通り魔事件現場	現場周辺風景	児童・生徒らの登下校	地域住民及び一般市民	警察署
新聞 I～IV期計	—	0.9　3	—	0.3　1	3.3　11	1.5　5	3.6　12	5.4　18	1.8　6	2.7　9	7.2　24	6.0　20	0.3　1
朝日新聞	—	0.9　1	—	—	4.5　5	0.9　1	3.6　4	4.5　5	—	3.6　4	2.7　3	4.5　5	—
毎日新聞	—	0.8　1	—	—	2.4　3	1.6　2	3.3　4	4.9　6	1.6　2	2.4　3	8.9　11	5.7　7	0.8　1
読売新聞	—	1.0　1	—	1.0　1	3.0　3	2.0　2	4.0　4	7.1　7	4.0　4	2.0　2	10.1　10	8.1　8	—
新聞V期計	—	—	—	—	—	—	—	—	—	—	—	—	—
朝日新聞	—	—	—	—	—	—	—	—	—	—	—	—	—
毎日新聞	—	—	—	—	—	—	—	—	—	—	—	—	—
読売新聞	—	—	—	—	—	—	—	—	—	—	—	—	—
週刊誌 I～IV期計	4.9　4	1.2　1	—	2.5　2	6.2　5	2.5　2	21.0　17	32.1　26	6.2　5	11.1　9	16.0　13	7.4　6	6.2　5
週刊文春	6.1　2	—	—	—	9.1　3	3.0　1	15.2　5	27.3　9	3.0　1	18.2　6	18.2　6	9.1　3	9.1　3
週刊新潮	4.0　1	4.0　1	—	4.0　1	8.0　2	—	32.0　8	28.0　7	8.0　2	12.0　3	16.0　4	4.0　1	8.0　2
週刊ポスト	4.3　1	—	—	4.3　1	—	4.3　1	17.4　4	43.5　10	8.7　2	—	13.0　3	8.7　2	—
週刊誌V期計	—	—	—	—	—	—	40.0　2	40.0　2	—	—	—	—	—
週刊文春	—	—	—	—	—	—	100.0　1	—	—	—	—	—	—
週刊新潮	—	—	—	—	—	—	33.3　1	66.7　2	—	—	—	—	—
週刊ポスト	—	—	—	—	—	—	—	—	—	—	—	—	—

210　第2部　マス・コミュニケーション調査の実際

	捜査風景	警察記者会見	加害者の学校関係者記者会見(含む)	神戸新聞社記者会見	加害者側記者会見(弁護団のみ)	加害者親族記者会見	被害者側記者会見(弁護団のみ)	被害者親族記者会見	その他記者会見	事件関連立て看板・貼り紙	加害者の移送	犯行声明文(マークを含む)	報道陣(小学校前)
新聞 I〜IV期計	6.0　20	0.9　3	0.9　3	0.3　1	1.2　4	0.3　1	—	—	1.5　5	1.5　5	3.3　11	2.6　12	0.3　1
朝日新聞	3.6　4	0.9　1	0.9　1	0.9　1	—	—	—	—	1.8　2	1.8　2	0.9　1	2.7　3	0.9　1
毎日新聞	1.6　2	0.8　1	—	—	1.6　2	0.8　1	—	—	0.8　1	1.6　2	3.3　4	4.1　5	—
読売新聞	14.1　14	1.0　1	2.0　2	—	2.0　2	—	—	—	2.0　2	1.0　1	6.1　6	4.0　4	—
新聞 V期計	—	—	—	—	—	7.1　1	—	7.1　1	—	—	—	—	—
朝日新聞	—	—	—	—	—	14.3　1	—	—	—	—	—	—	—
毎日新聞	—	—	—	—	—	—	—	25.0　1	—	—	—	—	—
読売新聞	—	—	—	—	—	—	—	—	—	—	—	—	—
週刊誌 I〜IV期計	21.0　17	2.5　2	13.6　11	3.7　3	6.2　5	—	1.2　1	—	1.2　1	13.6　11	30.9　25	17.3　14	4.9　4
週刊文春	21.2　7	—	15.2　5	3.0　1	6.1　2	—	—	—	3.0　1	21.2　7	18.2　6	9.1　3	—
週刊新潮	16.0　4	4.0　1	16.0　4	4.0　1	4.0　1	—	4.0　1	—	—	12.0　3	40.0　9	24.0　6	—
週刊ポスト	26.1　6	4.3　1	8.7　2	4.3　1	8.7　2	—	—	—	—	4.3　1	39.1　9	21.7　5	—
週刊誌 V期計	20.0　1	—	—	—	—	—	20.0　1	—	—	—	40.0　2	20.0　1	—
週刊文春	—	—	—	—	—	—	—	—	—	—	100.0　1	100.0　1	—
週刊新潮	33.3　1	—	—	—	—	—	33.3　1	—	—	—	33.3　1	—	—
週刊ポスト	—	—	—	—	—	—	—	—	—	—	—	—	—

VI 情報特性の調査(2) 内容分析

	報道陣(加害者宅)	報道陣(被害者宅)	報道陣(加害者移送時)	報道陣(その他)	関連書籍	有識者	表	地図	ホームページ	通夜・告別式	家庭裁判所・更生施設	その他の建造物	犯行道具類	新聞・雑誌の記事及び表紙	その他
新聞 I〜IV期計	-	0.3 / 1	1.2 / 4	4.5 / 15	1.8 / 6	25.3 / 84	1.2 / 4	4.8 / 16	-	0.9 / 3	2.4 / 8	1.5 / 5	1.2 / 4	2.1 / 7	25.6 / 85
朝日新聞	-	0.9 / 1	1.8 / 2	3.6 / 4	5.5 / 6	27.3 / 30	0.9 / 1	2.7 / 3	-	0.9 / 1	1.8 / 2	-	-	2.7 / 3	29.1 / 32
毎日新聞	-	-	0.8 / 1	6.5 / 8	-	28.5 / 35	-	4.9 / 6	-	0.8 / 1	3.3 / 4	2.4 / 3	-	3.3 / 4	27.6 / 34
読売新聞	-	-	1.0 / 1	3.0 / 3	-	19.2 / 19	3.0 / 3	7.1 / 7	-	1.0 / 1	2.0 / 2	2.0 / 2	4.0 / 4	-	19.2 / 19
新聞 V期計	-	-	-	-	-	21.4 / 3	7.1 / 1	-	-	-	28.6 / 4	-	-	-	21.4 / 3
朝日新聞	-	-	-	-	-	42.9 / 3	-	-	-	-	14.3 / 1	-	-	-	28.6 / 2
毎日新聞	-	-	-	-	-	-	33.3 / 1	-	-	-	33.3 / 1	-	-	-	33.3 / 1
読売新聞	-	-	-	-	-	-	-	-	-	-	50.0 / 2	-	-	-	-
週刊誌 I〜IV期計	1.2 / 1	1.2 / 1	13.6 / 11	4.9 / 4	3.7 / 3	17.3 / 14	2.5 / 2	2.5 / 2	2.5 / 2	9.9 / 8	21.0 / 17	9.9 / 8	7.4 / 6	12.3 / 10	24.7 / 20
週刊文春	3.0 / 1	3.0 / 1	12.1 / 4	6.1 / 2	6.1 / 2	24.2 / 8	-	3.0 / 1	3.0 / 1	12.1 / 4	6.1 / 2	6.1 / 2	3.0 / 1	12.1 / 4	12.1 / 4
週刊新潮	-	-	8.0 / 2	-	4.0 / 1	12.0 / 3	4.0 / 1	-	-	8.0 / 2	28.0 / 7	24.0 / 6	4.0 / 1	16.0 / 4	40.0 / 10
週刊ポスト	-	-	21.7 / 5	8.7 / 2	-	13.0 / 3	4.3 / 1	4.3 / 1	4.3 / 1	8.7 / 2	34.8 / 8	-	17.4 / 4	8.7 / 2	26.1 / 6
週刊誌 V期計	-	-	20.0 / 1	-	-	-	-	-	-	-	80.0 / 4	-	20.0 / 1	-	60.0 / 3
週刊文春	-	-	-	-	-	-	-	-	-	-	100.0 / 1	-	-	-	100.0 / 1
週刊新潮	-	-	33.3 / 1	-	-	-	-	-	-	-	66.7 / 2	-	33.3 / 1	-	66.7 / 2
週刊ポスト	-	-	-	-	-	-	-	-	-	-	100.0 / 1	-	-	-	-

的状況にまで言及したことは，加害者，その関係者の人権やプライバシーを何らかの形で侵害し，場合によっては報道被害を引き起こしかねないといえよう。

他方，被害者およびその関係者の人権やプライバシーは，近年とみに社会問題化しており，警察，マスコミ双方で対策がとられ始めている。本事件の週刊誌記事では，被害者（男児Ａ）の「氏名」，「住所」のみならず「知的障害」や「病歴」にも触れ（表Ⅵ-3-6参照），写真を数多く掲載した上で（表Ⅵ-3-10），父親の職業などにも言及している。これらの一部は遺族のプライバシーに触れるものであるし，また，遺体損壊の詳述などと相俟って，遺族の感情を逆撫でする可能性もあろう。さらには，遺族も含めて世間の好奇の目にさらされる原因を作り，報道被害を引き起こす可能性がある。

人権やプライバシーの侵害，報道被害といった視点から記事の内容を検討する時，決して新聞記事の内容を是とするものではないが，週刊誌記事の内容には大いに問題があるといえよう。

【引用文献】
- 島崎哲彦，辻泉，川上孝之「9.11同時多発テロ事件およびアフガニスタン戦争における日本の新聞報道(1)－朝日・毎日・読売3紙の内容分析から－」，『東洋大学社会学部紀要』No.42-2，東洋大学社会学部，2005年。
- 鈴木裕久『マス・コミュニケーションの調査研究法』創風社，1990年。
- 早川善治郎「日本型ジャーナリズムの特質」，早川編『概説マス・コミュニケーション』第三版，学文社，2002年。
- 早川善治郎，島崎哲彦，早川研究室「マスコミ関連投書の分析（その8）－『朝日』『毎日』『読売』'85～'86年掲載分－」，『応用社会学研究』No.31，立教大学社会学部，1989年。
- 早川善治郎，島崎哲彦，早川研究室「マスコミ関連投書の分析（その9）－『朝日』『毎日』『読売』'87～'88年掲載分－」，『応用社会学研究』No.32，立教大学社会学部，1990年。
- 早川善治郎，島崎哲彦，八田正信「マスコミ関連投書の分析（その10）－『朝日』『毎日』『読売』'89～'90年掲載分－」，『応用社会学研究』No.34，立教大学社会学部，1992年。
- マレツケ，G．，（ＮＨＫ放送学研究室訳）『マス・コミュニケーションの心理学－理論と体系－』日本放送出版協会，1965年（Maletzke, G., *Psychologie Der Mas-*

sen — Kommunikation-theorie und Systematik —, Verlag Hans Bredow-Institut, 1963).
- ラスウェル, H.D.,「社会におけるコミュニケーションの構造と機能」, シュラム, W. 編 (学習院社会学研究室訳)『マス・コミュニケーション』創元社, 1954年 (Schramm, W. (ed.), *Mass Communication*, The University of Illinois Press, 1949).

【調査報告書】
- 島崎哲彦, 信太謙三, 片野利彦『神戸児童連続殺傷事件の新聞・週刊誌に関する内容分析』東洋大学, 2006年 (本研究は, 2005年度東洋大学特別研究の助成を受けて実施した)。

214　第2部　マス・コミュニケーション調査の実際

VII 受け手の特性調査(1)
メディアと受け手の特性に関する調査

1. 受け手の特性調査の目的

　II章の記述のように，情報の受け手についての分析は，マス・コミュニケーション研究の5つの分類（H.D.ラスウェル，1949）のひとつであるとともに，他の研究分類においても重要な研究アプローチとなっている。例えば，メディア分析の調査手法を紹介するV章では，メディア接触者の接触時間や時間帯，取得している情報の種類，メディアに対するイメージ・評価などを調査することによって，各メディアの特徴をまとめている。また，効果分析の調査手法を紹介するIX章，X章でも，メディア接触者の新聞広告の認知や広告接触後の態度変容を調査することによって，新聞広告のコミュニケーション効果をまとめている。このように，受け手の特性を通してマス・コミュニケーションの諸相を分析することは幅広く行われており，ひとつの研究分類としてとらえるには何らかの枠組みが必要である。

　真鍋一史（1994）は，広告コミュニケーションの受け手の変化をとらえる手法として，内容分析と質問紙調査を挙げている。広告に関する新聞・雑誌の記事などに広告に対する人びとの態度・意見・行動が反映されているという前提のもとで，記事の内容を分析し間接的に受け手の変化をとらえるのが内容分析であり，一方で，質問紙を用いて広告に対する人びとの態度・意見・行動を直接とらえるのが質問紙調査であるとしている。また，鈴木裕久（1990）は，受け手とマス・コミュニケーションの関係を分析する方法として，マス・コミュ

ニケーション側を軸とする方法と，受け手側を軸とする方法の2種類があることを指摘し，前者には，各メディアの特性を説明する変数を用いた質問紙調査や内容分析が該当し，後者には，受け手の情報受容過程を説明する変数を用いた質問紙調査が該当すると説明している。

この鈴木（1990）の枠組みに従えば，前者のマス・コミュニケーション側を軸とした質問紙調査はメディア分析としてV章で，内容分析はⅥ章で紹介している。そこで本章では，後者の受け手側を軸とした質問紙調査に限定して，定量的な調査の技法と実例を紹介する。続くⅧ章では，同じく受け手側を軸にした定性的な調査について紹介する。

2. 受け手の特性調査の技法

(1) 受け手の特性をとらえる変数

受け手を軸にした定量的な調査で受け手の特性をとらえる場合に，特性を説明する要因はいくつかにまとめることができる。鈴木（1990）では，デモグラフィック要因と心理的要因のふたつに大別している。デモグラフィック要因とは，性，年齢，学歴，職業，収入などであり，心理的要因とは，パーソナリティーや社会的性格，態度，意見，価値観，意識，嗜好などである。そして特に重要かつ興味深いのは後者の心理的要因であると鈴木（1990）は主張している。

受け手の情報受容過程を消費者行動のひとつととらえれば，マーケティング研究の知見を援用することも可能である。P.コトラー（2001）は，消費者行動に影響する要因として，文化的，社会的，個人的，心理的の4つを挙げている（表Ⅵ-2-1を参照）。本章で紹介する受け手を軸にした定量的な調査の分析とは，これらの要因を測定可能な変数で代替して質問紙調査を行い，得られたデータを分類して比較することである。これは，マーケティング研究におけるマーケット・セグメンテーション（market segmentation）の方法に他ならない。

マーケット・セグメンテーションとは，個々に異なる消費者を，何らかの意

表Ⅶ-2-1 消費者行動に影響する4つの要因

文化的要因	社会的要因	個人的要因	心理的要因
文化（一連の価値観，知覚，選好，行動）	準拠集団	年齢とライフサイクル	動機
サブカルチャー	家族	職業と経済状態	知覚
社会的階層	集団における役割と地位	ライフスタイル	学習
		性格と自己概念	信念と態度

出典：コトラー, P., (恩藏直人監修，月谷真紀訳)『コトラーのマーケティング・マネジメント ミレニアム版』2001年

味で同質的なグループにまとめてマーケットを分割し，その中のひとつ，または複数のセグメントにターゲットを絞ってマーケティング活動の有効性と効率性を上げることであるが，実際のセグメンテーションに当たっては，同質性の基準（base）となる測定可能な変数が必要である。代表的な基準とされているものを，片平秀貴（1987）は，地域的，デモグラフィック，心理的，購買行動，購買態度，感度の6つに大別し，コトラー（2001）は，片平（1987）の分類の内，購買行動と購買態度，感度を「行動上の変数」としてまとめ，4つに分類している（表Ⅶ-2-2を参照）。これらは，表Ⅶ-2-1に挙げられた消費者行動に影響する要因を測定可能な変数に代替して再分類したものとしてとらえることができる。そして，マス・コミュニケーション研究においても，受け手の特性を説明する変数として用いることが可能である。

(2) 受け手の特性をとらえる分析の方法

受け手の特性をとらえる分析の方法は，研究課題に応じて多岐にわたっており，本章ですべてを紹介することは難しい。見通しをよくするために，やはり何らかの枠組みが必要であろう。そこで，要因の場合と同様に，マーケティング研究におけるマーケット・セグメンテーションの知見を用いて，代表的な分析方法を整理しよう。

表Ⅶ-2-2　セグメンテーションの基準

	片平(1987)	コトラー(2001)
地域的変数	都道府県 都市サイズ 都会,郊外,地方	地域 都市・都市部 人口密度 気候
デモグラフィック変数	性,年齢 家族サイズ ライフステージ 所得 職業 学歴 社会階層	性,年齢 世帯規模 家族のライフサイクル 所得 職業 教育水準 社会階層 宗教 人種 世代 国籍
心理的変数	パーソナリティー ライフスタイル	性格 ライフスタイル
行動上の変数	［購買行動］ 購入量,頻度 ブランド・ロイヤルティ ストア・ロイヤルティ 購入経験(なし,トライアル,リピート) ［購買態度］ ベネフィット 購入意向 ［感度］ 価格感度 値引選好度 媒体接触パターン サンプル受容度	 使用割合,使用機会 ロイヤルティ ユーザーの状態 ベネフィット 購買準備段階 製品に対する態度

出典：片平秀貴『マーケティンク・サイエンス』1987年，コトラー『コトラーのマーケティング・マネジメント　ミレニアム版』2001年

マーケット・セグメンテーションの方法は，大きくふたつに分けられる（片平，1987；Y. Wind，1978）。

(a) 事前に基準となる変数を設定し，それに沿ってセグメンテーションを行う方法（ア・プリオリ・セグメンテーション）
(b) 複数の変数を用いた多次元的な基準を作成し，それにもとづいて類似し

たサンプルを集めてセグメントを構成する方法（クラスタリング・セグメンテーション）

　前節で挙げた変数と対応させると，ア・プリオリ・セグメンテーションでは，事前に基準として設定しやすい変数，つまり，受け手個人の特性として接近しやすく測定誤差が比較的小さい地域的変数やデモグラフィック変数，購買行動変数が用いられやすい。一方，クラスタリング・セグメンテーションでは，分析者の関心に応じた基準を作成するために，質問紙調査などではじめて接近可能な，測定誤差が比較的大きい変数，つまり，心理的変数や購買態度変数，感度変数が用いられやすい。

　具体的な分析手法としては，ア・プリオリ・セグメンテーションでは，事前に設定した変数と分析対象変数をクロスさせた層別の集計が基本である。例えば，新聞の普及率を分析対象とした場合，地域（例；東京都と大阪府），年代（例；20歳代と50歳代），結婚の有無（例；既婚と未婚），職業（例；社会人と学生）などの事前に設定した層ごとに，普及率に差があるかを見ていくことになる。また，分析対象変数に対して複数の事前設定層があり，最も分析対象変数に影響を与える層が何かに関心がある場合は，AID (automatic interaction detector) やCHAID (chi-squared automatic interaction detector)，CART (classification and regression trees) などの決定木アルゴリズム (decision tree algorithm) による分析 (M.J.A.ベリー & G.リノフ, 1997) や，数量化Ⅰ類やⅡ類が用いられる。先の例でいえば，新聞の普及率に最も影響を与えるのは，地域，年代，結婚の有無，職業のどれかを分析することになる。

　クラスタリング・セグメンテーションでも，複数の変数を用いて事後に作成したセグメントと分析対象変数をクロスさせた層別の集計が基本となる。ア・プリオリ・セグメンテーションとの違いは，質問紙調査によって得られた複数の変数を用いて多次元的な基準を設定する際の手法であり，探索的因子分析，非階層クラスター分析，主成分分析，数量化Ⅲ類（コレスポンデンス分析）などが用いられる。社会心理学や臨床心理学，マーケティングなどで使われる心

理尺度は，こうした基準の代表的な例である。社会心理学や適応・臨床心理学分野の心理尺度は，堀洋道の監修で『心理測定尺度集Ⅰ～Ⅲ』(2001) としてまとめられている。心理尺度とメディア接触との連関を調べることは，尺度を用いて作られたセグメントへの接近可能性を高めるために重要といわれており（片平，1987），心理尺度によるクラスタリング・セグメンテーションの考え方は，マス・コミュニケーション研究にも適用できる手法であるといえよう。

3. 受け手の特性調査の実際

受け手の特性調査に関する理解を深めるために，本節では，これまでまとめた変数や分析の手法が実際の質問紙調査でどのように用いられているかを紹介する。受け手の特性を軸にマス・コミュニケーションの諸相をとらえる調査は，公表されているだけでも膨大な数になるため，範囲を限定して，日本新聞協会が公表した調査を中心に取り上げることにしたい。

3-1. ア・プリオリ・セグメンテーションによる調査の実際（団塊の世代のマスコミ接触の実態を明らかにする調査を事例に）

1984年から1991年にかけて，日本新聞協会では，「ライフスタイルと新聞」と題して，首都圏を中心に，OL，ヤングビジネスマン，大学生，団塊の世代など，年齢や世代，職業によりセグメントを事前設定した調査を毎年実施した。さらに1996年には，世帯構成によりセグメントした単身者の調査や，年齢でセグメントした盛年層の調査を実施した（表Ⅶ-3-1を参照）。また，朝日新聞社でも，1980年代から毎年，中央官庁の職員や上場企業の社員，大学学長などの具体的な職業でセグメントした購読紙調査を実施している。その結果の一部が表Ⅶ-3-2である（朝日新聞社，2005）。

このように，実際の調査では，ア・プリオリ・セグメンテーションの変数に

表Ⅶ-3-1 ア・プリオリ・セグメンテーション

セグメント指標	年齢,職業	年齢,職業	職業	職業	職業
セグメント	OL	ヤングビジネスマン	課長職	大学生	妻(主婦)
調査対象	東京23区内に本社機構を持つ1部・2部上場会社勤務のOLで,勤続1年以上～7年未満の者	東京23区内に本社機構を持つ1部・2部上場会社勤務のビジネスマンで,勤続1年以上～7年未満の者	東京23区内に本社機構を持つ1部・2部上場会社勤務の課長職	首都圏(東京・神奈川・千葉・埼玉)と京阪神圏(京都・大阪・兵庫)に所属する4年制の総合大学(女子大・単科大学は除く)に在籍している大学生	首都圏(東京・神奈川・千葉・埼玉)と京阪神圏(京都・大阪・神戸)および新潟市に居住する2人以上の普通世帯有夫の主婦
抽出方法	対象条件に該当する企業の中から無作為系統抽出により75社を抽出し,1企業に8名を依頼	対象条件に該当する企業の中から無作為系統抽出により82社を抽出し,1企業に8名を依頼	対象条件に該当する企業の中から無作為系統抽出により140社を抽出し,1企業に4名を依頼	『全国学校総覧』から層化無作為2段抽出法により学部を抽出し,その学生比,男女比によって1学部学生数30を割り付け(新聞購読者のみを対象)	首都圏・新潟市は住民基本台帳から,京阪神圏は,住宅地図から2段無作為抽出
調査方法	留置法	留置法	留置法	郵送回収法	訪問留置法
調査時期	1984年5月21日～31日	1985年3月18日～4月9日	1986年2月28日～3月17日	1987年10月21日～11月5日	1988年9月26日～10月7日
サンプルサイズ	600	656	560	1,200	首都圏750 京阪神圏450 新潟市150
有効回収数	361(56社)	353(76社)	314(101社)	1,179	首都圏476 京阪神圏302 新潟市119
有効回収率	60.2%	53.8%	56.1%	98.3%	首都圏63.5% 京阪神67.1% 新潟市79.3%
実査機関	日本リサーチセンター	日本リサーチセンター	日本リサーチセンター	日本リサーチセンター	日本リサーチセンター
主な調査項目	新聞閲読程度・時間・記事 テレビ視聴程度・時間・番組 就職前後のマスコミ接触の変化 新聞広告への関心・必要度・活動状況 テレビCMへの関心・必要度	新聞閲読程度・時間・記事 テレビ視聴程度・時間・番組 就職前後のマスコミ接触の変化 新聞広告への関心・必要度・活動状況 テレビCMへの関心・必要度	新聞閲読程度・時間・記事・場所 テレビ視聴程度・時間・番組 昇進前後のマスコミ接触の変化 新聞広告への関心・必要度・活動状況 テレビCMへの関心・必要度	新聞閲読程度・時間・記事・有用度 テレビ視聴程度・時間・番組 進級前後のマスコミ接触の変化 新聞広告への関心・必要度・活動状況 テレビCMへの関心・必要度	新聞閲読程度・時間・記事・場所・有用度 テレビ視聴程度・時間・番組 新聞広告への関心・必要度・活動状況 テレビCMへの関心・必要度 メディア評価

Ⅶ 受け手の特性調査(1) メディアと受け手の特性に関する調査

調査の事例(日本新聞協会が主体の調査から)

年齢	世代	年齢	世帯構成	年齢
実年	団塊世代	20,30歳代の女性	単身者	盛年
首都圏(東京・神奈川・千葉・埼玉),および岡山市に居住する40～79歳の男女個人	首都圏(40キロ圏内)に居住する1947年～1950年生まれの男女個人	首都圏(40キロ圏内)に居住する20～39歳の女性	全国の都道府県庁所在市に居住する15～69歳の単身者(1人の普通世帯)	首都圏50キロ圏内に居住する18～35歳の男女個人
住民票より2段無作為抽出	住民票より2段無作為抽出	住民票より2段無作為抽出	層化2段無作為抽出法(副次の予備サンプルを使用)	層化2段無作為抽出法(副次の予備サンプルを使用)
訪問留置法	訪問留置法	訪問留置法	留置記入依頼法	留置記入依頼法
1989年9月20日～10月11日	1990年9月25日～10月20日	1991年9月20日～10月8日	1996年1月23日～2月14日	1996年11月11日～12月1日
首都圏800 岡山市200	1,000	2,000	1,800	2,247
首都圏530 岡山市175	693	1,399		
首都圏66.3% 岡山市87.5%	69.3%	70.0%		
日本リサーチセンター	日本リサーチセンター	日本リサーチセンター	中央調査社	中央調査社
新聞閲読程度・時間・記事・場所・有用度 テレビ視聴程度・時間・番組 新聞広告への関心・必要度・活動状況 テレビCMへの関心・必要度 メディア評価	新聞閲読程度・時間・記事・場所・有用度 テレビ視聴程度・時間・番組・有用度 新聞広告への関心・必要度・活動状況 テレビCMへの関心・必要度	新聞閲読程度・時間・記事・有用度 テレビ視聴程度・時間・有用度 新聞広告への関心・必要度・活動状況 テレビCMへの関心・必要度 メディア評価	新聞購読形態	新聞購読形態・購読理由 新聞閲読程度・時間帯・場所 新聞のイメージ・評価 テレビ視聴程度・番組

表Ⅶ-3-2　朝日新聞社「有識者購読

<行政・司法・立法>

	サンプルサイズ	朝日新聞	毎日新聞
国土交通省の課長以上の職員	122	52.5(%)	7.4(%)
文部科学省の係長以上の職員	130	39.2	3.1
環境省の係長以上の職員	104	51.9	4.8
国会議員政策秘書	335	40.9	9.9
都庁・県庁の部長・課長	221	48.4	5.9
弁護士	113	53.1	22.1
司法書士	299	39.5	5.7
行政書士	193	38.3	6.2

<実業>

	サンプルサイズ	朝日新聞	毎日新聞
上場企業の環境・メセナ・社会貢献部門責任者	104	51.9(%)	5.8(%)
上場企業の経営戦略部門関係者・トップ	182	45.1	2.7
人材派遣会社の課長職以上の社員	108	38.0	7.4
1部上場企業（製造業）プロダクトマネジャー	116	44.0	6.0
百貨店バイヤー（ファッション）	42	42.9	2.4
旅行関連雑誌編集者	101	46.5	3.0
テレビ局管理職職員	102	38.2	5.9
広告会社メディア担当部長	72	68.1	5.6

<医療・福祉>

	サンプルサイズ	朝日新聞	毎日新聞
病院院長	139	52.5(%)	3.6(%)
開業医師	153	50.3	19.6
女性医師	127	52.0	18.1
女性看護師長	150	46.0	5.3
調剤薬局薬剤師	307	37.5	14.7
動物病院医師	194	39.2	7.2
栄養士	306	37.6	15.7
介護施設責任者	109	40.4	6.4

<教育・文化>

	サンプルサイズ	朝日新聞	毎日新聞
大学学長	45	64.4(%)	13.3(%)
大学の就職課職員	136	52.9	2.9
高校の進路指導部長	358	54.7	10.6
私立小中学校校長・教頭	108	59.3	8.3
学習塾塾長・校長	310	46.1	5.8
作家	90	72.2	15.6
美術評論家	123	64.2	17.9
公立図書館館長	222	45.9	12.2

出典：朝日新聞社『朝日の読者　MEDIA BOOK 2006』2005年

新聞調査」より，職業別の購読新聞

読売新聞	産経新聞	日本経済新聞	調査年月	調査地域
45.9 (%)	11.5 (%)	22.1 (%)	2002年11月	首都圏
24.6	1.5	8.5	2004年 7 月	東京都
19.2	5.8	5.8	2004年 7 月	東京都
34.3	11.6	30.4	2002年 7 月	全国
31.7	2.3	19.9	2004年 7 月	首都圏
20.4	13.3	42.5	2005年 7 月	関西圏 2
27.1	5.0	16.1	2004年 7 月	首都圏
25.9	4.1	26.4	2003年 9 月	首都圏

読売新聞	産経新聞	日本経済新聞	調査年月	調査地域
24.0 (%)	0.0 (%)	26.9(%)	2003年 9 月	首都圏
18.7	1.6	47.8	2003年 9 月	首都圏
26.9	1.9	32.4	2004年 9 月	首都圏
26.7	0.9	25.0	2003年 9 月	関西圏 3 + 首都圏
26.2	4.8	28.6	2003年 9 月	首都圏
12.9	3.0	12.9	2004年 7 月	首都圏
18.6	6.9	20.6	2003年 9 月	首都圏
15.3	2.8	56.9	2002年 7 月	首都圏

読売新聞	産経新聞	日本経済新聞	調査年月	調査地域
39.6 (%)	0.7 (%)	22.3 (%)	2003年 9 月	首都圏
21.6	13.7	15.0	2004年 7 月	関西圏 2
22.8	3.9	9.4	2003年 9 月	首都圏
41.3	2.7	10.0	2004年 7 月	首都圏
28.0	12.4	14.0	2003年 9 月	関西圏 2
30.4	15.5	10.8	2004年 7 月	首都圏
21.2	9.2	4.9	2002年11月	関西圏 2
33.9	1.8	12.8	2004年 7 月	首都圏

読売新聞	産経新聞	日本経済新聞	調査年月	調査地域
33.3 (%)	13.3 (%)	35.6 (%)	2003年 9 月	首都圏
30.1	1.5	33.1	2002年11月	首都圏
28.8	2.8	5.6	2003年 9 月	首都圏
33.3	2.8	11.1	2005年 5 月	首都圏
30.6	2.9	13.5	2005年 5 月	首都圏
25.6	8.9	15.6	2003年 9 月	首都圏
18.7	3.3	6.5	2002年 7 月	首都圏
33.3	3.2	6.3	2004年 7 月	首都圏

<その他>

	標本サイズ	朝日新聞	毎日新聞
厚生労働省の課長以上の職員	27	55.6 (%)	3.7 (%)
農林水産省の課長以上の職員	78	59.0	9.0
「電気機器」(上場企業)の役員	229	48.0	2.6
「サービス業」(上場企業)の役員	264	44.3	4.2
上場アパレル企業部長以上	49	57.1	6.1
一部上場企業の広報担当者課長クラス以上	105	50.5	8.6
ISO14001管理責任者	285	41.4	14.0
上場企業ホームページ管理者	318	31.4	2.2
一級建築士	183	39.9	7.1
特許事務所所長(弁理士)	120	45.8	6.7
政府観光局日本人職員	68	45.6	1.5
一般旅行業務取扱主任者	178	32.6	5.6
一流ホテル・旅館支配人	60	45.0	3.3
女性ファッション誌編集者	55	54.5	10.9
書店店長	304	44.7	19.7
映画・テレビプロデューサー	29	72.4	13.8
広告・マーケティング研究者	98	58.2	8.2
医師会加盟内科医	57	36.8	10.5
社会福祉士	166	36.7	8.4
ケアマネジャー	306	34.3	11.4
介護施設責任者	305	34.4	14.8
国立大学教授	180	63.9	7.8
公立中学の養護教諭	404	36.1	11.9
公立中学のスクールカウンセラー	129	45.0	6.2
小学校学年主任	308	47.7	22.7
幼稚園園長	178	53.4	9.0
専門学校の就職担当者	153	44.4	11.8
美術館・博物館館長	99	56.6	9.1
司書	176	51.7	6.8
インテリアデザイナー	152	32.9	3.3
アートディレクター／デザイナー	49	46.9	6.1
政治・経済・社会・軍事・外交評論家	95	70.5	23.2
消費者団体幹部	229	53.3	14.0
環境NGO代表者	210	53.8	13.8
消費生活アドバイザー	255	52.2	5.5

※調査地域
首都圏：東京都，神奈川県，千葉県，埼玉県
関西圏1：大阪府，阪神間7市，京都府
関西圏2：大阪府，阪神間7市
関西圏3：近畿2府4県

読売新聞	産経新聞	日本経済新聞	調査年月	調査地域
33.3 (%)	7.4 (%)	18.5 (%)	2003年 9 月	首都圏
21.8	0.0	20.5	2002年11月	首都圏
46.3	10.9	23.1	2002年11月	首都圏
43.9	10.2	36.7	2002年11月	首都圏
24.5	2.0	40.8	2003年 9 月	首都圏
30.5	5.7	52.4	2004年 7 月	首都圏
23.2	11.2	31.2	2005年 7 月	関西圏 2
23.6	2.2	29.6	2003年 9 月	首都圏
27.3	3.3	15.3	2004年 7 月	首都圏
18.3	1.7	34.2	2004年 7 月	首都圏
14.7	0.0	23.5	2003年 9 月	全国
31.5	1.7	13.5	2005年 5 月	首都圏
26.7	3.3	11.7	2003年 9 月	関西圏 1
20.0	3.6	20.0	2003年 9 月	首都圏
22.7	12.2	12.2	2002年11月	関西圏 2
34.5	10.3	6.9	2002年 7 月	首都圏
22.4	3.1	53.1	2002年 7 月	首都圏
28.1	3.5	15.8	2005年 5 月	東京都
33.1	1.8	6.6	2004年 7 月	首都圏
27.8	7.2	6.9	2003年 9 月	関西圏 2
24.6	8.5	12.8	2002年11月	関西圏 2
17.2	2.8	22.8	2002年11月	首都圏
19.8	4.5	4.0	2004年 7 月	関西圏 3
14.7	3.9	7.0	2004年 7 月	関西圏 3
21.8	5.8	2.9	2002年11月	関西圏 2
37.6	3.4	4.5	2004年 7 月	首都圏
24.2	7.2	11.8	2004年 7 月	関西圏 3
27.3	5.1	18.2	2003年 9 月	首都圏
21.0	2.8	6.8	2002年 7 月	首都圏
27.6	2.0	18.4	2004年 7 月	首都圏
16.3	2.0	32.7	2002年 7 月	首都圏
38.9	17.9	42.1	2003年 9 月	首都圏
22.7	3.1	17.9	2003年 9 月	首都圏
25.2	4.3	12.9	2003年 9 月	首都圏
18.8	2.4	31.4	2002年 7 月	首都圏

地域とデモグラフィック特性を用いることが多いようである。ここでは，これらの中から，団塊の世代というセグメントの特性を調査した結果（日本新聞協会広告委員会，1991）を紹介しよう。

(1) 調査の対象と目的

調査対象の「団塊の世代」とは，1947年から1950年ごろの第一次ベビーブームに生まれた人たちをくくる言葉である。この世代は，他の世代に比べて数が多く，第二次世界大戦後の労働市場や消費文化の主要な担い手であったといわれている（『現代用語の基礎知識』，『知恵蔵』）。調査が実施された1990年の時点では40歳代前半であり，本調査では，働き盛りでありつつ，定年退職後の生き方も意識し始めたこの世代の生活意識やライフスタイル，新聞，テレビ，ラジオ，雑誌などのメディア接触の実態を明らかにして，企業の広告活動の参考とすることを目的としている。

調査対象は，東京駅を中心として半径40キロメートル圏内に居住する1947年から1950年生まれの男女個人1,000人である。対象者の抽出は，住民基本台帳を用いた2段無作為抽出で，1990年の9月から10月にかけて訪問留置法によって行われた（表Ⅶ-3-1を参照）。

(2) 調査項目

調査項目は，生活意識・ライフスタイル，メディア接触，デモグラフィック特性の3つに大きく分けられる。

① 生活意識・ライフスタイルに関する項目

(イ)団塊の世代イメージ，(ロ)団塊世代を意識する程度，(ハ)団塊世代といわれることへの抵抗感，(ニ)人生の充実期，(ホ)現在不安なこと，(ヘ)購入意向商品，(ト)保有財，(チ)日頃の関心事，(リ)普段していること，(ヌ)夫婦観・家族観，(ル)カルチャースクールへの参加経験，(ヲ)選挙に行く頻度，(ワ)この1年間に利用した無店舗販売，(カ)預貯金額，(ヨ)ローン残高，(タ)共働き状況，(レ)現在

表Ⅶ-3-3 『団塊世代-ライフスタイルと新聞-』より,メディア接触

<n=693>

	新聞	テレビ
毎日必ず読む/見る	64.9%	62.5%
1日の閲読/視聴時間	37.5分	132.9分
有用度	88.7%	89.2%

出典:日本新聞協会広告委員会『団塊世代-ライフスタイルと新聞-』1991年

の仕事に対する満足度,(ソ)転職経験,(ツ)健康・体力自信度,(ネ)健康のためにしていること,など。

② メディア接触に関する項目

(イ)よく読む新聞記事,(ロ)自宅での新聞閲読程度,(ハ)新聞有用度,(ニ)1日の新聞閲読時間,(ホ)新聞閲読場所,(ヘ)新聞閲読記事,(ト)新聞広告関心度,(チ)新聞広告必要度,(リ)新聞広告ジャンル別関心度,(ヌ)新聞広告活用度,(ル)自宅でのテレビ視聴程度,(ヲ)1日のテレビ視聴時間,(ワ)テレビ有用度,(カ)テレビコマーシャル関心度,(ヨ)テレビコマーシャル必要度,(タ)よく見るテレビ番組,(レ)自宅でのラジオ聴取程度,(ソ)閲読雑誌ジャンル,など。

③ デモグラフィック特性

(イ)性別,(ロ)年齢,(ハ)職業,(ニ)学歴,(ホ)配偶者学歴,(ヘ)未婚・既婚,(ト)住居形態,(チ)家族形態,(リ)同居している子供の学齢,(ヌ)家族人数,(ル)結婚年齢,(ヲ)出身地,など。

(3) 分析結果

調査報告書では,以上の調査項目をもとに,世代イメージ,夫婦観,日常生活,新聞,新聞広告,テレビ・ラジオ・雑誌・書籍,仕事・健康,収入・資産の8つの視点から,団塊の世代を分析している。本節では,この中から,マス・コミュニケーションの情報受容という本書のテーマに従い,メディア接触と世代イメージに関する分析結果を紹介しよう。

メディア接触のうち,特に新聞とテレビに注目すると,1日の接触時間では差があるものの,接触頻度やメディアの有用度については,新聞とテレビで差

はほとんどない（表Ⅶ-3-3を参照）。毎日接触する人は6割を超え，暮らしに役立っていると考える人は約9割となっている。団塊の世代にとって，新聞，テレビが，ともに生活に欠かせない有用な情報源となっていることが読み取れる。

受容している情報の内容については，新聞記事では，「ラジオ・テレビ番組」が73.3%と最も高く，「社会記事」72.6%，「国内政治」62.6%と続く（表Ⅶ-3-4を参照）。上位10項目を性別で比較すると，男性は「国内政治」，「社会記事」，「スポーツ」が上位3項目だが，女性では「ラジオ・テレビ番組」，「婦人・家庭」，「社会記事」の順であり，共通する項目は4つだけで，よく読む記事の傾向に違いが見られる。男性は政治や経済などの「硬い」記事とスポーツ記事を読む傾向があり，女性は，家庭や医療，教育などの「軟らかい」記事を読む傾向がある。一方，テレビ番組では，「ニュース」が90.6%で最も高く，「天気予報」76.5%，「スポーツニュース」56.6%と続いている（表Ⅶ-3-5を参照）。男性と女性の上位10項目を比較すると，順位の上下はあるものの，共通する項目は7つと多く，新聞記事よりも傾向の違いは少ない。

次に，世代イメージについてみてみよう。調査当時30歳代後半から40歳代前半であった団塊の世代の他，20歳代，団塊の世代以外の30歳代，団塊の世代以外の40歳代，50歳代，60歳代のそれぞれについて，調査対象である団塊の世代がどのようなイメージを持っているかを質問した結果である。「団塊の世代」という言葉が堺屋太一氏の小説のタイトルから生まれ，マスコミなどを通じて世代のイメージが形成されていったことから分かるように，各世代に対して持つイメージは，マス・コミュニケーション効果の一例ととらえることができる。

表Ⅶ-3-6をみると，団塊の世代は，団塊の世代を除く40歳代に近いイメージ分布となっている。1990年当時の団塊の世代は30歳代後半から40歳代前半であるためであろう。ただし，「競争心が旺盛」，「向上心が強い」，「エネルギッシュ」といった項目では他のどの世代よりも団塊の世代の数値が高く，人口が多く常に競争にさらされてきたという自己イメージを持っていることが伺える。他の世代についてみると，50，60歳代については「生活態度が堅実」，「考え方

表Ⅶ-3-4 『団塊世代ライフスタイルと新聞―』より,よく読む新聞記事(上位10項目)

	全体 (n=693)		男性 (n=325)		女性 (n=368)	
1位	ラジオ・テレビ番組	73.3%	国内政治	78.5%	ラジオ・テレビ番組	79.9%
2位	社会記事	72.6%	社会記事	76.9%	婦人・家庭	69.6%
3位	国内政治	62.6%	スポーツ	70.5%	社会記事	68.8%
4位	スポーツ	52.5%	ラジオ・テレビ番組	66.8%	医療・健康	59.8%
5位	地域ニュース	51.5%	国際政治	63.4%	地域ニュース	58.2%
6位	国際政治	47.9%	外国の出来事	51.7%	教育・しつけ	51.6%
7位	医療・健康	45.0%	経済	50.8%	国内政治	48.6%
8位	外国の出来事	42.0%	地域ニュース	44.0%	投書・相談	47.0%
9位	婦人・家庭	41.7%	社説・評論	38.8%	まんが	39.9%
10位	教育・しつけ	36.7%	コラム・連載小説	30.2%	学芸・文化・芸術	38.9%

出典:日本新聞協会広告委員会『団塊世代ライフスタイルと新聞―』1991年

表Ⅶ-3-5 『団塊世代ライフスタイルと新聞―』より,よく見るテレビ番組(上位10項目)

	全体 (n=693)		男性 (n=325)		女性 (n=368)	
1位	ニュース	90.6%	ニュース	90.5%	ニュース	90.8%
2位	天気予報	76.5%	スポーツニュース	72.6%	天気予報	80.7%
3位	スポーツニュース	56.6%	天気予報	71.7%	報道関係の特別番組	51.1%
4位	報道関係の特別番組	54.0%	野球中継	59.7%	ドキュメンタリー	44.8%
5位	野球中継	46.3%	報道関係の特別番組	57.2%	料理番組	44.0%
6位	ドキュメンタリー	44.9%	劇場用映画(洋画)	48.0%	クイズ・ゲーム	43.2%
7位	劇場用映画(洋画)	41.3%	野球以外のスポーツ中継	47.4%	ホームドラマ	43.2%
8位	野球以外のスポーツ中継	37.2%	ドキュメンタリー	44.9%	スポーツニュース	42.4%
9位	観光紀行番組	34.5%	観光紀行番組	31.1%	朝・昼のワイドショー	37.5%
10位	クイズ・ゲーム	31.6%	クイズ・ゲーム	30.5%	劇場用映画(洋画)	35.3%

出典:日本新聞協会広告委員会『団塊世代ライフスタイルと新聞―』1991年

表Ⅶ-3-6 『団塊世代―ライフスタイルと新聞―』より，団塊の世代が持つ各世代のイメージ

<n=693>

	20歳代	団塊の世代以外の30歳代	団塊の世代	団塊の世代以外の40歳代	50歳代	60歳代
競争心が旺盛	15.6(%)	19.5(%)	42.0(%)	22.5(%)	8.9(%)	1.7(%)
向上心が強い	13.7	21.2	41.3	22.1	9.2	2.0
エネルギッシュ	21.6	25.4	39.8	18.9	7.1	2.3
マイペース	47.5	12.1	13.6	9.4	11.7	13.6
同世代で連帯感が強い	8.4	6.6	33.2	21.9	20.2	15.6
仕事に熱心	1.2	10.0	40.3	47.3	31.0	6.6
遊びに熱心	74.6	24.5	13.7	6.2	2.5	1.0
マイホーム主義的	16.0	46.8	24.8	17.6	11.5	4.2
消費生活が豊か	38.4	24.4	14.4	15.0	22.1	8.2
生活態度が堅実	0.4	3.6	16.6	26.8	45.9	38.2
考え方が保守的	6.9	3.0	7.6	12.6	36.7	55.1
考え方が中道的	4.8	15.0	31.7	31.7	14.1	4.6
考え方が革新的	26.4	32.6	25.7	9.2	3.3	1.6

出典：日本新聞協会広告委員会『団塊世代－ライフスタイルと新聞－』1991年

Ⅶ-3-7 クラスタリング・セグメンテーション調査の事例
（日本新聞協会が主体の調査から）

調査名	2005年全国メディア接触・評価調査	第1回新聞の評価に関する読者調査
セグメント方法	探索的因子分析を用いて構成した心理尺度	探索的因子分析を用いて構成した心理尺度
セグメント尺度	アクティブ・コミュニケーター尺度	新聞評価尺度（必要度，信頼度，愛着度，親近度）
セグメントに用いた調査項目	情報に関する考え方や意見・態度	新聞に関する考え方や意見・態度
調査対象	全国の15～69歳の男女個人	全国の18歳以上の男女個人
抽出方法	住民基本台帳からの層化2段無作為抽出法	層化2段無作為抽出法
調査方法	訪問留置法	個別面接聴取法
調査時期	2005年10月6日～30日	1999年6月10日～13日
サンプルサイズ	6,000	2,074
有効回収数	3,443	1,425
有効回収率	57.4%	68.7%
実査機関	中央調査社	中央調査社

出典：日本新聞協会新聞メディアの強化に関する委員会『第1回新聞の評価に関する読者調査』1999年，日本新聞協会広告委員会『2005年全国メディア接触・評価調査報告書』2006年

が保守的」といったイメージが上位にあり，一方で20歳代では「遊びに熱心」，「マイペース」，団塊の世代を除く30歳代については「マイホーム主義」というイメージが上位にあり，他の世代と明確に異なるイメージを自分たちの世代にもっていることが伺える。

3-2. クラスタリング・セグメンテーションによる調査の実際（アクティブ・コミュニケーター尺度からみたマスコミ接触の実態調査を事例に）

　クラスタリング・セグメンテーションによる調査では，複数の変数から作成した心理尺度でサンプルをセグメントし，他の分析対象変数との連関を分析することがよく行われる。マス・コミュニケーション研究の文脈では，心理尺度を用いて情報の受け手を分類し，分析対象変数に関してセグメントごとに特性がみられるかを分析することになる。用いられる心理尺度はさまざまで，理論的背景をもたないものを含めると，分析者の数だけ存在するといえるかもしれない。

　日本新聞協会は「2005年全国メディア接触・評価調査」の報告で，メディアからの情報を受け手が周囲の人びとに伝えたり共有したりする動きに着目して，クロスメディアによる広告コミュニケーションの有効なターゲットとして「アクティブ・コミュニケーター」というセグメントを提案し，その特性をまとめている（日本新聞協会広告委員会，2006）。また，1999年の「第1回新聞の評価に関する読者調査」では，新聞の購読や閲読に影響を及ぼす読者の新聞評価の尺度として，必要度，信頼度，愛着度，親近度の4つを提案している（坂巻善生，1999）。いずれも探索的因子分析を用いて複数の質問項目をまとめており，調査や尺度構成の手続きは類似している（表Ⅶ-3-7を参照）。そこで以下では，前者のアクティブ・コミュニケーターの事例を取り上げ，この心理尺度を通して見える受け手の特性分析の結果を紹介しよう。

(1) 調査の対象と目的

　本調査は日本新聞協会広告委員会が主体で，新聞広告の位置づけや役割を説明することを目的として2001年から隔年で実施されており，アクティブ・コミュニケーターを提案した2005年調査は3回目に当たる。新聞広告と比較する広告メディアは，テレビCM，ラジオCM，雑誌広告，インターネット広告である。アクティブ・コミュニケーターという考え方の背景には，広告情報の受け手は，ひとつのメディアの情報のみで内容を判断するのではなく，複数のメディアや周囲の人びととのコミュニケーションを通して得た情報を総合的に判断するという認識がある。そして，メディアから得た情報を周囲の人びとに伝えたり共有したりする人＝アクティブ・コミュニケーターは，特にこの傾向が強いため，メディアの情報を受容・理解しやすく，広告のターゲットとしても有効であると考えられている。これは，P.F.ラザースフェルドらが示した「コミュニケーションの二段の流れ (two-step flow of communication)」と「オピニオン・リーダー (opinion leader)」(P.F.ラザースフェルド，B.ベレルソン & H.ゴーデット，1944/1968) の理論にもとづいている。この考え方はマーケティングや広告の実務ではよく応用されており，アクティブ・コミュニケーターと類似の概念には，「マーケット・メイブン (market maven)」(L.F.Feick & L.L.Price，1987) や「情報イノベーター」(川上和久 & 電通メディア社会プロジェクト，1999)，「アクティブ・コンシューマー」(濱岡豊，2002) などがある。

　この前提のもと，本調査では，アクティブ・コミュニケーターの度合いを測定する尺度を複数の質問項目を用いて作成し，アクティブ・コミュニケーター尺度の得点の高低でメディアやメディア間の接触状況，メディア評価，商品・サービスの関心などに差があるかを分析している。調査対象は日本全国の15歳から69歳の男女個人6,000人で，対象者の抽出は住民基本台帳を用いた層化2段無作為抽出，実査は2005年10月に訪問留置法によって実施されている (表Ⅶ-3-7を参照)。

(2) 調査項目

調査項目は，アクティブ・コミュニケーター尺度関連，5メディア（新聞，テレビ，ラジオ，雑誌，インターネット）の接触と評価，新聞接触の詳細，デモグラフィック特性の4つに大きく分けられる。

① アクティブ・コミュニケーター尺度関連の項目

(イ)情報に対する考えや意見・態度，(ロ)複数メディアでの情報確認の有無，(ハ)新聞広告の内容の確認経路，(ニ)商品・サービスの関心，(ホ)新聞に対する考えや意見・評価，(ヘ)ウェブサイト認知・利用のきっかけ，など。

② 5メディアの接触と評価

(イ)接触の有無，(ロ)接触日数，(ハ)接触頻度，(ニ)印象・評価，(ホ)生活時間の変化，(ヘ)広告接触態度，(ト)広告の印象・評価，(チ)広告接触後の行動，など。

③ 新聞接触の詳細

(イ)回読人数，(ロ)宅配制度の必要性，(ハ)購読年数，(ニ)有用期間，(ホ)閲読頻度，(ヘ)閲読時間帯，(ト)閲読時間，(チ)閲読場所，(リ)閲読開始面，(ヌ)閲読記事

④ デモグラフィック特性

(イ)性別，(ロ)年齢，(ハ)未婚・既婚，(ニ)世帯構成，(ホ)世帯内立場，(ヘ)職業，(ト)学歴，(チ)住居形態，(リ)同居家族人数，(ヌ)家族構成，(ル)個人年収，(ヲ)世帯年収

(3) 分析結果

以上の調査項目をもとに，ここでは，心理尺度を用いた受け手の分析に焦点を絞って，アクティブ・コミュニケーター尺度の作成方法と，尺度得点の高低別に見た受け手のプロフィル，メディア接触状況，商品・サービスの関心の差についての分析結果を紹介しよう。

アクティブ・コミュニケーター尺度は，情報に関する考えや意見・態度についての5つの質問項目で構成されている（図Ⅶ-3-1を参照）。具体的には，「情

234　第2部　マス・コミュニケーション調査の実際

図Ⅶ-3-1　アクティブ・コミュニケーター尺度を構成する5つの質問項目

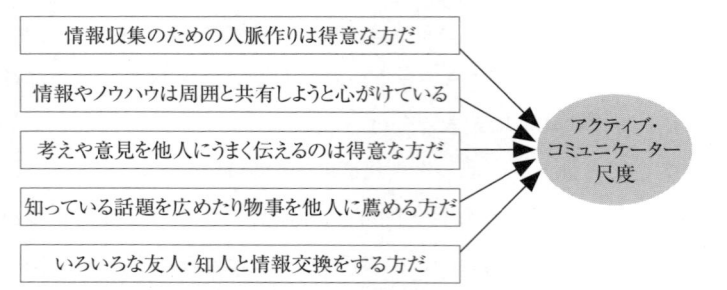

- 情報収集のための人脈作りは得意な方だ
- 情報やノウハウは周囲と共有しようと心がけている
- 考えや意見を他人にうまく伝えるのは得意な方だ
- 知っている話題を広めたり物事を他人に薦める方だ
- いろいろな友人・知人と情報交換をする方だ

→ アクティブ・コミュニケーター尺度

出典：日本新聞協会広告委員会『2005年全国メディア接触・評価調査報告書』2006年

図Ⅶ-3-2　アクティブ・コミュニケーター尺度による回答者の得点分布

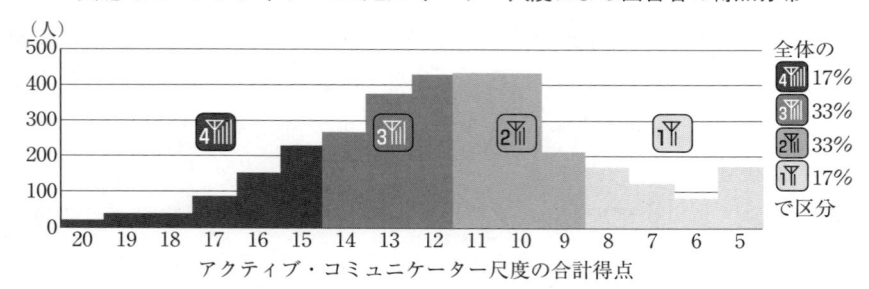

全体の
4▦ 17%
3▦ 33%
2▦ 33%
1▦ 17%
で区分

※上記図の凡例に用いられている4つの記号は，それぞれ，HH層，H層，L層，LL層として作図。以下同じ記号が出た場合も同様。

出典：日本新聞協会広告委員会『2005年全国メディア接触・評価調査報告書』2006年

報収集のための人脈作りは得意な方だ」，「情報やノウハウは周囲と共有しようと心がけている」，「考えや意見を他人にうまく伝えるのは得意な方だ」，「知っている話題を広めたり物事を他人に薦める方だ」，「いろいろな友人，知人と情報交換をする方だ」である。これらの項目のそれぞれについて，調査対象者は，「あてはまる」，「どちらかといえばあてはまる」，「どちらかといえばあてはまらない」，「あてはまらない」の4つの選択肢からひとつ選択する。そして，それぞれの選択肢に4点，3点，2点，1点と点数を付け，その合計得点によって「アクティブ・コミュニケーター度」を測定している。尺度の合計得点分布が図Ⅶ-3-2である。分析では，E.M.ロジャーズの普及の理論（E.M.Rogers,

2005）を参考に，得点の高い順から17%，33%，33%，17%の構成比で4つのセグメントに分割している。

尺度構成項目を5つに絞る過程では，探索的因子分析を用いている。情報に関する考えや意見・態度について全体で15の質問項目を提示し，探索的因子分析を行った結果の因子パターン行列と因子間相関行列が表Ⅶ-3-8である。モデルとデータの適合度を示すGFI（goodness-of-fit index）やRMSEA（root mean square error of approximation）などから3因子モデルの当てはまりがよいと判断し，第1因子としてまとめられた5つの質問項目をアクティブ・コミュニケーター尺度として選択している。測定の信頼性を示すL.J.クロンバックのα係数（α coefficient）は0.80であった。

表Ⅶ-3-8 探索的因子分析から得られた因子パターン行列と因子間相関行列

●因子パターン行列

	因子1	因子2	因子3
情報収集のための人脈作りは得意な方だ	0.76	-0.15	0.10
情報やノウハウは周囲と共有しようと心がけている	0.62	0.19	-0.08
考えや意見を他人にうまく伝えるのは得意な方だ	0.60	-0.05	0.11
知っている話題を広めたり物事を他人に薦める方だ	0.56	0.02	0.11
いろいろな友人・知人と情報交換をする方だ	0.50	0.07	0.17
直接関わりのないことでも知っておきたい方だ	0.36	0.15	0.22
情報の価値は，使う人によって変わると思う	-0.02	0.70	0.02
メディアの情報は必ずしも正しいとは限らない	-0.12	0.61	0.14
一つの情報を複数の情報源で確認する方だ	0.20	0.42	0.22
自分と異なる意見でも謙虚に耳を傾ける方だ	0.31	0.47	-0.15
情報を利用するときはその背景を考える	0.33	0.45	-0.02
必要な情報の収集にはお金を惜しまない方だ	0.04	-0.01	0.63
情報を整理して保存するのが得意な方だ	0.10	0.00	0.59
少しでも興味あることは自分で積極的に調べる方だ	0.04	0.26	0.54
最新の情報を他人より早く知りたい方だ	0.25	0.04	0.39
固有値	5.57	1.47	1.09

●因子間相関行列

	因子1	因子2	因子3
因子1	1.000	0.460	0.574
因子2		1.000	0.332
因子3			1.000

●適合度　GFI　0.960
　　　　　RMSEA　0.066

●因子抽出法　最小二乗法
●因子回転法　直接オブリミン法

出典：日本新聞協会広告委員会『2005年全国メディア接触・評価調査報告書』2006年

アクティブ・コミュニケーター尺度に沿って分割された4つのセグメントごとに，性別，平均年齢，平均世帯年収，職業，最終学歴についてまとめたものが図Ⅶ-3-3である。性別の構成比ではセグメントごとに顕著な差はないが，平均年齢は尺度得点が高いほど若く，平均世帯年収は尺度得点が高いほど多くなっている。職業では，尺度得点が高いほど，「管理職」や「専門・技術職」，「学生」の構成比が高く，最終学歴では，尺度得点が高いほど「大学・大学院

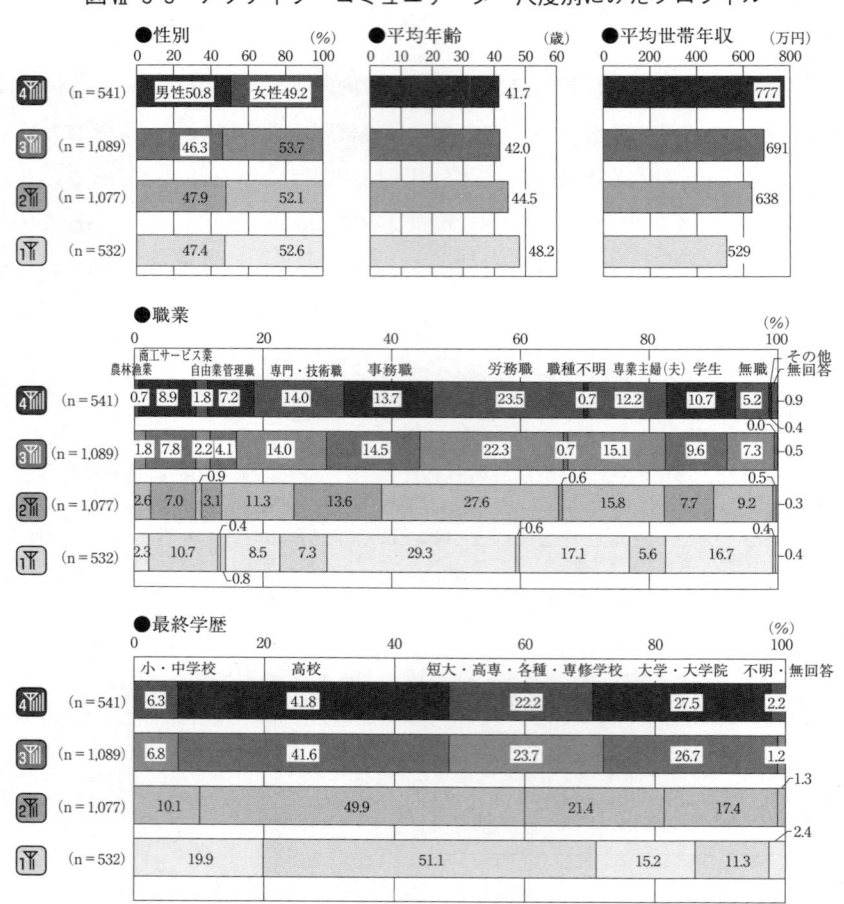

図Ⅶ-3-3 アクティブ・コミュニケーター尺度別にみたプロフィル

●性別 (%)
セグメント	男性	女性
4 (n=541)	50.8	49.2
3 (n=1,089)	46.3	53.7
2 (n=1,077)	47.9	52.1
1 (n=532)	47.4	52.6

●平均年齢 (歳)
セグメント	平均年齢
4 (n=541)	41.7
3 (n=1,089)	42.0
2 (n=1,077)	44.5
1 (n=532)	48.2

●平均世帯年収 (万円)
セグメント	平均世帯年収
4 (n=541)	777
3 (n=1,089)	691
2 (n=1,077)	638
1 (n=532)	529

●職業 (%)
セグメント	農林漁業	商工サービス業	自由業管理職	専門・技術職	事務職	労務職	職種不明	専業主婦(夫)	学生	無職	その他・無回答
4 (n=541)	0.7	8.9	1.8	7.2	14.0	13.7	23.5	0.7	12.2	10.7	5.2 / 0.9
3 (n=1,089)	1.8	7.8	2.2	4.1	14.0	14.5	22.3	0.7	15.1	9.6	7.3 / 0.4 / 0.0 / 0.5
2 (n=1,077)	2.6	7.0	3.1	11.3	13.6	27.6	0.6	15.8	7.7	9.2	0.3 / 0.9 / 0.5
1 (n=532)	2.3	10.7	8.5	7.3	29.3	0.6	17.1	5.6	16.7	0.4 / 0.4 / 0.8	

●最終学歴 (%)
セグメント	小・中学校	高校	短大・高専・各種・専修学校	大学・大学院	不明・無回答
4 (n=541)	6.3	41.8	22.2	27.5	2.2
3 (n=1,089)	6.8	41.6	23.7	26.7	1.2
2 (n=1,077)	10.1	49.9	21.4	17.4	1.3
1 (n=532)	19.9	51.1	15.2	11.3	2.4

出典：日本新聞協会広告委員会『2005年全国メディア接触・評価調査報告書』2006年

卒」の構成比が高いことがわかる。

　このようなプロフィルのアクティブ・コミュニケーターは，マス・コミュニケーションの受け手としてみた場合，どのような特性をもつのだろうか。メディア接触者の割合と1週間の平均接触日数について4つのセグメントごとにまとめたものが図Ⅶ-3-4と図Ⅶ-3-5である。接触者の割合と平均接触日数とも，

Ⅶ 受け手の特性調査(1) メディアと受け手の特性に関する調査　237

図Ⅶ-3-4　アクティブ・コミュニケーター尺度別にみたメディア接触者の割合

出典：日本新聞協会広告委員会『2005年全国メディア接触・評価調査報告書』2006年

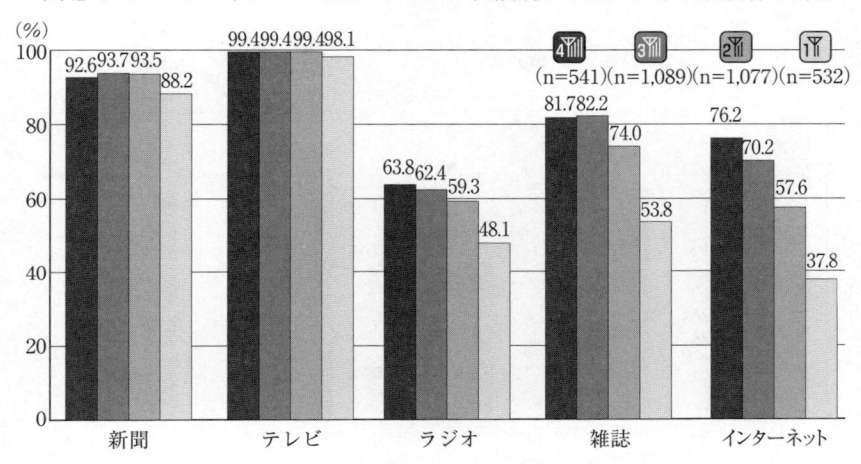

図Ⅶ-3-5　アクティブ・コミュニケーター尺度別にみたメディアの1週間の平均接触日数

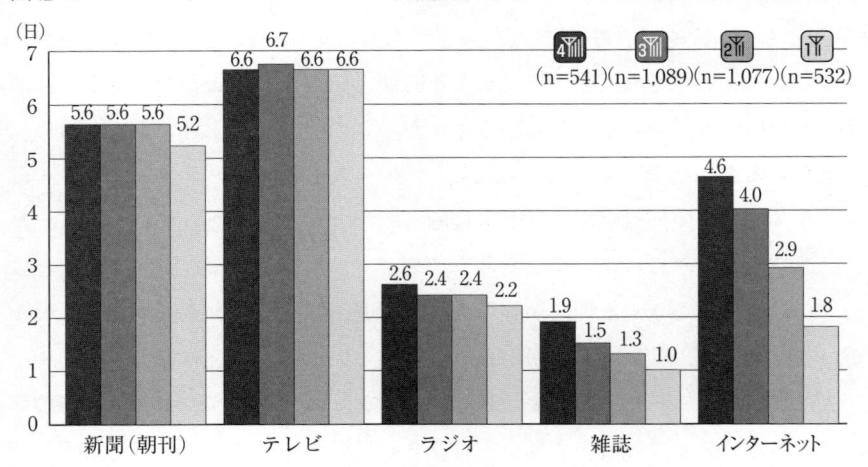

出典：日本新聞協会広告委員会『2005年全国メディア接触・評価調査報告書』2006年

セグメント間の差が小さいのは「テレビ」と「新聞」，差が大きいのは「雑誌」と「インターネット」となっている。一方，接触の指標に1日の接触時間と1週間の接触頻度の積を用い，平均値を境に「高接触者」と「低接触者」に

図Ⅶ-3-6　アクティブ・コミュニケーター尺度別にみたメディア高接触者の割合

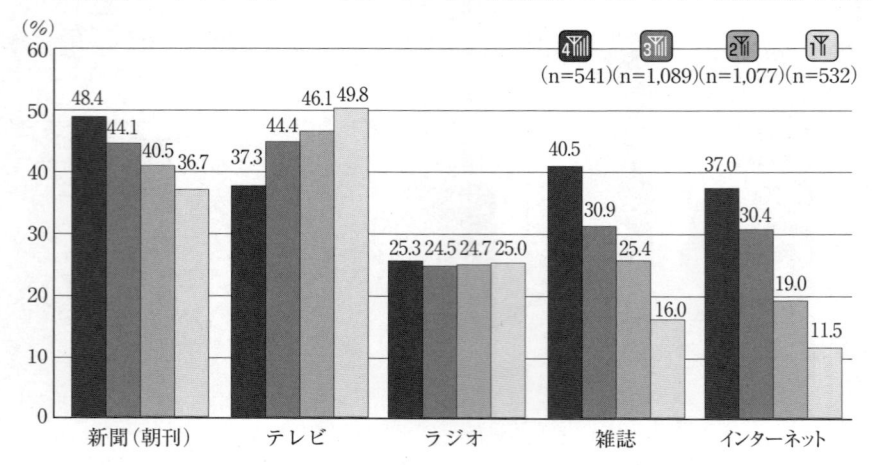

(n=541)(n=1,089)(n=1,077)(n=532)

新聞（朝刊）：48.4　44.1　40.5　36.7
テレビ：37.3　44.4　46.1　49.8
ラジオ：25.3　24.5　24.7　25.0
雑誌：40.5　30.9　25.4　16.0
インターネット：37.0　30.4　19.0　11.5

出典：日本新聞協会広告委員会『2005年全国メディア接触・評価調査報告書』2006年

分けて高接触者の割合をグラフ化した図Ⅶ-3-6では，「テレビ」と「新聞（朝刊）」ともに，セグメント間で差が大きくなっている。高接触者の割合が大きいということは，そのメディアに接する時間と頻度が多いことであるから，図Ⅶ-3-6の指標は，メディアとの距離やかかわりの強さを示すといえるだろう。結果を見ると，新聞（朝刊），雑誌，インターネットは，アクティブ・コミュニケーター尺度の得点が高いほど高接触者の割合が大きくなっているが，テレビは逆の傾向がみられる。すなわち，メディアから得た情報を周囲の人びとに伝えたり共有したりする性向が強い人は，新聞，雑誌，インターネットとのかかわりは強いが，テレビとのかかわりは弱いという傾向が読み取れる。

次に，新聞，テレビ，ラジオ，雑誌，インターネットの5つのメディアに関して，あるメディアの広告で見た内容をそれ以外のメディアの広告で確認したことがある人の割合を，4つのセグメントごとに集計した結果をみてみよう（図Ⅶ-3-7を参照）。既述のように，本調査では，アクティブ・コミュニケーターは複数のメディアで広告情報を確認する傾向が強いという前提に立っている。集計の結果，複数メディアの広告で情報を確認する人の割合は，もっとも

Ⅶ 受け手の特性調査(1) メディアと受け手の特性に関する調査　239

図Ⅶ-3-7　アクティブ・コミュニケーター尺度別にみた複数メディアで広告情報を確認する人の割合

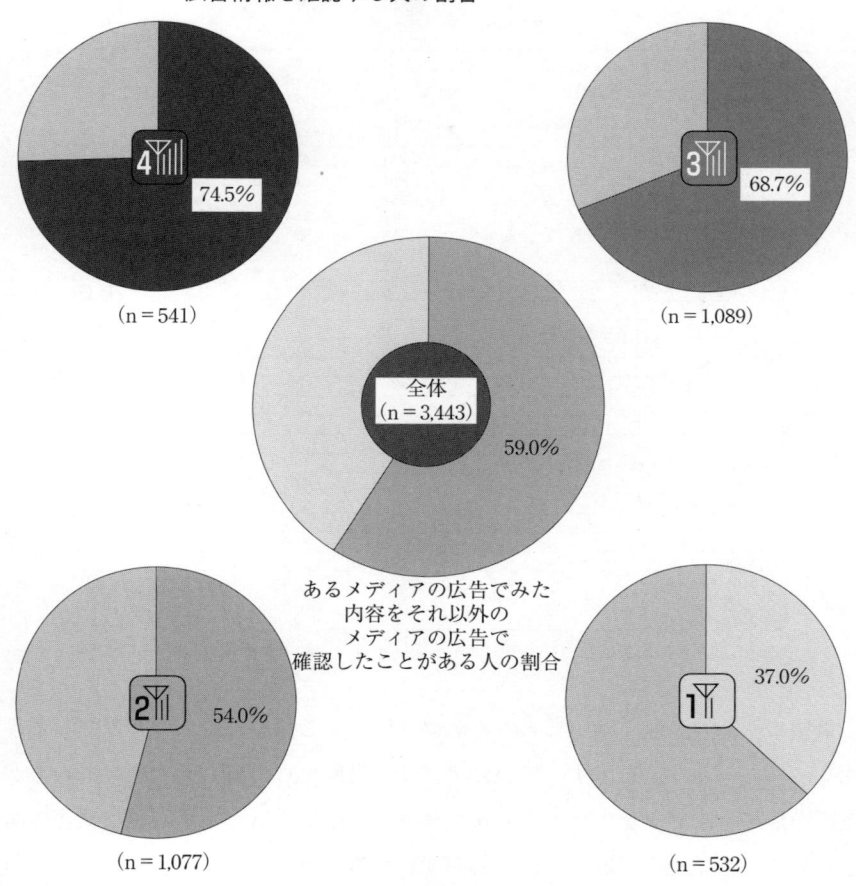

4　74.5%　(n=541)

3　68.7%　(n=1,089)

全体
(n=3,443)
59.0%

あるメディアの広告でみた内容をそれ以外のメディアの広告で確認したことがある人の割合

2　54.0%　(n=1,077)

1　37.0%　(n=532)

出典：日本新聞協会広告委員会『2005年全国メディア接触・評価調査報告書』2006年

尺度得点が高いセグメントが74.5%で，以下，尺度得点が低くなるにつれて，68.7%，54.0%，37.0%と減少している。複数メディアの広告情報確認とアクティブ・コミュニケーター尺度の高低には正の連関があり，アクティブ・コミュニケーターであるほど，複数のメディアで広告情報を確認する傾向が強いという特性があるといえるだろう。

表Ⅶ-3-9　アクティブ・コミュニケーター尺度別にみた商品・サービスへの関心

(%)

	4 (n=541)	3 (n=1,089)	2 (n=1,077)	1 (n=532)
食品	67.3	66.1	62.6	55.5
家電製品	47.7	44.5	40.1	27.3
飲食店・グルメ	45.3	44.1	35.4	23.5
本・雑誌	43.8	44.1	33.5	23.5
新作映画や演劇	41.8	41.5	33.1	21.1
ファッション・装飾品	40.3	39.3	28.4	18.8
パソコン	36.4	32	21.7	14.1
レジャー施設	35.9	39.1	28.4	19.4
医薬品	35.7	31.1	25.3	23.9
携帯電話・PHSなどの情報通信サービス	34.6	33.5	23.9	14.1
音楽や映画ソフト	32.5	28.5	21.7	14.5
国産自動車	31.6	29.8	24.6	16.7
家具・インテリア	30.9	29.8	21.5	18.2
旅行商品	30.9	32.2	24.3	17.9
コンサート（ライブ・音楽祭など）	29	27.6	21.5	12.8
清涼飲料水	28.8	27.5	26.6	23.1
アルコール飲料	27.9	28.3	26.2	19.4
化粧品・トイレタリー	27.9	29	24.1	16.2
コンビニ・スーパー	25.3	25.3	22.9	19.5
通信販売	23.5	26.5	19.8	13.9
百貨店	23.1	23	15.2	12.4
金融商品（預貯金・株・投資信託・保険など）	21.3	17.7	14.1	10.9
求人情報	19.2	17.4	13.4	10.9
教育（塾・学校・カルチャーセンターなど）	18.7	17.3	12.1	7.1
住宅・不動産	17.9	17	12.6	10.3
高級ブランド店	14.6	11.5	6.5	4.3
輸入自動車	12.9	10.1	6.9	3.8
ゲームソフト	12.4	12.3	11	7.9
特にない	3	2.8	6	15.6
無回答	0.6	0.3	0.7	0.6

出典：日本新聞協会広告委員会『2005年全国メディア接触・評価調査報告書』2006年

　最後に，28の商品・サービスのカテゴリに対する関心についてもみてみよう。表Ⅶ-3-9をみると，ほぼすべてのカテゴリで尺度得点の高いセグメントの方が選択率が高く，アクティブ・コミュニケーターであるほどさまざまな情報に関心を持ち，情報の受容度が高いことが伺われる。関心が高いカテゴリは4つのセグメントで変動は少なく，「食品」，「家電製品」，「飲食店・グルメ」，「本・雑誌」，「新作映画や演劇」などが上位に挙がっている。

　本節では，アクティブ・コミュニケーターという切り口でマス・コミュニケーションの受け手の特性分析を試みた。分析者の関心に応じて心理尺度を作成して受け手の特性をとらえることで，ア・プリオリに設定しやすいデモグラフィック特性とは異なる見方が可能となり，マス・コミュニケーションの受け

手の理解を深めることができる。しかし，こうした尺度は，尺度を構成する質問項目や調査対象の組み合わせ方で自由に作ることができるため，調査目的に照らして実質的な意味がないものにもなりかねない。本調査で紹介したアクティブ・コミュニケーター尺度も1回の調査結果から作成した尺度であり，他の調査でも同じ尺度が得られるか（信頼性の確認）や，この尺度を用いて情報の受け手をセグメントすることに実質的な意味があるか（妥当性の確認）について，さらに検証していく必要があるだろう。

【引用文献】

- Wind, Y., "Issues and Advances in Segmentation Research", *Journal of Marketing Research*, 15, 1978.
- 片平秀貴『マーケティング・サイエンス』東京大学出版会，1987年。
- 川上和久，電通メディア社会プロジェクト『情報イノベーター』講談社現代新書，1999年。
- コトラー，P.,（恩藏直人監修，月谷真紀訳）『コトラーのマーケティング・マネジメント ミレニアム版』ピアソン・エデュケーション，2001年（Kotler, P., *Marketing Management: Millennium Edition* (10th ed.), Prentice Hall, 2001）.
- 坂巻善生「新聞評価の新尺度」，『新聞研究』No.581，日本新聞協会，1999年12月。
- 鈴木裕久『マス・コミュニケーションの調査研究法』創風社，1990年。
- 濱岡豊「創造しコミュニケーションする消費者，『アクティブ・コンシューマー』を理解する」，『一橋ビジネスレビュー』No.50(3)，東洋経済新報社，2002年。
- Feick, L. F. & Price, L. L., "The Market Maven: A Diffuser of Marketplace Information", *Journal of Marketing*, 51, 1987.
- ベリー，M. J. A., リノフ，G.,（SASインスティチュートジャパン，江原淳，佐藤栄作訳）『データマイニング手法』海文堂，1999年（Berry, M. J. A. & Linoff, G., *Data Mining Techniques: for Marketing, Sales, and Customer Support*, John Wiley & Sons, 1997）.
- 堀洋道監修，山本眞理子編『心理測定尺度集Ⅰ』サイエンス社，2001年。
- 堀洋道監修，吉田富二雄編『心理測定尺度集Ⅱ』サイエンス社，2001年。
- 堀洋道監修，松井豊編『心理測定尺度集Ⅲ』サイエンス社，2001年。
- 真鍋一史『広告の社会学』増補版，日経広告研究所，1994年。
- ラザースフェルド，P.F., ベレルソン，B. & ゴーデット，H.,（有吉広介監訳）『ピープルズ・チョイス－アメリカ人と大統領選挙－』芦書房，1987年（Lazarsfeld, P. F., Berelson, B. & Gaudet, H., *The People's Choice—How the Voter Makes up*

His Mind in a Presidential Campaign—, Columbia University Press, 1944/1968).
- ラスウェル, H. D., 「社会におけるコミュニケーションの構造と機能」, シュラム, W. 編（学習院社会学研究室訳）『マス・コミュニケーション』創元社, 1954年 (Schramm, W. (ed.), *Mass Communication*, The University of Illinois Press, 1949).
- Rogers, E. M., *Diffusion of Innovations*, 5th ed., Free Press, 2005.

【調査報告書】
- 朝日新聞社『朝日の読者　MEDIA BOOK 2006』朝日新聞社, 2005年。
- 日本新聞協会 広告委員会『変わりましたOLたち。－ライフスタイルと新聞－』日本新聞協会, 1984年。
- 日本新聞協会 広告委員会『ヤングビジネスマンNOW！－ライフスタイルと新聞－』日本新聞協会, 1985年。
- 日本新聞協会 広告委員会『日本の課長さん－ライフスタイルと新聞－』日本新聞協会, 1986年。
- 日本新聞協会 広告委員会『現代大学生事情－ライフスタイルと新聞－』日本新聞協会, 1987年。
- 日本新聞協会 広告委員会『妻たちの現在－ライフスタイルと新聞－』日本新聞協会, 1989年。
- 日本新聞協会 広告委員会『実年ism－ライフスタイルと新聞－』日本新聞協会, 1990年。
- 日本新聞協会 広告委員会『団塊世代－ライフスタイルと新聞－』日本新聞協会, 1991年。
- 日本新聞協会 広告委員会『マーケットリーダー「女の時代」の主役たち－ライフスタイルと新聞－』日本新聞協会, 1992年。
- 日本新聞協会 新聞メディアの強化に関する委員会『盛年層と新聞』日本新聞協会, 1997年。
- 日本新聞協会 新聞メディアの強化に関する委員会『新聞評価の新尺度－新聞の購読・閲読を予測し, 説明可能な評価軸（設問）をみる　第1回「新聞の評価に関する読者調査」結果報告－』日本新聞協会, 1999年。
- 日本新聞協会 広告委員会『新聞のポジショニングと新聞広告の役割－2001年全国メディア接触・評価調査 報告書－』日本新聞協会, 2002年。
- 日本新聞協会 広告委員会『多メディア時代の新聞力－2003年全国メディア接触・評価調査 報告書－』日本新聞協会, 2004年。
- 日本新聞協会 広告委員会『クロスメディア時代の新聞広告－2005年全国メディア接触・評価調査 報告書－』日本新聞協会, 2006年。

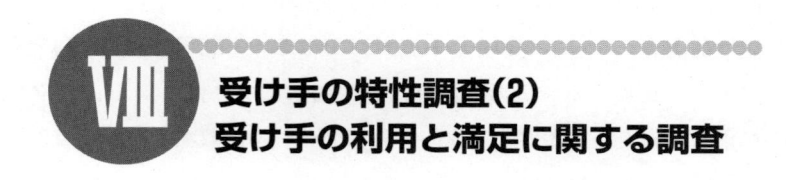

VIII 受け手の特性調査(2)
受け手の利用と満足に関する調査

1. 利用と満足に関する調査の目的と定性的調査の意義

　本章では，受け手分析の一環として，利用と満足に関する分析を軸とした定性的調査の実際と，それがどのように利用されるかについて述べる。利用と満足の研究は，受け手は生活行動の中でマス・コミュニケーションをどのように位置づけるか，を主要なテーマとし，1940年代にラザースフェルドらを中心に始められた（ラザースフェルド，1940）。マス・メディアによって伝えられるメッセージの受容のあり方（受容過程）に着目する研究として，次章以降（IX，X章）で扱う「効果」研究と密接な関係にあるが，II章で触れられていたように，出発点において両者には対照的な特徴がある。ここで簡単に繰り返しておけば，効果研究では，メッセージに込めた送り手の意図に即して，受け手が態度や行動をどう変化させるかを問題にするのに対し，利用と満足の研究では，送り手の意図と関係なく，受け手がそれをどのように利用しいかなる充足を得るかを問題にする。つまり前者では，受け手はマス・コミュニケーションに反応する客体として位置づけられるのに対し，後者では自分にとって有用な情報を引き出す主体としてより積極的に位置づけられる。受け手の主体性に重点をおいて，受け手のマスコミへの要求，マスコミ観などに焦点を当てれば，前章とは異なる視点からの受け手の特性分析になるだろう。そして，調査手法として，前者が定量的な社会調査や統制実験によって進められてきたのに対し，後者は少数者へのインタビューによる定性的調査・分析が用いられた。

こうした利用と満足の研究は，追認調査やデータの再分析ができなかったが故に，調査の客観性，信頼性に対する疑問から，1950年代に衰退する。しかし，定性的調査そのものが否定されたわけではなく，利用と満足の研究も1970年代に入って復興する。その要因は，竹内郁郎によれば，①D．マクウェールらによる「充足」タイプの研究のように，データの収集，分析に量的な方法が導入されたこと（マクウェール，1972），②E．カッツらによる受け手の「要求」を類型化した研究のように，心理的・社会的要因との関連性が考察されたこと（カッツ，1974），③効果研究において，受け手の能動性を重視する「批判的」受け手研究が台頭し，効果研究と利用と満足の研究との連携・交流が試みられたこと，などである（竹内郁郎，1982）。Ⅱ章で触れられていたように，効果研究の第Ⅲ期で，「議題設定機能仮説」，「スキーマ理論」，「エンコーディング／ディコーディング・モデル」などにおいて，利用と満足の研究の視点が導入されたのはその例である。批判的受け手研究では，質的（定性的）分析が重視され，「エンコーディング／ディコーディング・モデル」の研究において，D．モーレイは，自由回答方式のインタビューやディスカッションなどの定性的調査手法を用いた実証研究を行った（モーレイ，1980）。

　今日，定性的研究の重要性はより高まっている。というより，量的，質的データのそれぞれの特性，役割を意識し，使い分けられるようになっている。鈴木裕久は，以下の4つの理由を挙げて，マス・コミュニケーション調査における質的（定性的）研究の重要性を指摘している（鈴木，1990）。①現実の社会情報現象の多くが個別のケースごとの観察・記述・分析のアプローチを必要としていること，②自然状況の中の人びとの社会情報行動は量的方法だけではとらえきれず，たとえ少数サンプルでも「深い」「ダイナミックな」アプローチが必要であること，③社会情報行動を正しく解釈するためには，状況の文脈を観察することが必要であること，④新しい事態の出現において，量的研究に先立って，質的研究による概念化が必要であること，である。

　次節以降では，量的な方法による裏付けや，受け手の心理的・社会的要因な

どの側面に留意しつつ，受け手の受容過程の定性的調査の技法と実例を紹介する。

2. 利用と満足に関する調査の技法（定性的調査の技法）

　定性的調査の技法には，Ⅱ章での分類に従えば，半構造化された調査手法（詳細面接調査，グループインタビュー），自由面接手法（深層面接法），非統制的観察法などがある。扱うデータの種類は，文字による記述データの他に，音声，映像などが考えられるが，ここでは記述データに限定して述べる。

　定性的調査は，鈴木の指摘のように，（少数の）個別の事例をより深く分析（ケーススタディー）したり，新しい事態の出現において，あらかじめ想定しにくい概念を抽出したりするのに有効である（鈴木，1990）。それ故，仮説・理論の産出のために定性的調査を用い，その仮説・理論の検証に定量的調査を用いると考えられることが多い。定性的調査によって現象をモデル化し，定量的調査で検証する，あるいは定量的調査によって確認された現象を理論づけるために定性的調査を行う，といった方法である。ただし，定性的調査が仮説の検証に貢献する場合もあり，一方で定量的調査が理論を生み出すこともある。対象の特性や目的により2種類の調査を相互補完的に用いられることが望ましいのではないだろうか。定性的調査の過程においては，データの収集と分析は同時に進行することが多い。データを収集しながら分析を進めることで，次にどんなサンプルにどんなインタビューをするべきかがわかる，といったことが少なくないからである。その意味で，ダイナミックな調査・分析なのである。状況の文脈，背景にある構造との関連を明らかにするにはそうしたダイナミックなアプローチが必要とされる。

　利用と満足の研究に即して考えれば，定性的調査に求められるものは，（送り手の意図にとらわれない）受け手の「充足」のあり方の概念化，それをもたらす受け手の「要求＝情報ニーズ」の概念化，受け手が「充足」を得るプロセス，

メカニズムの解明であろう。あらかじめ調査項目として設定することが困難な概念の抽出には，構造化されない（自由度の高い）調査手法が用いられることが多い。

　本節では，利用と満足に関するマス・コミュニケーション研究における定性的調査の事例を2件紹介し，調査手法の実例を示すとともに，定性的調査が調査計画全体の中でどのような位置づけにあり，どのような効用があるかを見ていくことにする。

　ひとつは，テレビ番組の視聴質調査「リサーチQ」である。これは慶應義塾大学とテレビ朝日の共同プロジェクトとして，ビデオリサーチの機械式個人視聴率調査導入に歩を合わせて，1997年にスタートした，インターネットを用いたテレビ番組の視聴質調査システムである。2003年の日本テレビ視聴率買収事件以来，視聴率に対する疑義が高まっているが，視聴率一辺倒に対する反省，質を重視する主張はそれ以前から業界内にあり，1970年代から視聴質調査の取り組みはさまざまな形で行われている。しかし何をもって質を測る尺度とするか，という合意が難しく，また，（視聴率が翌朝には分かるのに対し）データが出るまでに時間がかかるため，普遍性，実用性をもたせることが困難だと考えられてきた。「リサーチQ」は，尺度を「期待度」，「満足度」，「集中度」の3要素に絞り込み，同時にインターネットを活用することで，普遍化，実用化を進める試みであった（テレビ朝日編成部＆慶應義塾大学環境情報学部熊坂研究室，1997）。

　調査の手順は以下の通りである。① 回答者はテレビ朝日のホームページにアクセスし，「リサーチQ」を開く，② 番組表（19時〜26時）から，見た番組をチェックする，③ チェックした番組につき3つの指標別に5段階評価で回答する（見ようと思って見たか＝期待度，見てよかったか＝満足度，集中して見たか＝集中度，※携帯電話版では，人に勧めたいと思ったか＝オススメ度，もある），④ 意見・感想は自由回答欄に記入する。これまでの研究でこの3指標はその後の視聴率の動向と相関関係がある，集まったデータはイントラネット上でリ

アルタイムで見ることができる，と報告されている．また，回答者数は1日平均4,500人であるが，インターネットユーザーによる回答のため，サンプルの代表性に疑問がもたれていたが，テレビ朝日系列で実施している全国規模の生活者調査の結果に比して，性・年齢構成に差がないと説明されている．

「リサーチQ」では数値データとともに，自由回答欄に記入された回答が定性的データとして収集されているわけであるが，それは多くの場合，参考資料として数値データに生のまま添付されるか，何らかの分析が行われても，限られた場合に例外的に行われていた．いうまでもなく，コンピューターに文章を理解させることは困難であり，人による手作業での整理・要約に頼るしかないため，テレビ番組の視聴データのように即時性を要求されるケースでは，すべてのデータに対して行うのは不可能だったからである．

「リサーチQ」のプロジェクトをテレビ朝日と共同で進めてきた慶應義塾大学大学院メディア研究科の熊坂研究室では，自由回答文を自動的に解析する研究が進められてきたので，その概略を紹介する（長島英樹，2001）．この解析のために形態素解析ソフト「茶筌」を利用した解析プログラム「Impression Extraction System」（以下IES）が開発された．IESでは，収集された回答文を最小単位の要素である形態素に分割して，番組にとって関係のある印象語を抽出する．そして，それぞれ良い意味合いか悪い意味合いかを判断し，「プラス表現」，「マイナス表現」の数をカウントする．さらに意味の近い印象語群をグルーピングする．また，印象語に関連する名詞（関連語）を抽出し，何についての印象なのかを明確にし，擬似的に構文解析をも行う．このシステムによって，① 自由回答文が意味する方向性を数値化できる，② どのような印象語が含まれているかを俯瞰できる，③ 印象語が関連している言葉（番組の要素）が何かを知ることができる．

この自動解析システムは現在研究途上にあるものだが，番組に対する自由な意見・感想という定性的データの利用のされ方の方向性を見ることができる．つまり，ポイントとなる語彙の出現率による数値化（定量的データへの還元），

一方で評価の言葉や評価の要素など，必ずしもこれまで見えていなかった概念の抽出である。

ふたつ目の事例は，「新しい広告効果」研究会のパイロット調査である（飽戸弘，2003；2006）。「新しい広告効果」研究会は飽戸弘を中心としたメンバーで，従来の広告効果測定法では把握しきれていない広告の効果を測る新しい測定法を探り，そのための試験的調査を実施した。そこでは定性的調査と定量的調査が目的に応じて組み合わされて使われている。

従来の AIDMA（Attention（注目）− Interest（関心）− Desire（欲求）− Memory（記憶）− Action（行動））に代表される広告効果測定モデルは販売促進効果を測るものであるが，広告表現・手法が多様化している今日，多様なコミュニケーション効果を測る必要がある。そのためには利用と満足研究的アプローチが不可欠であるという基本的な視座から，新しい尺度による調査法を考案し提唱することが研究活動の目的である。

飽戸らはこれに先行する「広報効果研究会」の活動を通じて，新しい広告の機能に対する評価軸として，以下の5因子14項目を作成した（飽戸，2006）。

- 広告評価因子（楽しい，アイデアがいい，センスがいい）
- 知識情報因子（役に立つ，内容が理解できる，政府の理解深まる）
- 話題性因子（話題になりそう，人に話したくなる，印象に残る）
- コンサマトリー因子（ドラマや小説のよう，ストーリー性がある，絵や音楽を楽しめる）
- 報道・口コミ因子（地球温暖化が話題になった，温暖化のニュースをメディアで見聞きした）

これを出発点として，さらに項目の拡充，洗練が行われた。その方法として用いられたのが，自由回答によるパイロット調査である。早稲田大学，青山学院大学の学生を対象に，新聞広告，テレビＣＭについて自由に印象・感想を述べてもらった。対象者は新聞広告とテレビＣＭのふたつのグループに分かれ，広告は，新聞広告，テレビＣＭともに，手法によってストレート型（販促を第

一義とする目的的コミュニケーション），コンサマトリー型（それ自体を楽しむ自己完結的コミュニケーション），両者の中間としてソフィスティケーテッド型（婉曲型）の3種類に分け，それぞれ自我関与の高い商品と低い商品の，計6種類が用意された。質問の仕方は（厳密に広告，商品，企業などと特定せず）漠然と印象・評価を聞く，というものである。こうして収集された（文献によるものも含む）印象・評価・感想を約20因子60項目に分類・整理した。因子として提案されたものは，知識・情報，話題性，コンサマトリー性，広告評価，斬新性，異質性，理想・情熱，信頼形成，商品市場性，効果予想，情報加工意欲，連想度，受動的エンジョイ，くつろぎ・癒し，時代性，先進性，関心喚起，などであった。

　その後，項目を絞るためにプリテスト（18の広告について40問の質問票による大学生579人を対象とした調査）の結果を用いて因子分析を行い，以下の20問の調査項目を設定して，本調査（首都圏在住の20～59歳の男女，400サンプル，訪問面接法）が行われた。

① アイデアが新鮮だ
② ちょっと変わっていて面白い
③ 思わず人に話したくなる
④ 話題になりそうな広告だ
⑤ みんなも関心を持ちそうな商品だ
⑥ 商品が話題になりそうだ
⑦ この企業は信頼できる
⑧ この企業は成長しそうだ
⑨ くつろげる感じ
⑩ ほっと出来る感じ
⑪ 内容がよく理解できる
⑫ 役に立つ情報が得られる
⑬ ストーリー性があって面白い

⑭ ドラマや小説のように楽しめる

⑮ 時代の動きを感じさせる

⑯ 時代の先端を行っている

⑰ 映像（表現）がそれ自体楽しめる

⑱ センスがいい

⑲ 自分も使ってみようかと思った

⑳ 幅広い層に受けそうだ

これは，利用と満足調査と効果調査の連携の一例といえるだろう。定性的調査で抽出・収集された概念を量的調査で裏付け，本調査に適用する手法は，企業の実際の広告計画でもしばしば用いられている。例えば，インタビュー（グループインタビューを含む）や観察などによるコピーテストと定量的なフィールド調査を組み合わせるなどの例である。

ただ，定性的調査による記述データが公表されているものは少ない。次節では，やはり（新聞）広告を対象とした定性的調査で，データが公表されている例を掲げ，分析の実際を紹介する。

3. 利用と満足調査の実際（朝日新聞のサーチングを事例に）

本節では，公表されている定性的データの例として「サーチング」を取り上げ，分析の実際を示す。「サーチング」は朝日新聞社広告局で実施されている，読者による広告批評・座談会である。毎月，原則6人の読者が最近1カ月間に朝日新聞に掲載された広告について，自由に意見，感想を述べあう。調査手法としてはグループ・インタビューに属する。インタビュー方法は，提示された個々の広告について意見・感想を聞くという枠組みは明らかになっているが，質問項目は設定せず，参加者にはほぼ自由に述べさせており，自由度の高い（＝構造化されない）自由面接法的な側面もある。6人の出席者は毎月，読者の中から男女3人ずつ（年齢は主に20歳代から40歳代にわたるように配慮される

が）ほぼ無作為に抽出される。「サーチング」の結果は，同社発行の『広告月報』に掲載されている。調査対象となる広告は東京本社版掲載のものを用い，出席者は首都圏及び近郊在住者である。『広告月報』に掲載される広告は毎回12,3点であるが，実際の「サーチング」ではもっと多くの広告について聞いている（朝日新聞社広告局，1966～2006；難波功士，2000）。

　「サーチング」は何らかの分析や仮説検証を目的としたものではないので，出席者の発言の方向性は定まっておらず，出席者のコメントはそれほど詳しいものではない（いわゆる「厚い記述」は多いとはいえない）。また『広告月報』の雑誌としての性格上（主に広告主である企業や広告会社に配布される），否定的，辛口のコメントは和らげられている可能性はある。加えて少数のサンプルの偏りの可能性も考慮に入れれば，「サーチング」1回分のデータだけでは分析には不十分であろう。しかし，例えば1年間のまとまりで見てみると，140点以上の広告事例が取り上げられ，70人以上の読者の声が収集されており，データとしての量的蓄積，多様性を考えても，そこから受け手の受容のあり方を分析することは有効であろう。また，同誌は公に刊行されているので誰でも見ることができ，分析の再現，検証が可能であることはいうまでもない。そして「サーチング」の資料として貴重な点は，1966年に開始され，現在も継続していることである。受け手の声を長期的に観測することで，広告と受け手の時系列的な変化，時代的背景との関連性を読み取ることも可能であろう。

　以下，(1)「サーチング」の1回分を掲げ，収集された記述データの実例を示す。(2)「サーチング」を素材に分析を行った先行研究を紹介し，定性的データ分析の実際例を示す。(3)先行研究を参考に，「サーチング」のデータとしての特徴を考慮しながら，今後どのような分析が可能か，その方向性を示してみたい。

(1)　定性的（記述）データの実例

　ここでは，「サーチング No.350」（『広告月報』1995年2月号掲載）を示す。

「サーチング」の事例

サーチング　読者が選んだ広告　No.350

　大紙面とカラーの豪華さで圧倒的だったBMW。単にそれだけなら高級感どまりになっただろうが、内部まで見せるというアイデアで、もう一つ差をつけた。買える人も、買えそうな人も、縁がないとあきらめている人もそれぞれに、高級車の内部までリアルに見せてもらったという楽しさがあるようだ▶元日の集英社は真面目に読ませる内容。忙しいときには、重すぎると見過ごされたかもしれないが、ゆっくり時間をかけて読める正月の広告として、狙いがみごとに成功した。これだけの顔ぶれが並ぶと、いまの世界文学の流れを知るきっかけになりそうな知的な満足感もある。名前だけでなく、写真も出したのが親しみを感じさせていい▶酒税の問題をクリアして、さっそうと登場したサントリーのホップス。価格破壊が流行語になる世の中で、なぜ安いのかを明快に説明して一歩リードという観がある。価格を大きく、コピーもつい読む気になる字の大きさで、うまい。

＊朝日新聞東京本社版掲載の94年12月3日夕刊から95年1月7日朝刊までの広告について読者の方々に話し合っていただきました。

出席者（順不同・敬称略）
女性　板橋区　31歳　主婦
女性　新宿区　20歳　学生
男性　三鷹市　34歳　団体職員
男性　北　区　28歳　会社員
男性　所沢市　25歳　会社員
　　　　※出席者の実名は省略した。

内部を実感——BMW
① ビー・エム・ダブリュー（12／15朝刊　二連版30段多色）
A　車がそのへんにとまっていても、それほどまじまじと見ていられないので、これはいいですね。内部をここまで大きく見せた広告というのは、これまであまりなかったんじゃないでしょうか。
　しかし、BMWは僕にはとても買えない車なので、これを見て、やはり買えないと再認識しました。そういう意味でもBMWらしくていいんじゃないかな。（笑）
B　これは外からの写真を出した広告もありましたが、こっちのほうがいいですね。車の内部はなかなかわかりませんから。
　楽しみながら眺めました。
C　実際に自分が車に乗って体験しているような気分になるようで、とてもいいと思いました。ああ、内装はこうなっているのかと、感心しながら見ました。
D　だれでも知っている車だけれど、やはり値段に目がいきます。
　なるほど、さすがこの値段だからこそ、こんなにりっぱな広告かと納得しますね。（笑）

E 素直に，こんな車が欲しいなあと思ってしまいました。

車の広告で，インテリアまで見せてくれるというのはあまりないので，じっくりと見てしまいました。いいですね。

② 集英社（1／3　朝刊　全15段）
A 元日の書籍広告というのは，どこも力が入っていて普段とは違うし，コピーにも力が入っていて面白いですね。これは一見イメージ広告的だけれど，よく見ていくと，普段の商品広告に近いような気がします。
B これはゆっくりと見ました。写真もいいし，コピーもちゃんと読ませてくれて楽しめました。こういうのは切り抜いておいてもいいなと思いました。
C きちんと読みました。

私は書籍広告というのは，イメージよりもその本がどういう内容かという情報が大切だし，また，書籍というのは作家で勝負するものだと思いますから，こういう企画はとてもいいですね。
D 私もこれはちゃんと読みました。堀田善衛さんて，こういう顔をしているのかなんて思いながら。
E 作家の顔というのは，あまり見たことがないので，こういうふうに各国の人々の顔が出ていると興味を引かれます。

値段に注目——サントリー
③ サントリー（12／17　朝刊　全15段　多色）
E まず値段に目がいって，カラーでもあるし，新しいのが出たなということで読んでしまいました。印象的な広告ですね。
D こういうビールと呼べないビールが出るということは前から知っていて，テレビCMでも見ていたので，すごく強い印象を受けました。
C 値段を見て，一回は飲んでみようかなと思いました。

コピーもこれぐらいの大きさの字だと読む気になります。
B 私も一度は飲んでみようかという気はしたんですが，コピーを読むとビールではないと説明しているので，飲もうかどうしようか迷っています。

説明がなくて，値段だけ出ていたら，きっと飲むと思いますが。
A ビールと呼べないといっても，やはりこれはビールだと思います。これまでビールというのは，どれも値段が同じで，値段について言う必要がないから，イメージ広告中心になっていた。

そういう中で，値段を訴えたこの広告は異色だし，目を引きました。

④ ヤマト運輸（1／1　朝刊　全15段　多色）
E コピーまで読めば，どういうことか分かったんでしょうが，読む気にさせるには，ちょっと字が小さいですね。
D キャッチフレーズと写真を見て，コピーはそれにまつわるエピソードだろうと思いました。
C 写真とキャッチを見て，ヤマトがこんなものも運んでいるのかと思いました。

個人的なことをいうと、私はコピーは縦より横書きのほうが読みやすいですね。
D　ヤマトは家庭向けに小さいものを運んでいる宅急便というイメージがあるんです。

ですから、こんなに大きいものを運んでいることを見せるより、テレビCMのような、ほっとするイメージの広告のほうが似合っているように思います。
A　ヤマトはどんな片田舎なところにも、一生懸命、荷物を運ぶというイメージがありますね。黄色一色をヤマトのマークにだけ使って、またそれでマークが完成するというのは、面白いアイデアだと思いました。

⑤　パーカー（12／4　朝刊　全15段）
A　活字だけの新聞のなかで手書き文字が出ていると、ほかとまったく違う印象があってとても目立ちますね。

これは、手書きの字が商品にも結びついていて、何の広告かな、ああ、万年筆なんだと思いました。
B　あ、坂本龍一もパーカーを使っているんだと思って、印象に残りました。
C　坂本さんてこういう字を書くのかと思いました。いま、みんなワープロを使うようになって、手書きがどんどん減っているので、こういうのはかえって新鮮ですね。

そういえば、昔は中学に入ると万年筆を買ってもらったものだと、思い出しました。
E　自分でもパーカーを使っていたので、気になりました。

筆圧の違いには個人差があるので、他の人はどんな感じか見てみたいですね。

ホンモノ再確認――ダーバン
⑥　ダーバン（12／7　朝刊　全15段　多色）
C　このブランドについては知らなかったんですが、広告としてはかなりインパクトがありますね。

一度こういうのを見ると、この次からは、ちゃんと覚えていると思います。
B　私もこのブランドについては、初めて知りました。「真似されるほど有名です」といわれると、知っていなくてはいけないのか、私もどんどん時代遅れになっているのかなと思いました。（笑）
A　ブランドについては、よく分からないんですが、こういうことをいわれると、ああ、これがホンモノであとは偽物なのかと、ホンモノを再確認できるという効果があると思います。

広告というのは、商品の宣伝だけではなくて、こういう使い方もあるんだなと、面白く思いました。

⑦　講談社（1／1　朝刊　全15段）
A　これは、キャッチフレーズに共感するものがあって好きです。

正月の書籍広告は、本を紹介するものよりも、こういうイメージ広告のようなもののほうが僕は好きです。
B　私もこのキャッチフレーズは、なかなか楽しめると思いました。

C　私は書籍広告の場合には，どうしてもイメージ的な写真よりも，下の本のほうに目がいってしまいます。これもそうでした。

⑧　日本即席食品工業協会
　　　　（12／20　朝刊　全15段）
A　ラーメンの丼が出ていて，その上に乗っている正誤表が目につくので，読んでみたくなるし，広告としていいと思います。
B　ちょっとクイズっぽい感じがして，こういうのは読みます。
C　しかし，こういうことをわざわざ言わなくても，いま実際にインスタントラーメンを買っている人は，好きだから買っているんだろうと思います。（笑）
　だから，ターゲットをどこにしぼっているのかが分からない。
D　こういうのは読みますが，説明口調が強いかな。
　体に良くても悪くても，僕はインスタントラーメンを食べますけどね。（笑）
E　私も読みましたが，ここに取り上げている内容は，かなり知られているので，別の視点の説明が欲しいですね。

買いたい――シチズン
⑨　シチズン（12/6　夕刊　全15段　多色）
B　カラーはきれいだし，大きなスペースを使っているのに，ややインパクトの弱いのが惜しいですね。
C　これはとても印象的でした。時計がこれだけ並んでいてカタログ的だし，キャッチフレーズの「カラダのこと」という言葉が気になって，金属アレルギーの肌にもやさしいという，コピーもきちんと読みました。
　欲を言えば，なぜ体にいいのかがキャッチでもわかればよかったと思いますが，コピーまで読んだというのは，それだけ興味をそそるものがあったからだと思います。実際，買いたいという気にもなりました。
D　このキャッチは気になりますね。
E　こういうタイプの広告は，商品と値段がちゃんと出ているので，男物だったら必ず見たと思います。

⑩　日本中央競馬会
　　　　（1/5　朝刊　全15段　多色）
E　カラーで楽しい感じがして，とてもいいですね。
D　新聞広告はカラーだと，つい見てしまいますね。競馬は前からやっているので，これを見て行くわけではありませんが。（笑）
C　私は昔は競馬はばくちだと思っていたんですが，だんだんイメージが変わってきて，特にこの三人がＪＲＡの広告に出るようになってから，すごくいいイメージに変わってきたと思います。テレビＣＭともオーバーラップしますし。
　まだ競馬場へ行ったことも，馬券を買ったこともありませんけど，競馬に対する許容量は大きくなってきています。（笑）
B　私も同じで，以前は競馬には偏見

> があったんですが，いまでは馬券も買っています。
> 　広告の効果もあって，最近では女性でも抵抗なく競馬に行ける雰囲気になってきていますね。
>
> ⑪サントリー(12/31 朝刊 全15段 多色)
> 　E　とてもきれいな風景がカラーで出ているので，これはよく覚えています。気持ちのいい，好きな広告です。
> 　D　テレビCMの印象が強いので見ました。
> 　B　これはテレビで見て，きれいだなと思っていたので，ああ，あれだと思いました。

出典：朝日新聞社広告局『広告月報』1995年2月号

　この事例からだけでも，さまざまな受け手の「充足」のタイプを見ることができる。例えば，認知，関心，理解，記憶，欲求といった，AIDMAに代表されるような段階的広告効果の尺度に即した反応が読み取れる。

- 「こんな車がほしいなあ」(BMW)，「飲んでみよう」(サントリー) ― 欲求
- 「それだけ興味をそそるものがあった」(シチズン) ― 関心
- 「新しいのが出たな」(サントリー) ― 認知
- 「一度こういうのを見ると，この次からは，ちゃんと覚えていると思います」(ダーバン) ― 記憶
- 「キャッチフレーズの『カラダのこと』という言葉が気になって，金属アレルギーの肌にもやさしいというコピーもきちんと読みました」(シチズン) ― 理解

　また，商品・サービス広告の他に，例えば企業広告がテーマのひとつとするイメージアップに類する反応もある。

- 「広告の効果もあって，最近では女性でも抵抗なく競馬に行ける雰囲気になってきています」(日本中央競馬会)

　このような例では，広告内容による反応の違いを考慮すべきであろう。それ以外にも，疑似体験的な効果や，送り手が想定していない広告の効果の例も見られる。

- 「実際に自分が車に乗って体験しているような気分になるようで」(BM

Ⅷ　受け手の特性調査(2)　受け手の利用と満足に関する調査　257

W）
- 「さすがこの値段だからこそ，こんなにりっぱな広告かと納得します」（BMW）
- 「ホンモノを再認識できる（略）広告というのは，商品の宣伝だけではなく，こういう使い方もあるんだな」（ダーバン）

段階的広告効果とは異なるレベルの反応として，商品内容より広告表現手法に注目する鑑賞的態度というべき例がある。

- 「写真もいいし，コピーもちゃんと読ませてくれて楽しめました。こういうのは切り抜いておいてもいいなと思いました」（集英社）

そして，「知的満足」とリード文でコメントされた例（集英社）などもあり，情報を得ること自体が「充足」になっている点で，鑑賞的態度と共通するだろう。

また，受け手のもつ知識，認識の違いによって評価が分かれた例（サントリー，日本即席食品工業協会）が見られる。特に，次の例（集英社，講談社）では，受け手の広告観，広告に対する「要求＝情報ニーズ」が語られている。こうした例からは，受け手の「要求＝情報ニーズ」の違いによる「充足」のあり方の違いを見ることができる。

- 「A　元日の書籍広告というのは，どこも力が入っていて普段とは違うし（略）面白いですね。これは一見イメージ広告的だけれど，よく見ていくと，普段の商品広告に近いような気がします」（集英社）
「C　私は書籍広告というのは，イメージよりもその本がどういう内容かという情報が大切だ（略）と思いますから，こういう企画はとてもいいですね」（集英社）
- 「A　正月の書籍広告は，本を紹介するものよりも，こういうイメージ広告のようなもののほうが僕は好きです」（講談社）
「C　私は書籍広告の場合には，どうしてもイメージ的な写真よりも，下の本のほうに目がいってしまします」（講談社）

表VIII-3-1 「サーチング」出席者集計

期間		1966/4～1969年	1970～1974	1975～1979	1980～1984	1985～1989	1990～1994	計
総人数		247人	315	312	344	318	313	1849
性別	男	75	135	135	170	139	157	811
	女	172	180	177	174	179	156	1038
年齢	10代	9	2		5	1	6	23
	20代	79	99	111	127	100	167	683
	30代	72	163	137	137	104	70	683
	40代	47	45	60	46	68	56	322
	50代	3	2	4	24	40	12	85
	60歳以上				5	5	2	12
	不明	37	4					41
職業	主婦	114	134	119	68	57	47	539
	会社員・団体職員	82	113	110	157	139	135	736
	公務員	13	29	27	25	31	21	146
	学生	13	10	17	35	29	61	165
	自営業	7	5	5	8	6	4	35
	自由業		9	7	10	15	5	46
	教員・技能専門職	2	10	19	26	26	24	107
	家事手伝い・無職	11	5	8	14	10	8	56
	パート・アルバイト				1	5	8	14
	消費者団体	5						5

出典:難波功士『「広告」への社会学』2000年

上記のような例では,評価に至るプロセスを知ることもできる。また,次の例は,仁科貞文のいうマス・メディアの「集団効果」の事例になり得るデータである(仁科,2000)。

- 「知っていなくてはいけないのか,私もどんどん時代遅れになっているのかなと思いました」(ダーバン)

これらの記述は,受け手が「充足」を得るメカニズムを知る手がかりにもなり得るのではないだろうか。

前掲のように「サーチング」の記述データは短いものが多く,少数のサンプルから仮説・理論を立てたり,何らかの分析を行うことは難しい。少なくとも1年あるいは数年のまとまったレンジのデータを対象とすべきであろう。次に,長期にわたる「サーチング」のデータの分析例を紹介する。

(2) データ分析の実際－先行研究から

「サーチング」の記述データを分析した研究の例は,渋谷重光(1972),難波功士(2000)などがある。ここでは難波の分析を紹介する。

難波は,「サーチング」が広告の受け手を定点観測的に追えるデータであることを評価し,1966年(サーチング開始時)から1994年までの約30年間のサーチングを通覧し,出席者の年齢,職業のばらつきを確認したうえで(表Ⅷ-3-1参照),受け手の広告観,受容のあり方を再構成している。

受け手である読者の広告との接し方を年代順に追ってみると,1960年代は,生活に有用な情報であるかどうかという「役に立つ／立たない」が主要な評価軸になっている。「私には毎日の生活とどんな関係があるのかよく理解できなかったわ」(1967/1 -『広告月報』掲載年月,以下同様),「もう少しまじめに広告してほしいですね。われわれの生活感と,かなりかけ離れていませんか」(1972/1)などの発言が典型的であり,いわゆるイメージ広告に対しては「観賞用とでもいいたい広告だね」(1967/5)と否定的な見方をしている。

それが1970年代になると,広告表現に対する「うまい／へた」の評価を軸とした発言が増えてくる。「出版社はあまり広告をしつけないからでしょうか,一般のメーカーに比較すると下手だなという感じがします」(1973/11)など表現技術に言及するような例や,「この写真,とっても感じがいいですね。気に入ってお勝手にはっています」(1977/2),「サントリーの広告というのは,商品から独立し,それ自体を楽しむようなものがありますね」(1981/5)など,商品の内容はともかく,広告(表現)自体を楽しむ例が多くなる。そうした広告を鑑賞・批評の対象とする傾向は1980年代に入る頃にさらに盛んになる。

しかし,1980年代後半になると,「私は,どうもサントリーは広告がうますぎるんじゃないかと思うんですね」(1984/2),「広告そのものは好きです。でも,お酒の広告って,それを見ていいなと思っても,すぐ,そのお酒を買うというものでもないですね」(1984/2)といった,シニカルな,傍観者的な立場からの発言が目立ってくる。そして「うまい／へた」と入れ替わるように,

1980年代初めからクローズアップされてきたのが，広告として「効く／効かない」という評価軸である。「この広告は，すごく効いたと思います」(1979/1)，「これは，対象を若い人にしぼりこんだんだと思いますね。その意味では成功した広告だと思います」(1980/7) など，ビジネス評論家的，マーケター的な物言いが目立つようになる。広告の狙いや広告が組み込まれているキャンペーンの仕組みを理解し，商品開発の意図やマーケティング戦略などを了解したうえでの評価が語られている。

難波は，こうした広告に対する評価軸の変遷を，広告リテラシー，マーケティング・リテラシーの向上により，広告される内容を，自明のモノとしての商品から企業戦略の産物として意識するようになった消費者（広告の受け手）の視線，感受性の変化ととらえる。その背景として，情報化による広告主（企業）と受け手（消費者）の関係の変化，つまり広告やマーケティングの主体である企業活動そのものが評価の対象となってきたことを指摘し，企業の人格化という社会の変化を読み取っている。

(3) データ分析の実際と方向性

最後に，先行研究も参考にしながら，今後どのような「サーチング」分析が可能かを考えてみたい。「サーチング」のデータとしての特徴を考えると，(「新しい広告効果」の調査のように）もともとある定まった分析や仮説を立てることを前提，あるいは目的とした調査ではない。したがって，記述データを読み込んだうえで，そこに表れている受け手の反応を概観し，あらためて分析の方向性や手法を考えなければならない。つまりこれからの作業は「内容分析」と同じような性格のものになるだろう。

分析の対象として，1990年代後半 (1995～1999年) に『広告月報』に掲載された「サーチング」を取り上げる。つまり難波論考の対象となった期間の後に続く5年間である。手法としては，量的分析と質的分析の両方に配慮しながら進める。予備作業として，出席者の特性を見るために，年齢，職業を集計した

Ⅷ 受け手の特性調査(2) 受け手の利用と満足に関する調査

表Ⅷ-3-2 「サーチング」出席者集計

(人)

	期間	1955年	1996年	1997年	1998年	1999年	計
	総人数	68	71	70	71	72	352
性別	男	34	35	35	35	36	175
	女	34	36	35	36	36	177
年齢	10代		1				1
	20代	41	34	30	26	24	155
	30代	18	19	20	22	24	103
	40代	9	14	18	23	24	88
	50代		3	2			5
	60歳以上						
	不明						
職業	主婦	8	6	8	11	5	38
	会社員・団体職員	31	35	34	39	35	174
	公務員	4	2	5	5	7	23
	学生	19	18	15	11	12	75
	自営業					1	1
	自由業		2		2	2	6
	教員・技能専門職	5	3	8	2	8	26
	家事手伝い・無職		5			1	6
	パート・アルバイト	1			1	1	3

表Ⅷ-3-3 サーチングで取り上げられた広告の種類（業種）

(件)

	1995年	1996	1997	1998	1999	合計
エネルギー・素材・機械	2	4	2	2	1	11
食品	9	11	10	7	11	48
飲料・嗜好品	22	14	18	18	23	95
薬品・医療用品	2	4	2	2	3	13
化粧品・トイレタリー・家庭用品	7	4	5	3	5	24
ファッション・アクセサリー	8	3	6	9	17	43
精密機器・事務用品	10	8	6	13	9	46
家電・ＡＶ機器	4	12	7	4	5	32
自動車・関連品	14	15	22	14	11	76
趣味・スポーツ用品・音楽・ゲームソフト・玩具	6	4	3	7	5	25
不動産・住宅設備	7	4	4	1	0	16
出版・教育	8	4	5	8	9	34
情報・通信	8	11	12	9	13	53
流通・小売業	7	10	6	7	1	31
金融・保険	0	2	3	5	4	14
交通・運輸・レジャー	8	14	11	8	11	52
外食・各種サービス	3	3	1	3	2	12
官公庁・団体	17	16	16	17	8	74
合計	142	143	139	137	138	699

(表Ⅷ-3-2参照)。これを難波の作成した表Ⅷ-3-1と比較してみると，1980年代から主婦の比率が下がっていることがわかる。一方で会社員・団体職員の比率が上がっていることをみれば，女性の就業比率が高まったためと考えられる。次に対象となった広告の種類を業種別に集計した（表Ⅷ-3-3参照）。飲料・嗜好品，車両・関連品の件数が大きいのは他のメディアとも共通することだろう。官公庁・団体が多いのは新聞の特徴と考えられる。また，情報・通信が多いのは時代的特徴といえるだろう。

「サーチング」の記述データの分析には，どのような方向性が考えられるだろうか。ここでは，①広告に対する受け手の「充足」のあり方の抽出と類型化，②受け手の（能動的な）「要求＝情報ニーズ」の抽出と類型化，③「充足」を得るまでのメカニズム，以上の3点について検討してみたい。

①「充足」のタイプ

「充足」のタイプを探るための具体的な方法は，(1)で見たように，「充足」のあり方を表す言葉（参加者の広告評価）を抜き出し，整理・分類することである。その際，難波のいう「役に立つ／立たない」，「うまい／へた」，「効く／効かない」の評価軸や，「新しい広告効果」調査の項目を参考にすることができる。

5年間の「サーチング」の記述データを概観すると，難波の指摘した三つの評価軸が混在している。

- 「こういうのは実際に役立つし，興味もあるので，丁寧に読みました」
  （1995/9）
- 「広告とは思えないよさがあって，切り抜いて張っておきたくなりました」
  （1995/6）
- 「若い人にアピールするには効果的だと思います」（1996/11）

また，1人の受け手の中に複数のレベルの評価が同時に見られることもある。例えば「私も買いに行きたくなりました」という前人の発言を受けて「こんなに売れているという広告は，とかく嫌みになりがちなものですが，これは素直

に受けとめられました。キャッチ（略）も飲む側の心理をうまくついているし，下の『小売店さまへ』と書いてあることは，実は消費者に読ませたい内容ではないでしょうか」(1997/9) など，商品に関心を示すと同時にマーケティングの仕組みを読み取っているような例である。

　これは，送り手が狙っている広告本来の（販促）効果が生きていることを示すと同時に，広告がそれにとどまらない多様な効果や機能を果たしていることを示す。江原由美子は受け手の能動性とマス・メディアの広告効果を結びつけるために「解釈」の概念を導入している。マス・メディアに受け手の行為を直接変化させる力はなくても，解釈という作業を受け手に要請し，「主要関心」に目を向けさせることは可能であり，それがある程度の規範性を帯びることになる（江原，1988）。であれば，受け手の能動性は，送り手の意図する「主要関心」に立脚しつつ，自由な，積極的な解釈という形で発揮され，その解釈は受け手のリテラシーの向上にともなって，より多様になっていくと考えることができる。

　広告受容のあり方の全体的な傾向を見るには，これらの評価をグルーピングし，頻度分析を行うこともひとつの有効な方法であろう。そのとき，課題として留意すべきは，対象となる広告や内容や手法との関連を考慮しなければならないことである。そのためには，広告の内容・手法を分類し，受け手の反応との相関を見る必要がある。「新しい広告効果」調査では，広告の種類をストレート型，コンサマトリー型，ソフィスティケーテッド型の3種類に分類し（飽戸，2006），難波分析では，受け手の変化に対応して新しい広告手法が生み出されたという，送り手（広告主）と受け手の変化の相互作用を視野に入れていた（難波，2000）。

②「要求＝情報ニーズ」のタイプ

　受け手の広告に対する「要求＝情報ニーズ」を探るには，①と同じように，それを表す言葉を抜き出してグルーピングすることが考えられる。いくつかの例を拾ってみると，まず広告内容となる商品・サービスに対するもともとの関

心による情報ニーズがある。

- 「海外旅行が好きで，航空会社の広告はよく見ます」（1996/2）
- 「買い換えのときの参考に，車の広告はよく見ます」（1995/3）

また，個人的な事情による情報ニーズがある。

- 「神戸出身なのでこういうのは絶対読みます。（略）これは神戸のメーカーなのでいいです」（1996/1）
- 「来年卒業なので，企業や商品に関係なく，人材募集広告は気をつけて見ています」（1997/3）

単に商品への関心ではなく，生活環境による情報ニーズがある。

- （野菜加工食品，栄養と食事の広告について）「最近，健康に気を使うようになってきて，こういう内容の広告は読みたいと思います」（1997/11）
- （省エネの家電製品の広告について）「主婦の立場としては，こういう内容の広告は端から端まで見てしまいます」（1998/12）

広告の機能に対するニーズもある。

- 「広告から知識を学ぶことも多いし，こういう広告は好き」（1996/8）
- 「広告は新聞の中で息抜きの効果もあると思います」（1996/10）

さらに，広告への接触自体が目的となったニーズもある。

- 「豊島園の広告は，いつも楽しみにしています」（1995/6）

しかし，明確に広告に対する情報ニーズが語られる頻度は多くない。これらの例はたまたま現れたという印象は否めない。それ故，情報ニーズのタイプが網羅的に現れているかどうかは疑問である。それならば，「充足」のあり方から「要求＝情報ニーズ」を推測することも考えられるが，それは，竹内郁郎が指摘するように，本来「充足」を説明する要因であるはずの「要求＝情報ニーズ」を逆に「充足」によって説明しようとするトートロジーに陥る恐れがある（竹内，1982）。「要求＝情報ニーズ」を類型化するには，より広く，Ⅶ章で触れた社会，文化，心理的要因との関連を見る必要があり，「サーチング」のデータだけから抽出するには限界があるだろう。池田謙一は「情報ニーズ」

（広告に限らずマス・メディアによる情報全般について）が社会から人間行動まで広くかかわることを踏まえ，道具性（情報の取得がひとつの手段である場合），コンサマトリー性（情報の取得自体が目的（＝充足）である場合）のふたつに大別し，さらに道具性を，(イ)予備関連情報，(ロ)自己システム・メンテナンス情報，(ハ)対人的有用性情報の3つに，コンサマトリー性を，(ニ)ストーリーテリング，(ホ)価値相対化，(ヘ)パラソーシャルの3つに分類している（池田，1988）。

③「充足」を得るプロセス，メカニズム

一般的に，「充足」を得るメカニズムを探ることを目的とするような分析において，定性的調査は有効性があるといえる。具体的には，「サーチング」の記述から，「充足」のあり方とそこに至る理由や要因，プロセスにかかわる記述を抜き出し，整理・分類する。そうした記述を拾い出してみると，まず，広告への接触から，関心を持ち，読む，（納得する）までのプロセスを述べた例がある。

- 「これはインパクトが強い。／こういうナゾめいた広告は好きですね。つい，なんだろうと興味をそそられて，コピーもしっかり読もうという気になります」（1997/5）
- 「見たときに，まず，何だろうと思い，コピーに引き込まれ，なるほどなと思った点で成功したと思います」（1997/8）

また，内容と表現のあり方とのマッチングが「充足」の要因として述べられている例がある。

- 「世界に通用するブランドだから，これだけで十分伝わるし，説明はいらないと思います。／商品の良さが，これだけで伝わってますね。値段が出ていないので，かえって，ショーウインドーへ見に行こうかなと思います」（1996/2）
- 「資生堂らしい広告だと思いました。／資生堂の広告はセンスがよくて好きです。外国の化粧品もどんどん入ってきて，日本のメーカーは大変だと

思うけど（略）頑張っているという印象があります」(1996/1)
- 「無印良品の商品そのものが，シンプルでモノトーンのものが多いので，このイラストのイメージによく合っていると思います。／これは好きで，つい一つひとつ見てしまいました」(1997/3)

「充足」を表すために「好き」という言葉がよく使われるが，「好き」な理由として「○○らしい」ということが挙げられることが多い。これは広告内容と表現がマッチしていることの評価であるが，それには，受け手が商品，ブランド，企業に対して何らかの期待や関心をもっていることを伺わせる。つまり期待に添う広告だから「○○らしい」と評価し，「好き」だというわけである。次の記述は，（新聞）広告に対する期待が端的に述べられている例である。
- 「いま話題になっているカカオ豆の情報がよくわかるように説明されていて，新聞広告にふさわしい内容だと思います」(1996/4)

そして，受け手の期待は社会的関心が要因となっている場合もある。
- 「ああ，こういうことをやっているのかという興味もわきますし，銀行は，いまこういうことを言うべきなんだと思いました。／いま銀行に対する世間の目が厳しいので，原点に立ち戻って頑張ります，と言っているような印象を受けました。そういう意味で好感が持てます」(1996/1)
- （運転中の携帯電話をやめる呼びかけの広告について）「携帯電話に関して，やっとこういう広告が出るようになったのか，という感じがしました」(1996/7)

こうした例を見ると，「充足」を得るメカニズムを探るには，受け手の「要求＝情報ニーズ」との関連を考えることが不可欠だと思われる。そうすると，前述のように「サーチング」の記述データだけでは不十分で，より詳細な，ある程度構造化されたインタビューや，「要求＝情報ニーズ」を類型化するための調査と組み合わせることが必要になってくるだろう。

池田は，心理学の予期—価値モデルにのっとって「予期」概念を導入した，P．パームグリーンらの利用と満足の充足モデルを紹介している。テレビ番組

が何をもたらすかという予期と，それへの評価がニーズを規定し，番組との接触行動も規定する。それが個々の番組に対する「充足」の規定要因となる。しかも，得られた「充足」からのフィードバックとして，当の番組に対する予期の変更の可能性が生まれることもある（パームグリーン，1982，1985，池田，1988）。

以上，「サーチング」の定性的データとしての特徴と分析の方向性を考えてきた。受け手の「要求＝情報ニーズ」に関する分析については，他の視点からのアプローチが必要であるが，「充足」のあり方については多様なタイプを抽出できることが確認できたと思う。それを通じて，受け手の広告受容，あるいは利用と満足の社会的背景や時代的変化を考察することもできるであろう。

【引用文献】
- 飽戸弘「『新しい広告』の理論―AIDMAを超える新しい広告研究を求めて―」，『日経広告研究所報』No.208，日経広告研究所，2003年4・5月。
- 飽戸弘「『新しい広告効果』の理論―経過と基本図式―」，『日経広告研究所報』No.226，日経広告研究所，2006年4・5月。
- 朝日新聞社広告局『広告月報』朝日新聞社，1966年〜2006年。
- 池田謙一「『限定効果論』と『利用と満足研究』の今日的展開を目指して―情報行動論の立場から―」，『新聞学評論』No.37，日本新聞学会，1988年。
- 江原由美子「『受け手』の解釈作業とマス・メディアの影響力」，『新聞学評論』No.37，日本新聞学会，1988年。
- Katz, E., *The Uses of Mass Communications: current perspective on gratifications research*, (ed. With Blumler, J.), 1974.
- 渋谷重光『広告の意識』R出版，1972年。
- 鈴木裕久『マス・コミュニケーションの調査研究法』創風社，1990年。
- 竹内郁郎「受容過程の研究」，竹内郁郎，児島和人編『現代マス・コミュニケーション論―全体像の科学的理解をめざして―』有斐閣，1982年。
- 長島英樹「視聴質調査サイトにおける自由回答文の自動解析の研究」，(http://www.kri.sfc.keio.ac.jp/japanese/publications/mori/2001/e-syusi/e-22)，2001年。
- 難波功士『「広告」への社会学』世界思想社，2000年。
- 仁科貞文「マスメディア広告の『集団効果』の検証と展開」，『日経広告研究所報』No.192，日経広告研究所，2000年。

- Palmgreen, P. & Rayburn Ⅱ, J. D., Gratification sought & media exposure : An expectancy value model, *Communication Reserch*, 9(4) 1982.
- Palmgreen, P. & Rayburn Ⅱ, J. D., An expectancy-value approach to media gratifications, in Rosengren, K. E., Wenner, L. A., Palmgreen, P. (eds.), *Media Gratifications Research: Current Perspectives*, Sage, 1985.
- McQuail, D. (ed.), *Sociology of Mass Communications*, Penguin, 1972（部分訳，時野谷浩訳『マス・メディアの受け手分析』1979年）.
- Morley, D., The *Nation Wide Audiences*, British Film Institute, 1980.
- Lazarsfeld, P. F., *Radio and the Printed Page*, Duell, Sloan and Pearce, 1940.

【調査報告書】
- 朝日新聞社広告局「サーチング No.349〜408」,『広告月報』朝日新聞社, 1995年1月〜1999年12月。
- テレビ朝日編成部, 慶應大学環境情報学部熊坂研究室「リサーチQ」, (http://www.rq-tv.com)。

IX マス・コミュニケーション効果調査(1) 接触レベルの調査

1. 接触レベルのマス・コミュニケーション効果調査の目的

　本章と次章では，II章を受けて，マス・コミュニケーション効果に関する実際の調査事例を紹介する。II章で紹介された仮説やモデルは，主としてニュースを題材とした調査の結果をもとに，受け手の態度変容をマス・コミュニケーションの効果としてとらえ，その影響の強さや態度変容を生じさせる受け手の情報処理過程について論じたものである。

　マス・コミュニケーション効果研究の題材としては，ニュースの他に広告も重要である。広告を題材とした研究では，消費者行動論の知見を援用して広告情報の処理過程をモデル化する試みも行われている（e.g. 仁科貞文，2001）が，測定の難しさもあって広告実務への応用は進んでいない。広告実務では，何らかの広告目標を設定して，その達成のために必要な広告投入量を管理するという考え方が主流であり，具体的な方法論として「売上反応広告モデル」と「広告効果階層モデル」というふたつのアプローチが用いられている（小林太三郎&嶋村和恵，1997）。売上反応広告モデルとは，広告費と売上高，市場シェアなどの関係を関数としてとらえ，複数の広告投入パターンの比較を通して広告の効果を測定する考え方であり，例えば，実際のビール市場を使って行われたアンハウザー・ブッシュ（Anheuser-Busch）社の事例が知られている（R. L. Ackoff & J. R. Emshoff, 1975）。一方，広告効果階層モデルは，広告の露出から受け手の購買行動までの間に複数の階層を設定して，階層ごとに段階的に広

告効果を測定する考え方である。設定される階層は，受け手の態度変容と対応させることが可能であり，ニュースを題材としたマス・コミュニケーション効果の研究と同じ地平でとらえることができる。

以上をふまえて，本章と次章では，広告を題材に，広告効果階層モデルに基づくマス・コミュニケーション効果調査の事例を紹介しよう。

広告効果階層モデルでは，AIDMAモデルが最も知られ，利用されている。設定された階層は，Attention, Interest, Desire, Memory, Actionの5つで，それぞれの頭文字からAIDMAと呼ばれている。AIDMAモデルは，広告接触によって受け手が特定の商品・サービスに注目（Attention）する段階から始まり，その商品・サービスに興味・関心（Interest）をもち，欲しい（Desire）と思ってその商品・サービスを記憶（Memory）し，最終的に購入（Action）に至るという過程である（小林＆嶋村，1997；坂巻善生，1994）。

また，何らかの広告目標を設定してその達成のために必要な広告投入量を管理するという考え方と広告効果階層モデルを適合させたものとして，R.コーレイが提起したDAGMAR（defining advertising goals for measured advertising results）モデルも知られている（小林＆嶋村，1997）。DAGMARモデルは，広告目標を売上高のような最終的な目標に設定するのではなく，商品・サービスの認知や属性の理解のようなコミュニケーション目標のみに限定して設定し管理することを主張した上で，広告効果の階層を，Unawareness（未知），Awareness（認知・知名），Comprehension（理解），Conviction（確信），Action（行動）の5つでとらえている。

AIDMAやDAGMARを心理学の観点からとらえ，マス・コミュニケーション効果研究の流れに沿いつつ実務で使いやすく修正したものとして，坂巻（1994）は，受け手に広告メディアが到達（reach），受け手が広告に注目（recognition），受け手の態度（attitude）が変容，受け手の行動（action）が生起，の4段階のモデルを紹介している。

以上の3つのモデルからわかるように，広告を題材とした場合，ニュースを

題材とした場合よりも効果を広く考えており，態度変容の他，広告に接触したり注目したりすることもコミュニケーションの効果ととらえている。まず広告に接触しなければ，態度変容は起こらないからである。そのため，広告実務では，この接触レベルの効果測定がまず求められ，そのための技法もメディアごとに整備されている。

そこで本章では，まず接触レベルの広告効果測定に焦点を絞って，その具体的な技法と実際の調査事例を紹介しよう。そして，マス・コミュニケーション研究で論じられることの多い態度変容レベルの広告効果測定調査については，X章で紹介することにしたい。

2. 接触レベルのマス・コミュニケーション効果調査の技法

コミュニケーション効果の調査手法や調査対象，調査内容はメディアごとに異なっている点に注意する必要がある。これはメディアの形態や特性が異なっていることに起因する。例えば，テレビの場合は調査用の機器を対象世帯に設置して視聴状況を機械によって自動的に調査することができるのに対して，新聞や雑誌などの印刷媒体の場合には質問紙による調査や面接調査，インターネット調査など対象者に回答してもらう形式の調査が必要となる。すなわち，印刷媒体への接触状況についての調査は，調査対象者の記憶を調査する内容にならざるをえない。新聞などの紙面調査と機械式調査によるテレビの視聴率とでは同じ「接触状況」の調査でありながら，調査の内容が異なっていることに注意する必要がある。

(1) テレビの視聴率調査

日本におけるカラーテレビの一般世帯での普及率は，消費動向調査によれば2006年3月時点で99.4％とほぼ100％となっている（内閣府，2006）。また，同じ時点での100世帯あたりのカラーテレビ保有台数は250.3台で，一世帯に約

2.5台のカラーテレビがあることになる。

　媒体の物理的到達という観点からすると，テレビの場合では受像機の設置状況が最も基本的な指標であると考えられる。「到達」の次の段階である「接触」レベルの情報，すなわち実際にテレビ放送のどのチャンネルがいつどれくらい視聴されているのかといった情報を得るためには，何らかの調査が必要となる。

　テレビへの接触状況を示すために一般的に利用されている指標は「視聴率」である。以下では，ビデオリサーチが実施している視聴率調査の概要を紹介する。現在調査されているものには「世帯視聴率」と「個人視聴率」の2種類がある（ビデオリサーチ，2006）。

　世帯視聴率はテレビ所有世帯が集計の母数となっていて，どれくらいの世帯がテレビの電源をつけていたのかを示している。個人視聴率は，個人が集計の母数となっていて，性別・年齢別などの属性別にどれくらい見られていたのかを示す指標である。なお，VTRの録画・再生やテレビゲームなどでテレビを利用している場合は視聴率に含まれていない。

　世帯視聴率は，テレビ受像機に取り付けた視聴率測定機によって調査されている。個人視聴率については，視聴率測定機による調査と調査対象者が時間帯ごとに視聴状況を記入する日記式調査の2種類がある。機械式の個人視聴率は，視聴開始時と終了時に個人（4歳以上）ごとに設定された測定機のボタンを押すことによって調査される。日記式調査の場合は，調査対象者が視聴状況を5分刻みで記入する形式となっている。

　なお，世帯視聴率の調査は全国の27地区で実施されており，関東地区，関西地区，名古屋地区の3地区での調査世帯数はそれぞれ600世帯である。この3地区の場合は，世帯視聴率と個人視聴率を同時に調査する「ピープルメーター」という機器を設置して，世帯内の8台までのテレビの視聴状況のデータを収集している。その他の24地区の調査世帯数はそれぞれ200世帯で，「オンラインメーター」と呼ばれる機器を設置して世帯視聴率を調査しており，個人視

聴率については日記式での調査となっている。

(a) 標本抽出方法

　ビデオリサーチの視聴率調査では、「系統抽出法」を用いた無作為抽出法によって対象世帯が選ばれている。まず、国勢調査の調査区の世帯数を累積して調査エリア内の総世帯数を求める。総世帯数を調査対象世帯数（例えば関東地区の場合は600世帯）で割り、インターバル（抽出間隔）を求める。乱数表を用いて、インターバルの値よりも小さな数字をひとつ選んでスタートナンバーとし、その番号にあたる世帯を1番目の対象世帯とする。以降はインターバルの数字を順に加算して対象世帯の番号を求めていく。対象世帯番号から対象世帯を含む国勢調査の調査区が特定されるので、調査区内の世帯に一定のルールで連番をつけて対象世帯を特定していく。調査対象世帯は毎月一定数が入れ替えられている。

(b) 視聴率の算出方法

　視聴率は、世帯視聴率の場合は調査対象世帯全体、個人視聴率の場合は調査対象者全体を母数として視聴状況を示すものである。ただし、標本抽出はあくまでも世帯を対象に行われている点に留意しておく必要がある。

　総世帯視聴率（HUT：Households Using Television）とは、ある時間にテレビを視聴していた世帯数の全世帯数に占める割合である。この場合、複数台のテレビを視聴している世帯も1世帯としてカウントされる。表Ⅸ-2-1を例として見ると、5世帯中テレビを視聴している世帯は4世帯であるため、総世帯視聴率は80％となる。次に各局の視聴率を見ると、4番目の世帯では、2台のテレビでB局を視聴しているが、B局の視聴世帯としては1としてカウントされる。また、5番目の世帯ではB局とC局を視聴しているが、B局とC局の視聴世帯としてそれぞれ1としてカウントされる。したがって、A局とB局の視聴率はそれぞれ40％、C局は20％と計算される。

　総世帯視聴率：$4 \div 5 \times 100 = 80(\%)$

　A局の視聴率：$2 \div 5 \times 100 = 40(\%)$

表Ⅸ-2-1　テレビ視聴状況のカウントの仕方

世帯	テレビ1	テレビ2	テレビ3	テレビ視聴	各世帯での視聴局
1	A局	OFF	OFF	ON	A局
2	OFF	A局	OFF	ON	A局
3	OFF	OFF	OFF	OFF	
4	B局	B局	OFF	ON	B局
5	B局	OFF	C局	ON	B局，C局

出典：ビデオリサーチ「『視聴率』がよくわかるブック」2006年を参考に作成

B局の視聴率：$2 \div 5 \times 100 = 40(\%)$

C局の視聴率：$1 \div 5 \times 100 = 20(\%)$

なお，機械式調査で測定される世帯視聴率と個人視聴率は，「毎分視聴率」をもとに計算される。「番組平均視聴率」は，毎分視聴率の合計を番組の放送分数で割って求められる。

また，世帯視聴率の値から調査地区内の視聴世帯数を推計することができる。ただし，ビデオリサーチの視聴率調査は全国調査ではなく調査地区ごとの調査であるため，全国の視聴世帯数を推計することはできない。

視聴率調査の結果は，テレビCMの取引に利用されているほか，放送局が番組づくり，番組編成について考える際の資料として利用されている。

テレビCMの出稿計画では，視聴率を単純に累計した値の「GRP（延べ視聴率，Gross Rating Point)」という指標がよく用いられている。GRPの水準と商品認知率の関係なども各種の実証研究で示されており，「GRPがある一定水準以上あれば，商品認知率は○○％になることが期待できる」というように，GRPが利用されている。

また，どのような番組がどのような人にどれくらい見られているのかという視聴率のデータは，その時々の人びとの関心事や社会状況，世相を反映しているものと考えられる。番組別の視聴率の高低から社会意識についての情報を得

ることができるだろう。

(2) インターネット広告の効果調査

『情報通信白書』(総務省編, 2006) によると日本のインターネット利用者数は, 2005年時点で約8,500万人と推計されている。1997年時点には9.2%に過ぎなかった人口に対するインターネット普及率は2005年には66.8%へと急速に上昇している。インターネットは短期間のうちにマス・コミュニケーションメディアとしての機能を有するようになったといえる。

ウェブサイトからは, 文字情報, 画像, 音声, 動画など多種多様な情報を得ることができる。情報内容の種類は多様であるが, 共通しているのは, ウェブページを閲覧している際に閲覧側のパソコンとウェブページを配信しているサーバーとがインターネットを経由して通信状態にある, という点である。ウェブページを構成しているテキストファイルや画像ファイルなどが読み込まれた状況の詳細な記録 (日時, 読み込み数など) の情報はサーバーに蓄積される。アクセスログからは, ウェブページの閲覧状況 (読み込んだファイル) について,「日時」,「国・地域」,「組織 (企業・団体)」,「プロバイダー」などの情報を得ることができる。

インターネット広告の効果の指標は, アクセスログの情報に基づいている場合が多い。インターネット広告の効果は,「インプレッション効果」,「トラフィック効果」,「レスポンス効果」の3つに大まかに分類されている (インターネット広告推進協議会, 2006)。

インプレッション効果とは, 広告を見ることによって生じる「知名・認知」,「意識・態度の変容」などの効果のことを指す。トラフィック効果とは, 広告のハイパーリンクをクリックすることによって広告主のサイトなどに誘導されることを指す。レスポンス効果とは, 広告を通じた「購入」,「アンケートの記入」など消費者から直接の反応を得ることを指している。インプレッション効果を測定する指標としては,「ページビュー」,「インプレッション (露出数)」

などがあり，トラフィック効果測定の指標には「クリック数」などがある。これらの指標の情報はウェブサーバーのログなどから得ることができる。

インターネット広告推進協議会によれば，「ページビュー」は「ブラウザーによって1回にリクエストされ，サーバーから読み出されるWebページを1ページビューとカウントする」と定義されている。ただし，クライアント側でメモリー内のページを表示することがあるなど，サーバー側でのカウントとクライアント（視聴者）側でのカウントは一致しない場合がある。また，「インプレッション」は，「広告の表示を意味し，広告の表示回数を『インプレッション数』という。現状では広告の配信サーバーへの広告画像のリクエスト回数をもって『インプレッション数』としている」と定義されている。

「ページビュー」や「インプレッション」といった指標はよく利用されているが，個々のウェブサーバーの側から得られるアクセスログの情報であるため，生活者全体のウェブサイトの利用状況について知ることはできない。例えば，「インターネット利用者全体のどれくらいの割合の人がある特定のウェブサイトにアクセスしているのか」といったことを知るためには，テレビの視聴率調査の場合と同様に，インターネットユーザーを対象とした標本調査が必要になってくる。

「インターネット視聴率」を調査している調査会社ではインターネット利用者からなるモニターパネルを設定し，モニターのパソコンに調査用アプリケーションをインストールして，インターネット利用状況のデータを収集している。

例えば，ビデオリサーチインタラクティブとネットレイティングスが共同で運営している調査モニターパネルの設定の際には，RDD法（ランダム・デジット・ダイヤリング，無作為電話番号抽出法）が利用されており，無作為に選んだ電話番号を使用して電話をかけて調査への協力を依頼している（ネットレイティングス，2006）。そして，調査への協力が得られた対象者のパソコンに視聴率測定用のアプリケーションソフトをインストールしてもらい，利用サイトや利用時間，利用時間帯などウェブサイトの利用状況の情報を収集している。

⑶ 新聞広告の効果調査

　広告効果の階層には，前節でみたようにさまざまなモデルが提案されているが，実務では，以下の4階層が用いられることが多く，各階層に対応する指標が広告計画などで活用されている（坂巻，1994）。

　(イ)　受け手に広告メディアが到達（reach）
　(ロ)　受け手が広告に注目（recognition）
　(ハ)　受け手の態度（attitude）が変容
　(ニ)　受け手の行動（action）が生起

　この「(イ)メディアの到達」と「(ロ)広告への注目」という2階層について新聞広告の観点からさらに細分化し，対応する主な指標を挙げると次のようになる。

	到達レベル		主な指標
第1段階	媒体到達（新聞を購読している）	………	販売部数
第2段階	新聞閲読（新聞を読んだ）	………	新聞閲読率
第3段階	面別接触（ある特定の面を読んだ）	………	面別接触率
第4段階	広告接触（ある特定の広告を見た）	………	広告接触率

　上記の新聞広告の到達に関する指標は，「販売部数」を除くと，何らかの形の標本調査によるものが利用されている。テレビやインターネットの場合とは異なり，新聞の場合には機械的なデータ収集手段はなく，生活者に対して何らかの問いかけを行い，回答を得る必要がある。この点が新聞とテレビ，インターネットの効果調査における大きな違いである。

　第1段階である，「媒体到達（新聞を購読している）」を示すものは，「販売部数」であり，第三者機関である㈳日本ABC協会の報告書のデータが一般的に利用されている。どれくらい多くの世帯に新聞が到達しているのかを示す販売部数の数字は，新聞のコミュニケーション効果に関する最も基本的なデータであるといえる。世帯数に対する販売部数の比率である「普及率」もよく利用されている指標である。

また，新聞が「どのような読者に購読されているのか」という「読者層」を示すデータについては，ビデオリサーチの「J-READ（全国新聞総合調査）」や中央調査社の「世帯インデックスリポート」などの標本調査によるデータが利用されている。

　第2段階の「新聞閲読（新聞を読んだ）」という媒体への接触に関するデータには，「閲読率」，「閲読時間」などの指標があり，ビデオリサーチの「J-READ（全国新聞総合調査）」のデータなどが利用されている。

　第3段階の「面別接触（ある特定の面を読んだ）」のデータは，新聞の特定の面（ページ）に対する購読者の接触状況を示すものである。この種の調査は，複数の新聞社が独自に調査を実施しているが，新聞社によって調査の実施方法などの詳細は異なっている場合がある。朝日新聞社では，朝刊や夕刊，別刷りなどのページごとに面別接触率の平均値を公表している（詳細は後述）。

　第4段階の「広告接触（ある特定の広告を見た）」のデータは，個々の広告に対する購読者の接触状況を示すものである。朝日新聞社では個別の広告に対する読者の接触状況を調査する「広告接触率調査」を実施しており，「広告接触率」の平均値を広告内容別や段数（スペースの大きさ）別に紹介している。

　広告接触の次の段階には，「広告内容の記憶」，「商品・サービスや企業についての認知，理解，イメージ形成」，「資料請求・問い合わせ」，「購買行動」など意識の変化に関するものから実際の行動に関するものまでさまざまな種類がある。

① 面別接触率調査と広告接触率調査

　新聞広告のコミュニケーション効果調査の実際の例として，朝日新聞社が実施している「面別接触率調査」と「広告接触率調査」を紹介する。

　面別接触率とは，1995年に朝日新聞社が新しい広告効果の指標として導入した指標で，新聞の各面（ページ）がどの程度接触されているのかを明らかにするものである（朝日新聞社広告局，1995；1996）。この場合の「面」とは記事と広告からなるページ全体のことであり，面別接触率調査の結果は，各面に広告

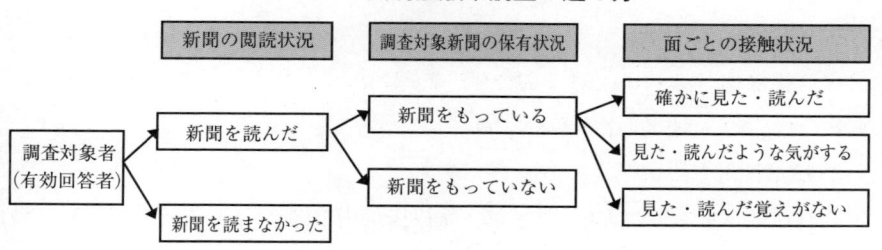

図IX-2-1 面別接触率調査の進め方

```
[新聞の閲読状況]        [調査対象新聞の保有状況]        [面ごとの接触状況]

調査対象者  →  新聞を読んだ  →  新聞をもっている  →  確かに見た・読んだ
(有効回答者)                                      →  見た・読んだような気がする
                              新聞をもっていない  →  見た・読んだ覚えがない
            →  新聞を読まなかった
```

を掲載した場合にその広告に接触する人びとが最大限でどれくらいになるのかの目安として利用することができる。

面別接触率調査の質問の進め方は，図IX-2-1にあるとおりである。まず，調査対象となる新聞の閲読状況を尋ね，その次に当該新聞の保有状況を尋ねる。当該新聞を読み，かつ保有している人に，面ごとに接触状況を尋ねていく。接触状況を尋ねる選択肢は，「1. 確かに見た・読んだ」，「2. 見た・読んだような気がする」，「3. 見た・読んだ覚えがない」の3つである。この選択肢の1と2に該当する人を「接触者」と定義し，有効回答者に占める「接触者」の割合を面別接触率としている。なお，面別接触率調査は，調査対象者に当該新聞を用意してもらい，実際に紙面を見ながら質問に答えてもらう「再認法」の手法を採用している。

[面別接触率の計算式]

面別接触率(%) = (該当する面を「確かに見た・読んだ」+「見た・読んだような気がする」と回答した人数) ÷ (有効回答者数) × 100

広告接触率は，面別接触率と同じ調査方法で調査されており，広告部分に絞って接触状況を調査している点が異なっている。接触状況を尋ねる選択肢も面別接触率調査とは異なり，「1. 確かに見た」，「2. 見たような気がする」，「3. 見た覚えがない」の3つである。選択肢の1と2に該当する人を「接触者」と定義しており，面別接触率と同様に，有効回答者に占める「接触者」の割合を

広告接触率としている。

[広告接触率の計算式]

　広告接触率(％)＝(該当する広告を「確かに見た」＋「見たような気がする」と回答した人数)÷(有効回答者数)×100

　② 標本抽出方法

　朝日新聞東京本社が実施している「面別接触率調査」，「広告接触率調査」の具体的な調査方法を紹介する。

　新聞は，配布エリアによって記事や広告の内容が異なっている場合がある。調査では「同一の刺激に対する反応を測る」ことが求められるため，調査対象とする紙面の内容ができるだけ同じ地域で調査を実施するようにしている。朝日新聞東京本社の場合は，掲載される広告内容がほぼ同じである東京駅を中心とした半径30km圏とそれ以外の横浜市を調査対象地域として設定し，対象者の年齢は15歳から69歳としている。また，調査対象者が調査対象地域における朝日新聞購読者の縮図となるように努めて標本を抽出する必要がある。朝日新聞東京本社の場合は，住民基本台帳からの2段無作為抽出法を長年にわたって採用していたが，住民基本台帳の閲覧が困難になったため，2006年から地図を利用した標本抽出方法に変更した。人口統計に基づいて調査地点を抽出し，抽出した地点の地図を利用して世帯を訪問し，購読新聞を尋ねた上で世帯内の個人に対して調査への協力を依頼している。なお，モニター調査への協力を依頼する際には，モニターの応諾や回答内容などへの影響を避けるため，朝日新聞社の名称は用いていない。

　③ 調査方法

　調査は調査対象新聞発行日の翌日に実施している。例えば，4月1日付の朝刊や夕刊であれば，4月2日に調査を実施している。2006年現在は，インターネットを利用して調査を行っており，調査対象者が調査ページにアクセスし，画面上の質問に回答していく形をとっている。新聞の各面や個別の新聞広告への接触状況を回答する際には，調査対象者は前日の朝刊や夕刊などの紙面を手

元に用意し，調査対象面あるいは調査対象広告を実際に見ながら回答していく。

調査の進め方については図Ⅸ-2-1で紹介している通りである。ただし，広告接触率を尋ねる場合の質問の選択肢は，「1．確かに見た」，「2．見たような気がする」，「3．見た覚えがない」の3つである。

3. 接触レベルのマス・コミュニケーション効果調査の実際
（新聞の面別接触率・広告接触率調査を事例に）

以下では，新聞や新聞広告への読者の接触状況について朝日新聞社が実際に調査した結果を紹介する。面別接触率調査と広告接触率調査のデータから，読者が新聞の各面や広告にどの程度接触しているのかをそれぞれ具体的に知ることができる。

(1) 新聞の面別接触率と広告接触率の事例

朝日新聞社が公表している面別接触率の平均値を見ると（表Ⅸ-3-1），第1総合面（88.4%）やテレビ面（84.9%），第1社会面（86.8%）などへの接触率は高く，商況面（37.5%）やラジオ面（45.4%）などが相対的に低いことがわかる。また，スポーツ面は男性（75.7%）が女性（61.5%）よりも高く，生活面では男性（62.1%）に比べて女性（78.3%）が高いなど，読者の関心の違いなどが面別接触率の数字に表れていると考えられる。

同様に朝日新聞社が公表している広告接触率の平均値を見てみよう。表Ⅸ-3-2は，広告接触率を広告内容（業種）と段数（スペースの大きさ）の別に見たものである。

全30段（新聞2ページ大）や全15段（1ページ大）など，スペースの大きな広告への接触率がおおむね高いことがわかる。また，広告内容（業種）別に見ると，週刊誌の広告の場合は全5段（1/3ページ大）であっても広告接触率は73.0%と比較的高いなど，読者がどのような内容の広告に接することが多いのかを知ることができる。

表IX-3-1 平均面別接触率（東京本社版　性・年齢別）

集計対象期間：2003年8月～2006年7月

(%)

刊別	掲載面	件数	全体	男性	女性	15～29歳	30～39歳	40～49歳	50～59歳	60～69歳
朝刊	第1総合	91	88.4	89.2	87.5	70.4	82.3	88.9	93.6	96.0
	第2総合	83	77.3	80.8	74.1	54.6	68.5	75.2	83.4	92.1
	第3総合	72	75.9	80.1	72.0	53.3	67.0	74.7	82.1	90.0
	政治	51	66.5	70.3	62.7	43.6	58.7	65.2	71.2	81.1
	国際	90	68.2	70.0	66.4	47.7	60.7	66.9	73.0	81.0
	経済	105	68.3	72.2	64.6	45.5	61.4	68.5	73.2	80.6
	オピニオン	130	64.3	61.5	66.8	46.3	56.8	65.3	68.4	74.6
	スポーツ	138	68.4	75.7	61.5	55.1	60.8	68.7	72.2	76.3
	生活	101	70.3	62.1	78.3	50.6	66.4	72.1	74.4	76.7
	商況	45	37.5	42.9	32.3	27.5	37.2	35.9	39.8	43.2
	ラジオ	38	45.4	43.7	46.9	44.5	45.1	46.7	42.1	48.9
	TV解説	52	62.3	56.6	67.5	53.4	63.2	65.9	61.1	64.6
	第3社会	53	71.3	69.8	72.7	52.1	66.9	72.8	76.3	77.8
	第2社会	82	83.1	83.3	83.0	62.7	77.4	85.1	89.4	89.3
	第1社会	80	86.8	87.1	86.6	66.0	80.1	87.9	93.1	94.8
	テレビ	90	84.9	83.5	86.2	69.8	81.4	86.2	88.5	90.3
	歌壇俳壇	11	41.1	38.7	43.3	34.8	38.0	43.5	39.5	47.3
	地域総合	4	69.0	66.4	71.6	40.9	69.8	67.6	71.4	82.1
	アジア	8	68.3	66.9	69.7	44.8	61.4	65.6	75.9	80.6
	サッカー	24	70.6	72.9	68.3	48.8	68.5	70.7	75.0	77.6
	文化	31	63.9	57.7	69.7	48.6	60.4	66.0	66.7	70.0
	読書	30	58.2	54.4	61.8	51.5	50.4	58.8	63.5	61.0
	読書特集	4	62.1	53.9	70.8	61.0	57.9	67.0	62.7	58.5
	教育	8	72.1	69.3	74.9	56.1	64.5	72.8	77.2	79.2
	ファッション	9	74.1	66.6	80.9	58.7	74.9	73.7	77.8	77.3
	科学	10	66.6	62.7	70.1	47.2	61.4	70.3	70.5	74.0
	特集	42	68.6	68.1	69.0	49.3	62.3	69.3	73.0	76.9
	全面広告	1095	71.5	70.2	72.7	54.9	65.1	72.4	74.9	80.1
	見開き全面広告	71	77.5	77.0	78.0	61.4	70.0	78.9	81.2	85.4
夕刊	第1総合	79	82.0	82.4	81.5	61.3	73.3	81.2	88.8	92.4
	第2総合	52	69.7	72.3	67.3	48.0	60.4	68.3	75.8	84.1
	第3総合	61	70.2	72.0	68.7	48.7	59.2	68.8	76.9	84.2
	文化	40	55.9	52.9	58.7	39.9	49.7	56.4	58.7	65.8
	芸能	36	64.7	58.5	70.5	45.9	58.2	66.8	68.8	72.3
	商況	29	39.5	44.4	35.0	29.8	35.3	39.0	42.7	45.2
	ラジオ	34	37.9	38.1	37.8	37.0	33.9	41.7	34.2	42.1
	スポーツ	53	68.2	72.6	63.9	48.4	61.8	66.4	73.9	78.9
	第2社会	60	76.7	76.2	77.3	53.0	67.8	77.5	84.5	86.4
	第1社会	68	80.0	80.0	79.9	56.5	69.4	79.5	88.1	91.1
	テレビ	75	76.2	74.3	78.0	58.1	70.0	76.6	81.5	84.0
	碁将棋	3	49.6	53.5	45.4	36.0	39.6	49.2	52.4	60.8
	惜別	13	62.5	59.4	65.4	41.4	51.1	61.5	68.4	76.3
	レッツ	12	62.2	55.2	68.6	47.3	59.8	60.7	66.8	68.7
	科学	14	64.3	63.0	65.6	44.5	59.5	62.9	69.5	74.9
	マリオン	33	61.8	54.4	68.8	43.1	52.8	61.9	67.3	71.8
	カルチャー	17	64.8	57.9	71.8	44.7	59.8	65.2	70.5	72.0
	ファッション	30	67.6	60.6	74.9	49.5	61.6	66.4	73.5	75.1
	週間TV	16	49.6	48.6	50.6	45.8	45.6	55.6	49.1	49.7
	テレビ案内	5	69.7	61.8	77.5	53.5	69.7	71.7	72.5	72.8
	サッカー	8	72.8	74.1	71.4	49.7	60.3	73.2	81.5	79.9
	特集	16	74.4	72.6	76.2	52.0	65.9	75.0	81.8	81.7
	全面広告	133	68.0	65.5	70.4	49.0	61.0	66.6	73.6	77.9
	見開き全面広告	13	70.0	66.2	73.4	56.7	61.9	68.8	75.2	78.4

※調査件数が2件以上のデータ

出典：朝日新聞社「面別接触率調査」より作成

(2) 広告接触状況の要因分析の事例（数量化Ⅰ類による分析）

　朝日新聞の広告接触率のデータを分析した結果から，広告接触率の値が「広告の大きさ」「広告内容（業種）」「掲載面」「カラーかモノクロか」などの条件によって異なっていることがわかっている。

　表Ⅸ-3-2にあるように，朝日新聞社では，広告接触率調査の結果から，広告の内容別，大きさ別などの条件別に平均広告接触率を算出して公表しており，どれくらい多くの読者が広告に接するのかをあらかじめ平均値から予想することができる。

　さらに，数量化Ⅰ類による広告接触率の要因分析の結果も公表している（表Ⅸ-3-3）。これは，「段数（大きさ）」，「広告内容（業種）」などの掲載条件によって変動する広告接触率について，数量化Ⅰ類と呼ばれる分析手法を用いて，掲載条件の違いが広告接触率にどの程度影響を及ぼすのかを数値化したものである（林知己夫・村山孝喜，1964）。

　表Ⅸ-3-3の分析では，広告の掲載条件を「段数（大きさ）」，「広告内容（業種）」，「掲載面」，「刊別」，「色」，「表現」，「曜日」の7つにまとめており，広告接触率の値が平均からどれくらい変動するのかをこれらの要因を用いて説明している。

　掲載条件によって，広告に接触する人の比率がどの程度変化するのかを広告接触率調査のデータの分析から予想できる。それぞれの要因が広告接触率に与える影響度は，平均値からの変動を示すカテゴリー値の最大値と最小値の差の大きさから知ることができる。この差の値「レンジ（範囲）」が大きいほど，その要因による広告接触率の変動幅が大きくなるので，レンジの数値の大小から各要因の影響度の大小がわかる。広告接触率のレンジ・カテゴリー値を示した表Ⅸ-3-3にあるように，レンジが最も大きいのは「段数（大きさ）」の要因であることがわかる。つまり，広告接触率の高低に最も大きな影響を及ぼすのは「段数（大きさ）」で，これに「広告内容（業種）」，「掲載面」が続いている。

　なお，表Ⅸ-3-3にあるように，性，年齢などの属性によって各要因のレンジ

表Ⅸ-3-2　平均広告接触率

	広告内容	全30段 件数	%	全15段 件数	%	全10段 件数	%
朝刊	書籍	2	78.1	17	70.8	-	-
	月刊誌	2	80.6	13	74.8	-	-
	週刊誌	-	-	3	74.1	-	-
	通信教育	-	-	9	65.8	-	-
	薬品・医療機器	-	-	49	73.3	-	-
	化粧品・トイレタリー	2	70.7	27	72.9	-	-
	食品・飲料	-	-	103	74.2	-	-
	ファッション・貴金属	-	-	81	75.9	-	-
	家庭用品・サービス	-	-	10	68.7	-	-
	金融	11	71.3	93	69.8	-	-
	車両	-	-	72	74.2	-	-
	機械・素材	-	-	7	68.6	-	-
	エネルギー	3	79.4	12	72.8	-	-
	航空・運輸	-	-	21	76.0	-	-
	家電・通信・ソフト	15	80.4	192	75.3	-	-
	音楽ソフト	5	79.0	8	67.3	-	-
	放送	-	-	10	75.1	-	-
	通信販売	-	-	32	61.8	-	-
	官公庁・団体	3	78.4	32	71.8	-	-
	百貨店	-	-	8	74.0	-	-
	量販店・専門店	6	80.8	39	74.4	-	-
	映画・興行	-	-	11	75.0	-	-
	学校	3	78.3	29	69.3	-	-
	宿泊・レジャー施設・式場	-	-	6	71.2	-	-
	旅行	-	-	11	59.0	-	-
	不動産・物件	3	75.4	43	67.3	-	-
	建物・住宅機器	3	82.2	27	72.4	-	-
	企画広告	4	81.4	60	67.1	-	-
	その他	-	-	21	76.2	-	-
夕刊	書籍	-	-	2	65.4	-	-
	月刊誌	-	-	-	-	5	76.4
	通信教育	-	-	-	-	5	68.0
	薬品・医療機器	-	-	2	71.3	2	75.4
	化粧品・トイレタリー	-	-	2	54.0	10	70.6
	食品・飲料	2	68.3	5	71.2	41	75.0
	ファッション・貴金属	-	-	7	68.8	3	76.8
	家庭用品・サービス	-	-	2	67.6	-	-
	金融	-	-	-	-	8	72.6
	機械・素材	-	-	-	-	-	-
	エネルギー	-	-	-	-	-	-
	航空・運輸	-	-	-	-	-	-
	家電・通信・ソフト	-	-	-	-	3	74.6
	音楽ソフト	-	-	6	65.5	3	69.2
	放送	-	-	-	-	2	71.8
	通信販売	-	-	7	56.2	9	70.1
	官公庁・団体	-	-	3	70.4	2	77.0
	百貨店	-	-	11	70.2	-	-
	量販店・専門店	-	-	8	69.7	-	-
	映画・興行	4	74.5	29	73.4	17	76.5
	学校	-	-	2	55.6	-	-
	宿泊・レジャー施設・式場	-	-	5	62.0	4	73.7
	旅行	3	72.7	12	67.4	5	73.4
	不動産・物件	-	-	4	63.6	-	-
	建物・住宅機器	-	-	2	69.2	-	-
	企画広告	4	68.1	10	71.0	-	-
	その他	-	-	6	58.7	-	-

※調査件数が2件以上のデータ

出典：朝日新聞社「広告接触率調査」より作成

IX マス・コミュニケーション効果調査(1) 接触レベルの調査

広告内容×段数別

集計対象期間：2003年8月～2006年7月

全7段		全5段		全3段		半5段		全2段		全1段	
件数	%	件数	%	件数	%	件数	%	件数	%	件数	%
18	57.6	141	58.9	125	57.8	44	45.6	-	-	-	-
9	61.3	60	57.8	30	56.9	49	49.1	-	-	-	-
2	62.5	52	73.0	5	53.5	23	52.8	-	-	-	-
-	-	17	47.1	-	-	13	39.3	-	-	-	-
13	62.3	29	56.3	8	42.2	3	41.8	24	40.1	9	32.0
10	63.1	20	52.5	-	-	10	39.0	13	38.0	-	-
21	64.3	95	55.6	9	39.6	32	43.0	11	37.3	3	31.7
3	59.6	11	58.6	-	-	25	46.2	-	-	-	-
4	57.2	14	52.3	-	-	2	34.8	3	40.9	6	30.7
47	56.5	96	51.6	2	42.6	56	39.8	16	35.1	2	51.1
58	64.0	30	53.8	-	-	4	37.9	4	45.3	-	-
4	65.6	7	52.4	-	-	3	43.3	4	35.6	-	-
3	62.0	3	51.9	-	-	-	-	-	-	-	-
21	63.9	23	60.3	-	-	11	45.6	-	-	-	-
25	64.9	40	54.5	2	23.6	7	35.7	8	34.0	2	22.4
6	57.5	8	54.7	-	-	3	52.3	-	-	-	-
2	71.8	13	60.2	2	47.2	3	37.0	7	44.8	-	-
8	56.2	37	48.6	-	-	-	-	-	-	-	-
17	61.3	35	55.7	4	50.4	20	44.6	4	39.7	3	40.8
-	-	2	61.3	2	43.4	-	-	-	-	-	-
-	-	6	41.1	-	-	2	42.2	7	51.2	-	-
-	-	13	52.0	2	29.4	12	42.3	10	35.9	-	-
7	55.7	23	47.4	5	36.1	29	39.7	10	35.1	15	25.0
-	-	3	55.0	2	49.2	14	49.3	6	44.3	-	-
7	64.8	21	55.9	-	-	18	49.7	6	43.5	-	-
7	54.2	16	44.9	3	28.5	3	37.0	9	31.8	4	18.6
2	54.1	10	52.3	2	25.3	2	30.2	-	-	3	19.8
-	-	5	49.5	-	-	-	-	2	51.9	-	-
6	65.6	19	57.1	-	-	8	39.1	10	36.3	8	23.0
-	-	8	60.1	22	56.0	7	46.8	-	-	-	-
-	-	-	-	-	-	4	52.5	-	-	-	-
-	-	-	-	-	-	-	-	-	-	-	-
2	48.1	35	54.2	30	53.6	17	44.2	21	42.4	20	25.5
-	-	5	48.6	16	55.1	4	49.7	6	39.9	-	-
3	62.2	23	54.0	52	54.5	11	41.6	10	38.2	7	23.7
2	72.1	3	56.2	6	67.7	3	32.1	-	-	-	-
-	-	4	44.1	-	-	3	42.7	7	35.1	-	-
-	-	4	48.0	-	-	-	-	-	-	-	-
-	-	-	-	-	-	-	-	-	-	2	28.5
-	-	-	-	6	57.0	-	-	-	-	-	-
3	65.7	-	-	-	-	-	-	-	-	-	-
2	59.7	4	53.3	-	-	5	40.1	2	26.7	-	-
-	-	2	59.8	-	-	-	-	9	37.1	-	-
-	-	4	60.0	-	-	-	-	7	42.6	-	-
-	-	18	52.8	5	61.1	2	43.0	-	-	-	-
2	69.5	13	59.8	2	54.6	3	48.2	5	43.7	-	-
2	62.6	16	59.7	3	53.8	2	48.9	10	40.3	-	-
-	-	24	52.4	3	43.9	5	41.5	6	37.1	-	-
21	67.8	34	61.0	4	51.6	17	47.1	6	44.5	-	-
3	54.2	4	50.1	-	-	7	46.0	5	36.5	3	20.0
2	67.8	7	49.6	2	50.5	6	41.9	3	38.8	-	-
7	58.3	66	56.8	-	-	24	46.2	2	49.2	-	-
5	52.2	7	48.5	-	-	8	40.4	9	31.4	6	22.0
-	-	3	51.9	-	-	-	-	-	-	-	-
2	51.8	5	55.6	-	-	-	-	7	39.7	-	-
6	61.0	5	55.9	7	59.8	-	-	7	39.4	4	22.6

表Ⅸ-3-3　広告接触率を左右する要因のレンジ・

カテゴリー		調査件数	全体	男性	女性	15〜29歳	30〜39歳	40〜49歳	50〜59歳	60〜69歳
広告段数	レンジ		40.0	41.1	38.7	33.4	35.6	44.1	42.2	39.3
	全30段	86	15.2	17.2	13.3	14.7	13.3	15.8	16.3	14.5
	全15段	1309	10.5	11.2	9.7	8.7	9.8	10.8	11.3	10.5
	全10段	130	8.0	10.8	5.1	4.2	-1.2	8.2	11.3	13.3
	全7段	380	2.6	2.4	2.9	1.9	2.6	3.1	2.9	2.0
	全5段	1440	-1.3	-1.5	-1.1	-1.4	-1.4	-0.9	-1.6	-1.3
	全3段	369	-4.9	-5.7	-4.1	-1.4	-2.4	-5.0	-6.5	-6.6
	半5段	534	-12.0	-13.2	-10.8	-10.5	-9.9	-12.8	-12.9	-11.9
	全2段	279	-15.5	-16.5	-14.5	-12.2	-15.2	-17.4	-16.2	-14.7
	全1段	105	-24.7	-23.9	-25.5	-18.7	-22.3	-28.3	-25.9	-24.8
広告内容	レンジ		21.0	19.9	22.1	13.6	19.3	21.8	25.1	25.1
	書籍	394	2.3	2.0	2.7	1.4	1.7	1.2	2.8	4.1
	月刊誌	178	4.3	2.1	6.4	1.6	3.9	4.3	5.5	4.5
	週刊誌	88	15.1	13.9	16.4	8.5	14.5	16.3	17.3	15.8
	通信教育	72	-5.9	-6.0	-5.8	-2.0	-3.8	-4.5	-7.7	-9.2
	薬品・医療機器	273	0.9	0.2	1.5	-0.3	1.2	0.9	0.5	1.3
	化粧品・トイレタリー	141	-2.2	-5.4	1.0	0.1	-1.6	-2.1	-2.5	-3.6
	食品・飲料	486	0.4	-0.2	0.9	0.5	-0.3	-0.1	0.4	0.9
	ファッション・貴金属	163	0.2	-1.1	1.4	-0.1	-0.4	0.7	0.4	0.1
	家庭用品・サービス	85	-1.3	-0.4	-2.2	0.8	-2.5	-1.3	-1.0	-1.4
	金融	376	-2.2	-1.2	-3.2	-2.6	-0.6	-1.3	-2.8	-3.5
	車両	179	-1.2	2.5	-4.8	-1.7	-0.4	-1.3	-1.7	-0.7
	機械・素材	39	-2.4	-0.4	-4.3	-3.1	-2.0	-3.0	-1.6	-2.2
	エネルギー	33	0.5	0.6	0.3	0.0	-0.1	0.3	0.9	0.5
	航空・運輸	93	1.8	2.8	0.7	3.3	-0.7	1.1	3.6	1.5
	家電・通信・ソフト	352	-0.7	1.1	-2.4	0.7	-0.1	-0.3	-1.0	-1.9
	音楽ソフト	57	-0.8	-0.7	-0.9	0.2	-0.1	0.4	-0.8	-2.4
	放送	56	2.3	2.7	1.9	0.8	4.4	2.8	1.0	2.4
	通信販売	191	-3.4	-3.0	-3.7	-3.4	-3.4	-3.6	-4.0	-1.8
	官公庁・団体	159	0.0	0.5	-0.6	-0.6	0.6	-0.4	0.0	-0.1
	百貨店	60	0.5	-0.8	1.8	-0.3	-1.3	0.2	1.6	1.9
	量販店・専門店	118	-1.1	-0.9	-1.4	-0.7	0.1	-0.2	-1.4	-2.0
	映画・興行	185	2.4	2.2	2.5	3.2	1.2	2.2	2.2	3.1
	学校	148	-4.8	-5.0	-4.6	-0.6	-3.9	-3.0	-5.2	-8.9
	宿泊・レジャー・式場	62	0.5	0.2	0.9	-1.4	-0.5	2.5	-0.5	2.4
	旅行	204	2.6	2.1	3.0	3.1	-0.4	0.2	3.4	5.8
	不動産・物件	139	-5.4	-5.5	-5.3	-5.2	-4.5	-5.5	-6.1	-5.3
	建物・住宅機器	62	-4.2	-5.0	-3.5	-1.4	-4.8	-3.5	-4.3	-4.8
	企画広告	106	-0.7	-1.1	-0.3	-2.7	1.0	-0.4	-0.9	-1.6
	その他	133	0.3	0.0	0.7	0.1	1.2	0.3	1.1	-1.2

出典：朝日新聞社「広告接触率調査」より作成

カテゴリー値（数量化Ⅰ類による分析）

カテゴリー		調査件数	全体	男性	女性	15〜29歳	30〜39歳	40〜49歳	50〜59歳	60〜69歳
掲載面	レンジ		16.3	14.1	18.7	18.0	28.3	18.3	12.3	13.6
	総合	541	4.2	5.5	3.0	3.6	3.7	3.4	4.1	5.9
	政治	164	1.0	2.1	-0.1	-1.8	-0.8	-0.3	2.3	2.9
	国際	332	0.6	1.6	-0.5	-1.1	-0.8	-0.1	1.5	2.1
	経済	340	-1.3	-0.1	-2.5	-2.1	-1.7	-2.1	-0.4	-0.7
	商況	93	-8.6	-7.9	-9.4	-7.6	-10.6	-9.2	-7.7	-7.8
	生活	395	-0.7	-3.1	1.6	-0.3	-0.7	-0.6	-0.7	-1.0
	ラジオ	272	-3.6	-4.3	-3.0	-1.2	-3.0	-2.5	-4.6	-4.8
	スポーツ	460	-0.6	1.0	-2.1	-0.1	-0.9	-0.5	-0.3	-1.1
	社会	419	2.4	2.3	2.5	2.7	2.6	3.6	2.5	0.5
	テレビ	129	7.6	6.2	9.3	10.4	17.8	9.1	4.6	0.5
	その他	1487	-1.2	-2.0	-0.6	-1.2	-1.3	-1.2	-1.5	-1.0
刊別	レンジ		11.0	12.1	9.8	12.2	13.3	12.7	10.6	7.6
	朝刊	3088	1.3	1.5	1.1	1.9	1.8	1.7	0.6	0.8
	夕刊	1103	0.3	0.1	0.5	-1.1	-0.3	-0.5	1.7	0.4
	be	441	-9.7	-10.6	-8.8	-10.4	-11.5	-11.0	-8.9	-6.8
色	レンジ		7.4	7.2	7.8	4.7	7.5	7.2	8.8	8.6
	モノクロ	2924	-2.7	-2.6	-2.9	-1.7	-2.5	-2.7	-3.2	-2.6
	単色	94	4.5	4.6	4.4	3.0	5.0	4.1	4.4	6.0
	多色	1614	4.7	4.4	4.9	2.9	4.2	4.6	5.6	4.3
表現	レンジ		3.6	3.6	3.5	4.8	2.7	3.3	3.9	4.7
	イラスト主体	202	1.6	1.7	1.5	3.3	1.3	1.9	0.6	2.5
	写真主体	1617	2.2	2.2	2.1	2.1	1.7	2.0	2.4	2.8
	文字主体	2813	-1.4	-1.4	-1.3	-1.5	-1.1	-1.3	-1.4	-1.8
曜日	レンジ		1.3	2.5	1.7	2.4	2.0	2.5	2.9	2.9
	日曜日	641	0.7	1.3	0.1	-0.1	-0.2	1.3	1.0	0.2
	月曜日	571	0.5	0.0	0.9	-0.2	-0.6	0.9	1.7	0.5
	火曜日	571	-0.6	-0.8	-0.5	-0.2	0.6	-0.9	0.1	-1.8
	水曜日	545	-0.6	-0.6	-0.6	-0.6	-1.1	-0.5	-1.3	-0.3
	木曜日	729	0.4	0.3	0.4	0.0	0.9	0.6	-0.9	1.1
	金曜日	727	-0.4	-1.2	0.5	-0.9	-0.6	-1.2	-0.5	0.3
	土曜日	848	0.0	0.7	-0.8	1.5	0.7	-0.2	0.0	-0.2
	平均広告接触率	4,632	57.6	55.1	60.1	42.9	52.0	57.5	60.3	66.9
	決定係数（R^2）		0.791	0.768	0.722	0.525	0.538	0.708	0.707	0.625
	重相関係数		0.889	0.876	0.850	0.724	0.734	0.841	0.841	0.791

の大きさの順番が異なっている場合があり，属性によって広告への接し方を左右する要因に違いがあることがうかがえる。

　広告接触率の予測値の算出例を以下に紹介する。広告接触率の予測値は，カテゴリー値と平均広告接触率の値から求めることができる。カテゴリー値の一覧表である表Ⅸ-3-3を使って，実際に予測値を算出してみよう。

　一例として，掲載条件を以下のように設定している。広告接触率の予測値は，各要因のカテゴリー値と平均広告接触率を加算して求めることができる。この条件に当てはまる広告の「全体」での広告接触率の予測値は64.8%となり，同様の条件では，男性は62.5%，女性では66.8%となる。

【段数】	全5段	−1.3
【広告内容】	食品・飲料	0.4
【掲載面】	スポーツ	−0.6
【刊別】	朝刊	1.3
【色】	多色	4.7
【表現】	写真主体	2.2
【曜日】	月曜日	0.5
【平均広告接触率】	＋)	57.6
予測広告接触率(%)		64.8

【引用文献】

- Ackoff, R. L. & Emshoff, J. R., "Advertising Research at Anheuser-Busch, Inc. (1968-74)", *Sloan Management Review*, 16, 1975.
- 朝日新聞社広告局『広告月報』朝日新聞社，1995年2月号増刊。
- 朝日新聞社広告局編『新版　新聞広告読本』朝日新聞社，1996年。
- 小林太三郎，嶋村和恵監修『新版 新しい広告』電通，1997年。
- 坂巻善生編著『効果的な広告のための総合講座−データの実際と活用−』ソフィア，1994年。
- 仁科貞文編著『広告効果論−情報処理パラダイムからのアプローチ−』電通，2001年。
- ネットレイティングス　同社サイト上の資料，http://www.netratings.co.jp/,

2006年。
- 林知己夫，村山孝喜『市場調査の計画と実際』日刊工業新聞社，1964年
- ビデオリサーチ「『視聴率』がよくわかるブック」同社サイト http://www.videor.co.jp/，2006年。

【調査報告書等】
- 朝日新聞社編『朝日の読者　MEDIA BOOK 2007』朝日新聞社，2006年。
- インターネット広告推進協議会編『インターネット広告の基本実務　2006年度版』インターネット広告推進協議会，2006年。
- 総務省編『情報通信白書（平成18年版）』ぎょうせい，2006年。
- 内閣府「消費動向調査」，2006年3月調査。

X マス・コミュニケーション効果調査(2) 態度変容レベルの調査

1. 態度変容レベルのマス・コミュニケーション調査の目的

　前章の接触レベルに続き，本章では，広告を題材とした態度変容レベルのマス・コミュニケーション効果に関する実際の調査事例を紹介する。

　はじめに，態度概念について整理しておこう。態度をとらえる考え方には，広義と狭義のふたつがある。前者は，認知（cognition），感情（affect），行動（conation）の3つの側面から態度をとらえ，後者は，感情のみで態度をとらえている。認知的側面には，対象に対する意見や知識，信念が含まれ，感情的側面には，対象に対する好悪の評価が含まれる。そして行動的側面には，対象となる商品を購入しようとする行動意図や行動傾向が含まれる（W. L. Wilkie, 1986）。消費者行動論の研究では，態度を「対象物，問題，それに人に関する貯えられた評価」（清水聰，1999）と定義していることからわかるように，狭義の意味，つまり態度を感情でとらえるものが多い。

　消費者行動論の研究では，態度変容過程を，対象に対する関与（involvement）の高低によってふたつの経路に分ける考え方がとられている（R. E. Petty, R. H. Unnava & A. J. Strathman, 1991）。高関与の場合の情報処理モデルの代表は，M. Fishbein（1967），M. Fishibein & J. Ajzen（1975）が提案した多属性態度モデル（multi-attribute attitude model）である。多属性態度モデルでは，対象に対する主観的な信念と，対象が有するさまざまな属性への主観的な評価によって，その対象に対する態度をとらえている。一方，低関与の場合は，消費

者の感情を刺激することによって，多属性態度モデルのような属性評価を経ずに購買意図まで至ることが指摘されている（清水，1999）。そして，購買行動後に得られた情報によって対象に対する態度変容が生起するというモデルが提案されている（H. E. Krugman, 1965）。また，R. E. Petty & J. T. Cacioppo (1983) の精緻化見込みモデル（elaboration likelihood model）は，高関与と低関与の2経路を組み込んだ包括的なモデルとして有名である。いずれも，態度変容をとらえる場合に，対象に対する関与という切り口が重要なことを示している。しかし，消費者行動論における関与概念の定義や測定方法は，個々の研究によって異なっており，統一した見解は得られていない（P. ラークソネン，1994）。

　広告実務でも，上記の研究動向を受けて，感情的側面から態度をとらえ，好意度などの測定変数が用いられる。一方で，認知的側面や行動的側面から態度をとらえることも広く行われている。具体的な測定変数としては，商品・サービスの認知度や知名度，理解度，購買意向などである。本章でも，広義の意味で態度をとらえた調査事例を紹介する。また，関与については，実際の調査では，商品・サービスのカテゴリーに対する関心度の高低で測定されることが多い。

　広告実務における態度変容レベルのコミュニケーション効果の調査は，その目的によって大きくふたつに分けることができる。ひとつは，個々の広告単位で態度変容の有無を測定し，その広告のコミュニケーション効果を明らかにするものである。もうひとつは，新聞やテレビなど，広告メディア別のコミュニケーション効果を明らかにするために，個々の広告単位の態度変容の結果を多数集め，統計的手法を用いて広告メディア間のコミュニケーション効果の差を比較するものである。

2. 態度変容レベルのマス・コミュニケーション調査の技法

(1) 態度をとらえる変数

　前節で述べたように，本章では，広告実務の実情に合わせ，認知，感情，行動のすべてを含む広義の側面から態度をとらえている。実際の調査で用いられる測定変数には，商品・サービスの認知度，知名度，理解度，興味・関心度，イメージ，購買意向，情報収集意向，情報伝達意向などが挙げられる。

　測定変数の具体的なイメージをつかむために，実際の調査で用いられた変数を紹介しよう。取り上げる事例は「『カルピス』キャンペーン効果測定調査」(坂巻，1994)である。本調査は，3歳〜17歳の子どもがいる首都圏の主婦を対象に，1987年2月23日から5月28日にかけて行われた。広告接触に関する項目を除いた測定変数を以下に挙げる。

　① 認知的側面に含まれる変数
　　(イ)「飲料」の純粋想起，(ロ)「牛乳から作られた飲料」の純粋想起，(ハ)「乳飲料商品名」の助成想起，(ニ)「乳飲料用語」の認知度
　② 感情的側面に含まれる変数
　　(イ)乳飲料商品イメージ，(ロ)乳飲料メーカーのイメージ
　③ 行動的側面に含まれる変数
　　(イ)最近1カ月間に利用した乳飲料の商品名

(2) 態度変容をとらえる分析の方法

　広告に接することで受け手の態度がどのように変容したかをとらえるには，大きく分けてふたつの方法がある。ひとつは，広告接触の前後で同じ質問を繰り返し，事前事後の回答の変化で態度変容をとらえる方法である。もうひとつは，因果関係が認められる変数を用いて因果モデルを作り，統計的に推定される因果関係のパラメータの大小で態度変容をとらえる方法である。広告実務では，調査設計や分析結果のわかりやすさから前者を用いる場合が多い。

事前事後の回答の変化を分析する手法には，分散分析や共分散分析がある。また，個体間や群間で態度変容の差を比較する場合には，共分散構造モデルを応用した潜在曲線モデル（latent variable growth curve modeling）（T. Duncan, S. Duncan, L. Strycker, F. Li & A. Alpert, 1999）を用いることも有効である。さらに，長期間にわたって蓄積されたデータを分析する場合には，コーホート分析（cohort analysis）の適用も考えられる。ただし，回答の変化に広告以外の要因の影響が含まれていることに十分注意しなければならない。

一方，因果モデルを分析する手法には，パス解析や共分散構造モデルがある。

3. 態度変容レベルのマス・コミュニケーション効果調査の実際

本節では，これまでにあげた変数や手法を用いて受け手の態度変容を調査，分析した事例をふたつ紹介する。ひとつは，広告メディア別のコミュニケーション効果の測定を目的とした調査，もうひとつは，特定の広告のコミュニケーション効果の測定を目的とした調査である。

3-1. 広告メディア別のコミュニケーション効果を明らかにする調査の実際（新聞広告とテレビ広告のコミュニケーション効果の比較調査を事例に）

朝日新聞社広告局では，2005年から，日本マーケティング協会の協力で，早稲田大学商学学術院の恩蔵直人教授を中心とした新聞広告の研究を行っている。本節で紹介する調査はその研究の一環で，新聞広告とテレビ広告のコミュニケーション効果を比較することで，それぞれの広告の特性をあぶり出す試みである。調査結果の概説は，恩蔵直人，中野香織＆須永努（2006）が報告している。

(1) 調査の目的

新聞広告とテレビ広告は，マス・コミュニケーション広告の代表として，広告効果の優劣を比較されることが多い。その際に注意しなければならないのは，広告効果が，IX章の記述のように，複数の階層ごとにとらえられ，コミュニケーションの目的に応じて測定すべき効果指標が異なることである。効果指標が異なれば，それに対応して有効に機能する広告メディアも異なる可能性がある。したがって，広告メディアのコミュニケーション効果を比較する場合は，複数の効果指標を用いてさまざまな側面から比較検討を行う必要がある。本調査の目的は，以上の認識に立って，新聞広告とテレビ広告の比較を通して，新聞広告がもつコミュニケーション効果の特性を明らかにすることである。

(2) 調査の設計と対象者

本調査では，30人のグループを12グループ設定し，そのうち6グループは新聞広告に，残り6グループはテレビ広告に接触するように設計した。調査対象者は，東京都，神奈川県，千葉県，埼玉県に在住する30歳代，40歳代の男女360人である。調査方法は集合調査法を採用した。実査に当たっては，当日の欠席分を想定して対象者を多めに設定した。その結果，最終の対象者数は377人であった。グループ内の性，年齢の割り付けは，各グループともに，男女をほぼ均等に，年齢も5歳間隔でほぼ均等になるように設定した。

(3) 調査対象広告

調査対象の広告は，2005年の1年間に実施された新聞広告とテレビ広告から抽出した。同じ企業，同じ商品・サービスの広告で，クリエーティブやメッセージ内容が類似したものを1セットとし，合計で90セットの広告を準備した。広告のサイズは，実務で取引される機会の多さをふまえて，新聞広告は1ページ（全15段），テレビ広告は15秒に統一している。90セットの広告を準備したのは，個々の広告の回答結果に左右されないよう，統計学上必要なサンプルの

表Ⅹ-3-1 調査概要

調査概要
- ●**調査方法**：事前リクルートによる集合調査法
- ●**対象者**：東京都，神奈川県，千葉県，埼玉県在住の30～49歳男女977人
  （新聞広告対象者6グループ，テレビ広告対象者6グループの合計12グループに分類）
- ●**対象条件**：
  ・朝日新聞定期購読者（朝刊を1ヵ月以上定期購読）
  ・平日1日の新聞閲覧時間20分以上（朝夕刊合計）
  ・ふだん，地上波（民法キー5局）のいずれかを見ている人
  ・平日のテレビ視聴時間が1時間以上
  以下の条件にあてはまる場合は対象から除く
  ・NHK/BS放送/CS放送しか見ていない人
  ・「食品・飲料」「家電・精密機器」「自動車」「情報・通信」「金融・保険」「交通・旅行・レジャー」業種に関与度の低い人
  ・本人および家族が，市場調査会社，広告会社，PR会社，新聞販売店，放送局/新聞社/出版社などのマスコミ関係の会社に勤務している人
  ・過去3ヵ月に以内のメディア（テレビ／新聞等）に関する調査資料対象者
- ●**対象広告**：類似性の高いクリエーティブからなる新聞広告（全15段）とテレビ広告（15秒CM）のセット90組
- ●**実施期間**：2006年2～3月
- ●**調査機関・レターヘッド**：㈱リサーチ・アンド・ディベロプメント

出典：恩蔵直人，中野香織，須永努「新聞広告⑴～⑶」『広告月報』2006年

大きさを確保するためである。

　90セットの広告は，「食品・飲料」，「家電・精密機器」，「自動車」，「情報・通信」，「金融・保険」，「交通・旅行・レジャー」の6業種から抽出した。その上で，調査対象者のグループと調査対象広告のグループを一対とするために，業種がなるべく均等にばらけるように6つのグループに分類した。

⑷　調査の流れと調査項目

　本調査では，「事前」，「事後（広告接触直後）」，「事後（後日）」という3つの段階を設定した。それぞれの段階の調査項目を表Ⅹ-3-2にまとめた。これらの項目は，後述する5つの仮説に対応して設定されている。

　第1段階の事前調査では，新聞，テレビの接触状況や，広告対象の6つの業種に対する関心について質問し，調査対象者のスクリーニングを行った。具体

表Ⅹ-3-2　調査デザインと調査内容

	調査デザイン	調査内容
第1段階 (事前調査)	全員に同じタイミングで実施	新聞の購読状況，テレビの視聴状況，広告対象業種に対する関心度，広告対象企業・ブランドの認知，関心度，好意度，購入意向など
第2段階 (広告接触直後)	全員に同じタイミングで実施	企業・ブランド名の純粋想起，広告から喚起されるワード，コピーから想起される企業・ブランド名，広告対象企業・ブランドのイメージ，認知，関心度，好意度，購入意向，広告の視聴経験など
第3段階 (後日調査)	調査当日，翌日，1週間の3グループに分けて実施	広告認知，広告から想起されるワード，広告好感度，企業・ブランドの関心度，広告の内容理解度，情報収集意向，購入意向，情報伝達意向など

出典：恩蔵直人，中野香織，須永努「新聞広告(1)〜(3)」『広告月報』2006年

的には，新聞広告とテレビ広告に焦点を当てた調査であることを踏まえて，新聞とテレビへの接触がほとんどない人，および，広告対象の6業種すべてに関心がない人を調査対象から除外した。また，事前事後調査の方法に則り，広告接触前の態度を測定している。

　第2段階では，第1段階のスクリーニングを経た377人を対象に，東京都内の会場で集合調査を行った。会場では，調査用に作成した新聞とテレビ番組を通して所定の広告に接触してもらった。その後，広告接触直後の態度を測定する質問に回答してもらった。

　広告接触の方法は次の通りである。新聞広告に接するグループには，15の1ページ広告（全15段広告）を含む40ページの新聞を30分間読んでもらった。一方，テレビ広告に接するグループには，番組の冒頭に15秒広告を4本，中間に6本，最後の部分に5本挿入した紀行番組を30分間見てもらった。広告接触の間，どの部分に着目して欲しいなど，広告に関する調査という意図がわからないように配慮している。

　第3段階の事後調査では，広告接触後1日，および1週間が経過した時点の態度変容を測定している。30人のグループを10人ずつ3つに分割し，当該の調査項目について，当日，翌日，1週間後のタイミングにそれぞれ10人ずつ異なる人に質問するように設計した。接触直後の事後調査（第2段階）の後，質問票が入った封筒を配布し，当日に割り当てられた10人はその場で，翌日と1週

表Ⅹ-3-3　調査仮説と調査項目の対応

仮説	調査段階	調査項目
イメージ拡散仮説	第2段階（広告接触直後） 第3段階（後日）	広告から想起されるワード
逆連想仮説	第2段階（広告接触直後）	コピーから想起される企業・ブランド名
トリガー仮説	第3段階（後日）	企業・ブランドの関心度，情報収集意向，購入意向，情報伝達意向
誘導効果仮説	第3段階（後日）	企業・ブランドの関心度，情報収集意向，購入意向，情報伝達意向
好意度向上仮説	第1段階（事前） 第2段階（広告接触直後）	広告対象企業の認知，関心度，好意度

出典：恩蔵直人，中野香織，須永努「新聞広告(1)～(3)」『広告月報』2006年を元に作成

間後に割り当てられた各10人は指定された時間経過後に回答するように指示した。

(5) 仮　説

本調査で設定した仮説は次の5つである。

① 「イメージ拡散仮説」：新聞広告はテレビ広告よりも，広告接触後のブランド連想をより豊かにする傾向にある。

② 「逆連想仮説」：新聞広告はテレビ広告よりも，広告されているメッセージから当該ブランドを想起させる力が強い傾向にある。

③ 「トリガー仮説」：新聞広告はテレビ広告よりも，消費者による情報収集意向を強める傾向にある。／新聞広告はテレビ広告よりも，消費者による情報伝達意向を強める傾向にある。

④ 「誘導効果仮説」：新聞広告はテレビ広告よりも，消費者の購買行動のステップを先に進める力が強い傾向にある。

⑤ 「好意度向上仮説」：テレビ広告は新聞広告よりも，広告対象となっている企業やブランドの好意度を引き上げる傾向にある。

表 X-3-4 調査仮説の分析結果

分析結果	仮説名	仮説	分析方法
支持	トリガー仮説	新聞広告はテレビ広告よりも，消費者による情報収集意向を強める傾向にある。 新聞広告はテレビ広告よりも，消費者による情報伝達意向を強める傾向にある。	t 検定
部分的支持	イメージ拡散仮説	新聞広告はテレビ広告よりも，広告接触後のブランド連想をより豊かにする傾向にある。	t 検定
	誘導効果仮説	新聞広告はテレビ広告よりも，消費者の購買行動のステップを先に進める力が強い傾向にある。	パス解析
棄却	逆連想仮説	新聞広告はテレビ広告よりも，広告されているメッセージから当該ブランドを想起させる力が強い傾向にある。	t 検定
	好意度向上仮説	テレビ広告は新聞広告よりも，広告対象となっている企業やブランドの好意度を引き上げる傾向にある。	分散分析

出典：恩蔵直人，中野香織，須永努「新聞広告(1)〜(3)」『広告月報』2006年を元に作成

調査項目と仮説の対応は，表 X-3-3 にまとめている。

(6) 分析結果

5つの仮説について，t 検定，分散分析，パス解析を用いて分析した結果が，表 X-3-4である。すべての仮説について詳細に紹介することができないため，ここでは，1時点のデータにパス解析を用いた「誘導効果仮説」と，事前事後のデータに分散分析を用いた「好意度向上仮説」の分析結果に絞って紹介しよう。

① 誘導効果仮説

消費者の購買行動は，AIDMA – Attention（注目），Interest（興味・関心），Desire（欲求），Memory（記憶），Action（行動）– 等の広告効果階層モデルのように，複数の階層（ステップ）に分けて考えられている。広告効果も，購買に至る各ステップで独立して測定されることが多いが，情報処理のステップを先に進める力も広告効果として考慮しなければならない。誘導効果仮説は，こ

図X-3-1 消費者の購買行動モデル

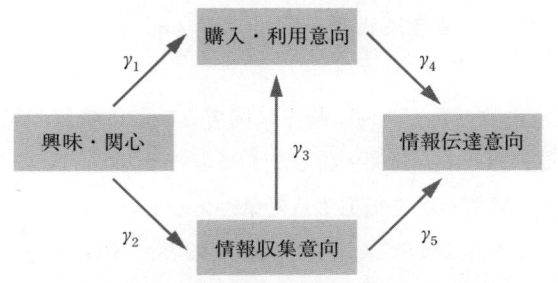

```
        γ₁      購入・利用意向      γ₄
      ↗                              ↘
興味・関心        ↑ γ₃          情報伝達意向
      ↘                              ↗
        γ₂      情報収集意向        γ₅
```

出典：恩蔵直人，中野香織，須永努「新聞広告(1)〜(3)」『広告月報』2006年

表X-3-5　パス解析の結果

	新聞広告群（n=599）	テレビ広告群（n=714）
γ_1（興味・関心 → 購入・利用意向）	0.387	0.518
γ_2（興味・関心 → 情報収集意向）	0.711	0.704
γ_3（情報収集意向 → 購入・利用意向）	0.494	0.347
γ_4（購入・利用意向 → 情報伝達意向）	0.237	0.391
γ_5（情報収集意向 → 情報伝達意向）	0.583	0.450

出典：恩蔵直人，中野香織，須永努「新聞広告(1)〜(3)」『広告月報』2006年を元に作成

の推進力に着目した仮説である。

　本調査で設定した購買行動のステップは，「興味・関心」，「情報収集意向」，「購入・利用意向」，「情報伝達意向」の4つであり，これらの関係をモデル化したものが図X-3-1である。それぞれのステップは，4点尺度で測定した。このモデルに対して，調査の第3段階で測定した当日回答者のデータを用いてパス解析を行った結果が表X-3-5である。分析では，新聞広告群とテレビ広告群

にデータを分け,ふたつのデータ群で同時分析を行っている。データとモデルの当てはまりを示す適合度指標 AGFI (adjusted goodness-of-fit) は0.949であった。

得られたパス係数（$\gamma_1 \sim \gamma_5$）の強さに関する統計的検定の結果は,すべて1％水準で有意であった。新聞広告とテレビ広告ともに,図X-3-1のモデルにおいて,消費者の購買行動を促進する効果があるといえる。

新聞広告とテレビ広告のパス係数を比較すると,「情報収集意向」から「購入・利用意向」と「情報伝達意向」に誘導する直接的な力は新聞広告の方が強く,「興味・関心」から「購入・利用意向」,「購入・利用意向」から「情報伝達意向」に誘導する直接的な力はテレビ広告の方が強い傾向がある。以上から,「新聞広告はテレビ広告よりも,消費者の購買行動のステップを先に進める力が強い傾向がある」という誘導効果仮説は,部分的に支持されることがわかる。

「興味・関心」から「購入・利用意向」へ誘導する間接的な力,つまり,「興味・関心」から「情報収集意向」を経て「購入・利用意向」に至る力は,新聞広告が0.351（0.711×0.494）,テレビ広告が0.244（0.704×0.347）と,新聞広告の方が強い。新聞広告の受け手は,テレビ広告の場合に比べて,当該の商品・サービスについてさまざまな情報を集めて検討した後に購入・利用意向へと態度が変容する傾向があることが伺える。

② 好意度向上仮説

好意度向上仮説の検証では,第1段階の事前調査と第2段階の広告接触直後の調査で同じ質問を設定し,2時点間の数値の変化で態度変容をとらえる方法をとっている。測定変数は企業や商品・サービスに対する「好意度」と「興味・関心度」である。ともに4点尺度で測定している。

図X-3-2と図X-3-3が分析結果である。分析には,2元配置の分散分析を用いた。

図X-3-2を見ると,新聞広告,テレビ広告ともに,広告接触の前後で「好意度」が向上していることがわかる。期間（事前と事後）の主効果も統計的に有

図Ⅹ-3-2 好意度向上仮説の検証結果（好意度）

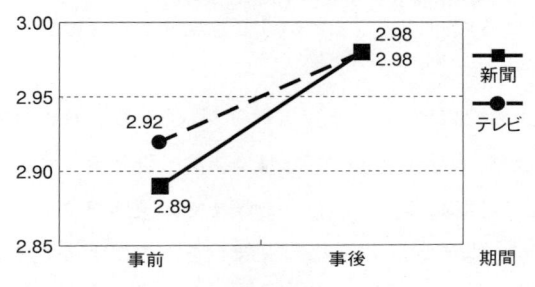

新聞（n=2535）　テレビ（n=2512）

出典：恩蔵直人，中野香織，須永努「新聞広告(1)〜(3)」『広告月報』2006年より

図Ⅹ-3-3 好意度向上仮説の検証結果（興味・関心度）

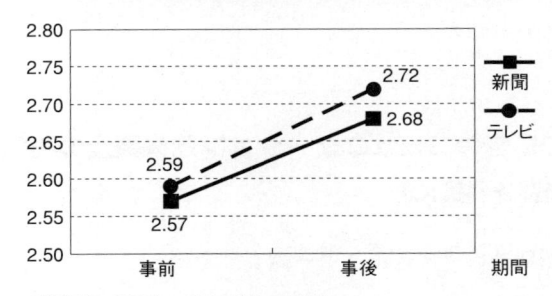

新聞（n=2513）　テレビ（n=2513）

出典：恩蔵直人，中野香織，須永努「新聞広告(1)〜(3)」『広告月報』2006年より

意であった。数値の増加率は新聞広告の方が高いが，メディア（新聞広告とテレビ広告）と期間の交互作用，およびメディアの主効果は統計的に有意ではなかった。「好意度」を向上させる効果について，新聞広告とテレビ広告で統計的な差はないことがわかる。

同様に図Ⅹ-3-3の「興味・関心度」を見ると，広告接触によって「興味・関心度」が向上していることが分かる。ただし，「興味・関心度」を向上させる効果について，新聞広告とテレビ広告で統計的な差は見られなかった。以上か

ら，「テレビ広告は新聞広告よりも，広告対象となっている企業やブランドの好意度を引き上げる傾向にある」という好意度向上仮説は棄却されることがわかる。

　以上で紹介した結果は，あくまで1ページ（全15段）の新聞広告と15秒のテレビ広告の比較から示されたものであり，新聞広告とテレビ広告の効果として一般化するのは早計である。しかし，これまで印象論で語られがちだった広告メディアごとの力（コミュニケーション効果）を調査によって統計的に実証し，新聞広告が効く場合とテレビ広告が効く場合，両者で効果に差がない場合に整理できたことは重要な収穫である。今後は，広告のサイズや業種を変えて調査結果を積み重ねることで仮説の信頼性を補強することや，雑誌広告やインターネット上の広告についても同様のアプローチで広告メディアとしての力を測定することが求められるだろう。

3-2. 特定の広告のコミュニケーション効果調査の実際（広告モニター調査を事例に）

　次に，朝日新聞社の「広告モニター調査」を例として，特定の広告における企業イメージの評価に関する調査の設計と，具体的な調査事例のデータを紹介する。

　「広告モニター調査」は年間150回程度実施されている。読者の広告接触状況や態度変容を測るだけでなく，企業・ブランド認知，広告のクリエーティブ評価，関連する業界の市場調査的な内容に至るまで幅広く質問することができる。調査結果は，広告主がより効果的なコミュニケーションが図れるように，当該の広告主に対して開示される。広告主が想定した通りでない結果であれば，広告の表現を改良したり，出稿計画を練り直したりするための資料として活用される。

(1) 調査設計

「広告モニター調査」では，調査対象者に紙面の現物を用意してもらい，紙面を実際に見てもらいながら質問を進めていく。広告への接触状況に関する質問の進め方については，IX章「(3)新聞広告の効果調査」を参照されたい。同調査は，IX章で触れた「面別接触率調査」および「広告接触率調査」と同じ設計で実施しており，掲載翌日に調査をする点も同様である。また，面別接触率調査・広告接触率調査と広告モニター調査は同じモニターパネルを共有し，1グループ300人からなる複数のグループを交互に使用している。広告接触に関する調査も同一の形式で行っており，「○ページをご覧ください。この広告を見た覚えがありますか」という質問で統一している。調査設計が同一であることから，「広告モニター調査」で得られる広告接触率は，広告接触率調査の結果により算出される平均広告接触率，およびレンジ・カテゴリー値を使った数値との比較が可能である。

広告接触率を聞いた後は，掲載された特定の広告について，個別にそれぞれ固有の質問をしていく。広告接触前後で企業イメージの変化を見る際は，両者の結果を比較して変化があったかどうかを検証する。広告接触前の調査は広告が掲載される以前に行っておくことが望ましいが，実務上では，ある特定の広告だけに何本もの調査を費やすことが時間と予算の両面から難しいため，同じ調査の中で質問するタイミングをずらして調査することがある。

ただし，何度か連続出稿する広告に対して調査を実施する場合は注意を要する。純粋に広告効果を測るため，なるべく同じ質問をしないよう同一対象者への調査の実施回数を減らす必要がある。同一対象者に何度も関連質問をすると，その影響で調査データに歪みが生じるからである（坂巻，1994）。

(2) 調査対象広告と調査内容

「広告モニター調査」の具体的な実施例を紹介しよう。

2006年1月25日付朝日新聞朝刊に掲載された，朝日新聞社「ジャーナリスト

宣言。」の広告（全15段）に関する調査は，900人を対象として実施し，641人から回答を得た。同広告は朝日新聞の創刊日に合わせ，「言葉のチカラを信じる」という企業姿勢を打ち出しており，2001年の9.11テロの際に撮影されたインパクトの強い写真が全面に配されている。

この広告について，企業イメージに関する質問を広告接触の前後で2度行った。広告接触前には「朝日新聞社という企業について，あなたはどのようなイメージをお持ちですか」，接触後には「○ページの広告を見て，朝日新聞社という企業について，あなたはどのようなイメージをお持ちですか」という質問をした。具体的には，「朝日新聞社」に対する企業イメージに関する項目を挙げ，「そう思う」，「そう思わない」から選択する形式としている。企業イメージの質問項目は「企業戦略・ビジョンがある」，「個性がある」である。特に「企業戦略・ビジョンがある」は，今回の広告出稿の主要な目的であることから，広告接触によって読者のイメージが変化することを想定して作成した項目である。

(3) 分析結果

図Ⅹ-3-4は，上記の企業イメージについての質問の結果である。広告接触後の質問は当該広告に接触した人にしか質問をしていないため，広告接触前後のデータは当該広告に接触した506人に絞って集計したものである。

「企業戦略・ビジョンがある」では約10ポイント，「個性がある」では約5ポイント上昇している。社会性を意識したビジュアルで，企業姿勢を明確に打ち出した同広告の訴求する内容が，広告の接触者に「企業姿勢・ビジョン」，「個性」というメッセージとして伝わったと評価することができる。

この広告の主題である「企業姿勢・ビジョン」の項目について，性別・年齢別のデータをみてみよう（図Ⅹ-3-5）。性別・年齢別いずれの層でも広告再認前より後の方が高くなっている。性別では「女性」の方が「男性」より高い。女性・男性ともに10ポイント前後上昇しており，広告接触前後のイメージの変

図Ⅹ-3-4　朝日新聞社「ジャーナリスト宣言。」広告再認前後の企業イメージ

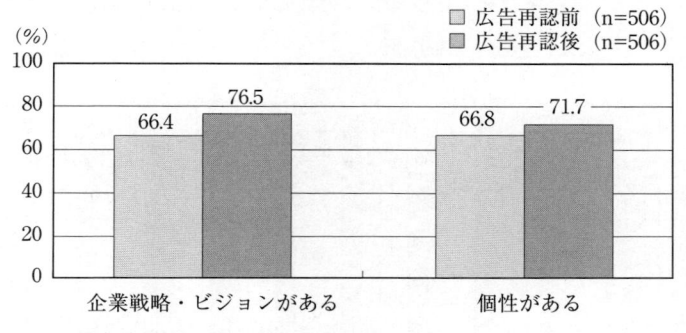

□ 広告再認前（n=506）
■ 広告再認後（n=506）

企業戦略・ビジョンがある　66.4　76.5
個性がある　66.8　71.7

出典：朝日新聞社「広告モニター調査」より

化は似た傾向を示している。また，年齢別では，層別に違いが認められる。最も数値に差があったのは「15～29歳」の層で，再認後にはすべての年齢層の中で最も高い数値となっており，広告接触前後の差は約26ポイントである。40歳代，60歳代でも10ポイント以上の変化があるが，50歳代は4ポイント程度の上昇にとどまっている。

　さらに，この調査では朝日新聞の購読継続年数についても質問し，クロス集計の軸のひとつとした。購読期間を「3年未満」，「3年～10年未満」，「10年～20年未満」，「20年以上」の4つのカテゴリーでみると，再認前は「3年未満」が5割弱と最も低く，他のカテゴリーでは7割弱で同程度の数値となっている。しかし再認後は，「3年未満」の層が8割弱と最も上昇しており，「10年～20年未満」の層に次いで高い数値となっている。

　転居，親からの独立，就職などライフステージの変化によって購読新聞を変更する機会もあるだろうが，新聞の購読期間は，その新聞に対する愛着やロイヤルティーを考慮する際のひとつの指標として使われることがある。広告再認後の「企業戦略・ビジョン」のイメージの数値は全体的に上がっているが，特に購読期間の短い層で数値が上がっている。朝日新聞のイメージが定着していない人が多いと思われる購読期間の短い層が，広告意図を読み取り，朝日新聞

図Ⅹ-3-5 朝日新聞社「ジャーナリスト宣言。」広告再認前後の
「企業戦略・ビジョン」の数値比較（性別・年齢別・購読期間別）

□ 広告再認前　■ 広告再認後

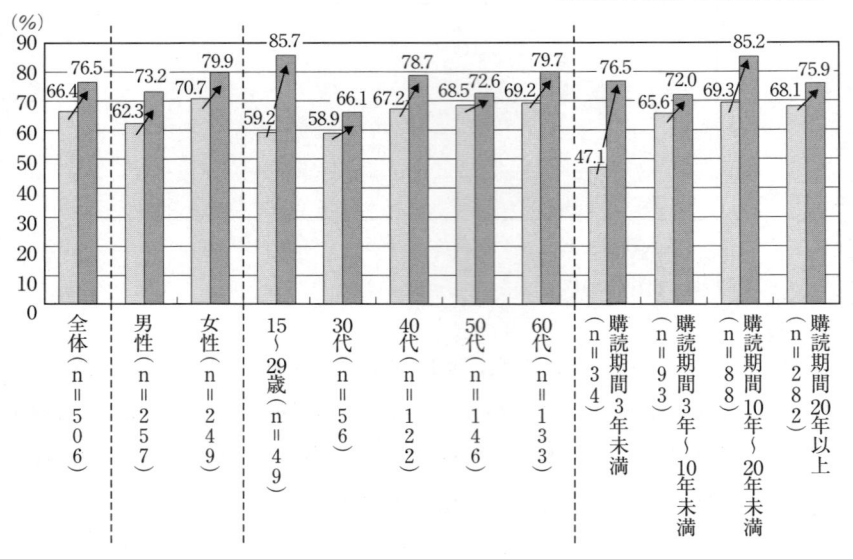

※「購読期間」は朝日新聞の購読継続年数
出典：朝日新聞社「広告モニター調査」より

社に対する企業イメージを変化させていることをうかがわせる。

「企業戦略・ビジョン」の項目においては，いずれの層でも，数値が上昇していることが確認できる。ただし，年齢層や朝日新聞の購読期間など属性別に数値の変動をみてみると，各層でその変化の度合いが異なっていることが読み取れる。「15～29歳」の若年層や購読期間の短い層は，調査の人数が相対的に他の層よりも少ないことを考慮しても，広告によって態度変容を起こした人の割合が他の層より高いといえる。この結果から，「企業戦略・ビジョン」の項目については，特に朝日新聞社に対するイメージが薄い層ほど，広告による効果が大きかったということがいえよう。

ただし，本調査では，以下の点に留意する必要がある。調査した企業イメー

ジ項目だけでは数が少なすぎるため，この調査結果のみで新聞読者の態度変容を把握することは難しい。具体的な企業イメージの変化を詳細に分析するには，多くの項目と複数回の調査で検証すべきである。

また，この質問は新聞広告接触前後での変化を見るのが目的ではあるが，新聞広告以外の要因が影響している可能性に留意しなければならない。「ジャーナリスト宣言。」キャンペーンは，朝日新聞以外にもテレビCMや交通広告などさまざまな媒体で展開している。このことは，考慮の必要がある要因のひとつである。調査より前に，同キャンペーンの他の広告について触れている人もいるかもしれない。また，企業に対するイメージが固定しているか否かも，態度変容に影響するだろう。

さらに，実査日が調査対象広告の掲載翌日であることにも注意すべきである。広告再認前に企業イメージについて質問しているのはバイアスをかけないためだが，この時点ですでに広告に接触してイメージが変容している調査対象者が存在する可能性を否定できない。事前・事後の調査を同時に実施するとどうしても影響を受けやすくなりそうなケースは，調査事例を蓄積した上で，時間を空けた場合との数値の違いを検証し，ウエート付け集計をすることも考えられる。

自由回答質問でも態度変容を見ることができる。調査対象者の回答から出現頻度の高い単語を関連付けて把握するなど，テキストマイニングの手法を活用できる。広告の印象評価について，定量調査と同様に広告が出稿される前に企業イメージなどの自由回答をとっておき，広告接触後に改めて同じ質問をすることにより，内容を比較することもできる。

【引用文献】

- Wilkie, W. L., *Consumer Behavior*, John Wiley & Sons, 1986.
- 恩蔵直人，中野香織，須永努「新聞広告の復権(1)～(3)」『広告月報』朝日新聞社広告局，2006年8月号～10月号.
- Krugman, H. E., "The Impact of Television Advertising: Learning without Invol-

vement", *Public Opinion Quarterly*, 29, 1965.
- 坂巻善生編著『効果的な広告のための総合講座-データの実際と活用-』ソフィア，1994年。
- 清水聰『新しい消費者行動』千倉書房，1999年。
- Duncan, T., Duncan, S., Strycker, L., Li, F. & Alpert, A., *An Introduction to Latent Variable Growth Curve Modeling: Concepts, Issues, and Applications*, LEA, 1999.
- Fishbein, M., "A Behavior Theory Approach to the Relations between Beliefs about an Object and the Attitude toward the Object", Fishbein, M. (ed.), *Readings in Attitude Theory and Measurement*, John Wiley & Sons, 1967.
- Fishbein, M. & Ajzen, J., *Beliefs, Attitude, Intention and Behavior: An Introduction to Theory and Research*, Addison-Wesley, 1975.
- Petty, R. E. & Cacioppo, J. T., "Central and Peripheral Routes to Advertising Effectiveness: The Moderating Role of Involvement", *Journal of Consumer Research*, 10, 1983.
- Petty, R. E., Unnava, R. H. & Strathman, A. J., "Theories of Attitude Change", Robertson, T. R. & Kassarjian, H. H. (eds.), *Handbook of Consumer Behavior*, Prentice Hall, 1991.
- ラークソネン，P.，(池尾恭一，青木幸弘監訳)『消費者関与-概念と調査-』千倉書房，1998年 (Laaksonen, P., *Consumer Involvement : Concepts and Research*, Chapman and Hall, 1994)。

あ と が き

　近年，日本のマス・コミュニケーション界は，異常な状態が続いている。例えば，バブル景気がはじけてから，ようやく景気は持ち直したといわれているものの，既存の4大マス・メディアの景気が，一向に上向かないのである。テレビ・ラジオの電波メディアでは，インターネットの方に流れた広告費の影響が顕著になり始めた。新聞・雑誌の文字メディアではインターネットに加えて，若者の文字離れの影響も深刻である。インターネットが既存メディアに及ぼす影響は，一時的なものなどではない。人びとが社会生活の根幹を委ねている情報環境を，根底から覆してしまう可能性が大きいだけに，不気味である。

　ここ数年，通信と放送の融合が喧伝されている。しかし，次にはおそらく通信と文字媒体との融合の話が来る。結局は，インターネットによる通信と，すべての既存メディアが融合する所まで行き着かないと，この流れは止まらないのだろう。具体的な時期は明言できないにしても，既存メディアの多くがインターネット上で融合する時代が来る，とみなければならないようだ。

　さしずめ現在は，新聞，雑誌，テレビ，ラジオが，4大マス・メディアと呼ばれる状況を維持できてはいても，近い将来，インターネットに飲み込まれてしまうことを予期しながら，対処の具体策がみえていない端境期のようだ。しかも行き着く先が，今までと全く異なる情報環境の世界となるのなら，現在を4大マス・メディアだけでなく，マス・コミュニケーション界全体が分水嶺に立つ時代，と表現したら適切なのかもしれない。

　さて，少し以前ならまだしも，このようにマス・メディアの世界が激変しつつある時代，すなわちマス・コミュニケーションが大きく変わろうとしている時代に，その調査をテーマにした本の原稿を起こすことなど，無謀な計画だとの思いがしないでもなかった。

　結果，本書に盛り込む内容は，基本重視の観点から，まず既存の4大マス・

メディアを中心とするマス・コミュニケーション調査の，理論や論理の紹介を起点にした。次いで，H．D．ラスウェルが提起した，古典的であまりにも有名な(1)統制者分析，(2)内容分析，(3)メディア分析，(4)受け手の分析，(5)効果分析，のコミュニケーション研究領域の視点に沿い，調査方法やデータ処理・分析技法の紹介，調査事例やデータの実例など，豊富に盛り込むのを特徴とすることにした。

執筆陣については，専門の研究者よりも，マスコミ関連や調査の実務者を中心に構成した。H．D．ラスウェルの5つの研究領域のすべてに対応した内容で展開し，しかも調査の実例やデータ事例も紹介するとなると，専門の研究者だけでは無理であり，また筆者集めが容易な単一組織の人間だけでも難しい。筆者の所属がさまざまで大勢になったのは，そのためだ。

話を前に戻すと，問題は，本書の内容がマス・コミュニケーションが激変しつつある時代に適合したものになったかどうか，いわば従来の経験・資料・データが，今からの時代にも通用するかどうかである。H．D．ラスウェルが提起した5つの研究領域のすべてをカバーする内容を目指したとはいえ，領域によっては盛り込み方に疎密が生じたかもしれない。しかし読者には本書を読み進んでもらえば，現状において，調査事例や調査データの実例紹介など，本書を超えて豊富な内容を期待するのは難しいことを理解し，盛り込んだ内容の質と量に満足していただけるはずである。すなわち，現時点で望み得る内容という点では，本書は十分に斯界の評価に堪え得ると考えている。

Ⅰ章で，マス・コミュニケーション活動の当事者が行う調査は，必然的に活動の妥当性を確かめる妥当性分析に至る旨を述べた。本書の内容がマス・メディア変動の時代に通用し，読者の要望に応え得たかどうか，執筆によるコミュニケーション活動の当事者としては，近い将来にぜひとも妥当性の検証分析を試みたいと思う次第である。

2007年2月

坂巻　善生

索　引

あ 行

AIDMA　　248, 256, 270
アクティブ・コミュニケーター（尺度）
　　231, 233
ア・プリオリ・セグメンテーション
　　218
RDD法　　74, 276
因果関係　　60, 75
因子分析　　122, 231, 235, 249
インストラクション・ガイド　　79
インターネット　　5, 24, 167
　──広告の効果　　275
　──視聴率　　276
インプレッション効果　　275
ウエイト付き抽出　　86-87
受け手　　5, 8, 9, 259, 262
　──の分析　　27, 30, 47, 215
売上反応広告モデル　　269
エラボレイション　　106-107
演繹法　　56
エンコーディング　　55
送り手（発信者）　　5, 11
　──研究　　136
　──分析　　41, 47

か 行

χ^2検定　　118
回収率　　71
階層的クラスター分析　　123, 124
回答形式　　100
確率比例抽出法　　85
仮説検証的アプローチ　　57, 65
間隔尺度　　104
観察法（観察調査）　　60, 67
涵養仮説（培養仮説）　　54
機縁法　　91
疑似環境　　7, 54
基準関連妥当性　　105
帰納法　　56
キャリー・オーバー効果　　71, 73
行構成比　　109
共分散構造分析　　128
強力モデル　　49
クォータ・サンプリング　　91
クラスタリング・セグメンテーション
　　218, 231
グループ・インタビュー　　60, 250
クロス集計　　107
クロンバックの α 係数　　105, 235
携帯電話　　5, 23, 25
系統抽出法　　83, 273
ゲート・キーパー　　137, 140
　──研究　　42
現実環境　　7
言説分析　　43
限定効果モデル　　50
行為者率　　162, 164
効果分析　　27, 31, 48
広告会社　　14
広告活動　　18
広告効果　　277
　──階層モデル　　269
　──測定モデル　　248
広告収入　　17, 20
広告接触　　170, 277, 292, 296, 304
広告接触率　　279, 281, 283
　──調査　　278

広告主　14, 302
広告費　18, 21-24, 155
広告評価　170
国民生活時間調査　159
個人視聴率　273
個別接触率　281
コミュニケーション　3
　──の二段の流れ仮説　47, 51, 65
コレスポンデンス分析　123, 178

さ行

最頻値　111
作業仮説　78
雑誌　21, 226
サンプリング誤差　93, 94
サンプリング台帳　81, 90
サンプル（標本）　81
参与観察法　62, 66
GRP（延べ視聴率）　274
CASI　74
CATI　74
CADC　74
自記式（調査）　59, 72
刺激＝反応理論　49
事実探索型アプローチ　57, 152
事前・事後調査実験　119, 296
視聴率調査　272
視聴率データ　35
悉皆調査　62
実験　60, 75
四分位偏差　112
社会科学（理論）　29, 30
尺度型　102
尺度構成　105, 231
ジャーナリズム　134
重回帰分析　126
自由回答型　100, 247

週刊誌　190
週刊誌記事　184
週刊誌ジャーナリズム　207
集計計画　80
充足のタイプ　245, 262, 265
集落抽出法　90
主成分分析　121
順序尺度　104
純粋想起法　71
詳細面接調査　60
シングル・アンサー（SA）　101
新聞　20, 166, 190, 205, 226
新聞閲覧　277
新聞記事　181, 184, 190
新聞記者　139, 143, 277
新聞広告　232, 248, 277, 293, 294, 300
新聞社　17
新聞ジャーナリズム　205, 206
新聞投書　183
信頼性　105
推測法　103
数量化Ⅰ類　126, 283
数量化Ⅱ類　127
数量化Ⅲ類　123
スキーマ理論　55
スノーボール・サンプリング　91
正規分布　93
制限回答方式（RA）　101
精緻化見込みモデル　291
世帯視聴率　272, 273
全国メディア接触・評価調査　170, 231
センセーショナリズム　207
絶対サンプリング誤差　95
層化抽出法　86, 88
層化2段無作為抽出　170, 232
相関係数　112
相関的研究　75

相対サンプリング誤差　96
組織のコミュニケーション　4

た　行

大衆（マス）　4,8,9
態度変容　269,290,293,306
代人記入　73
代人調査　71
他記式（調査）　59,70
DAGMAR　270
多項分類型　101
多重比較　117
多属性態度モデル　290
多段層別分析　125
多段抽出法　88
妥当性分析　29,30
多変量解析　120
弾丸理論　49
単純集計　106
単純無作為抽出法　82
知識ギャップ仮説　53
中央値　111
抽出間隔　83
調査会社　36
調査データ　34
調査票　97
沈黙の螺旋的増幅仮説　53
t検定　115,298
ディコーディング　55
定性的手法　63
定性的調査　245
定量的手法　62
テレビ　22,165,226
テレビ広告（CM）　248,274,293,
　294,300
電子調査法　60,74
電話調査法　60,73

等確率抽出法　90
等間隔抽出法　83
統計的仮説検定　114,300
統制　76
統制者研究　141
統制者分析　27,30,41,133
統制的観察法　60
独立性の検定　118
留め置き調査法　59,72,170,226,232
トラフィック効果　275

な　行

内容妥当性　105
内容分析　27,30,43,180
二項分類型　101
2段階抽出のサンプリング誤差　95
2段無作為抽出法　226,280
ネイマンの最適割当法　87

は　行

媒体到達　277
培養仮説　54
パス解析　298
パーソナル・コミュニケーション　4
パック・ジャーナリズム　54,206
判定抽出法　91
判別分析　127
非階層的クラスター分析　124
皮下注射理論　49
非参与観察法　62,66
非統制的観察法　60
非標本誤差　96
非復元抽出法　81
標準偏差　112
評定尺度型　102
標本抽出（サンプリング）　81
標本調査　62

表面妥当性　105
比率の標本誤差　94
比例尺度　104
比例割当法　86
ファインディング　80, 110
フィールド調査　59
復元抽出法　81
不正票　79
プライバシー　207, 212
プリ・コード　161
　──型（方式）　101
分散分析（ANOVA）　116, 298, 300
平均値　111
　──の標本誤差　93
報告書　80
放送局　17
母集団　81

ま　行

マーケット・セグメンテーション　215
マス・コミュニケーション　4
マス・コミュニケーション活動　10, 14
　──の当事者　28, 30
　──の非当事者　28, 30
マス・コミュニケーション調査　26
マス・コミュニケーションの議題設定
　機能　45
マックネマー検定　120
マルチプル・アンサー（MA）　101
無作為抽出法　81, 141, 273
名義尺度　104
メディア依存モデル　53

メディア会社　16
メディア接触　162, 170, 173, 227
メディア特性　158
メディア分析　27, 30, 45, 155
面接調査法　59, 70, 249
面別接触　277
面別接触率　279
　──調査　278
モニター調査　280, 302

や　行

有意抽出法　91
有限母集団の修正項　93
郵送調査法　59, 73, 142
雪だるま式抽出法　91
要求＝情報ニーズ　245, 263
世論調査　35, 37

ら　行

ライフスタイル　226
ラジオ　23, 166, 226
乱数表　82
ランダム・サンプル（無作為標本）　82
利用と満足の研究　50, 243, 245
レスポンス効果　275
列構成比　109
連関係数　113

わ　行

ワーディング　99
割当抽出法　91

執 筆 者 （五十音順）

編著者

坂巻　善生（さかまき　よしお）
- 1948年　福岡県生まれ
- 1976年　九州大学大学院教育学研究科博士課程単位修得満期退学，教育学修士
- 1976年〜　朝日新聞社入社。総合研究センター・マーケティング室長，東京本社広告局広告第6部長，経営企画室主査，広告第5部長，広告局長補佐を歴任。この間，筑波大学，日本女子大学，九州大学で非常勤講師。
- 現　在　㈶新聞広告審査協会・専務理事
- 著　書　『新版　新聞広告読本』（共著，朝日新聞社，1996），『効果的な広告のための総合講座』（編著，ソフィア，1994）
- 論　文　『データ集計の基本的な考え方』（マーケティング・リサーチャー，1991），『新聞活性化のカギを握る「読者の研究」−調査データに見る新聞の現状』（新聞経営，1997），『第1回「新聞の評価に関する読者調査」結果報告−新聞評価の新尺度』（新聞研究，1999），『新聞広告活性化のためのメディアデータ』（朝日総研リポート，1996）ほか論文多数。

島崎　哲彦（しまざき　あきひこ）
- 1946年　神奈川県生まれ
- 1989年　立教大学大学院社会学研究科博士課程前期課程修了，社会学修士
- 1997年　博士（社会学）
- 1971年〜　1996年　調査機関等を経て，ハイパーリサーチ（株）代表取締役社長
- 1996年〜　東洋大学社会学部助教授，教授
- 現　在　東洋大学社会学部メディアコミュニケーション学科教授
- 著　書　『「ＣＡＴＶ」と「ＣＳ系放送」の発展と展望』（学文社，1993），『21世紀の放送とマルチ・メディア化』（学文社，1995），『現代マス・コミュニケーションの再考』（共編，学文社，1997），『21世紀の放送を展望する』（学文社，1997），『概説マス・コミュニケーション』（共著，学文社，1998），『社会調査の実際』（編著，学文社，2000），『概説マス・コミュニケーション』（新版，共著，学文社，2004）『新版・マス・コミュニケーションの調査研究法』（共著，創風社，2006）等。

著者

遠藤　真也（えんどう　しんや）
- 1971年　鳥取県生まれ
- 1993年　早稲田大学教育学部卒業
- 現　在　朝日新聞社マーケティングセンター　マーケティング・ディレクター

大竹　延幸（おおたけ　のぶゆき）
　1955年　神奈川県生まれ
　1999年　立教大学大学院社会学研究科博士課程前期課程修了，社会学修士
　現　在　株式会社マーケッティング・サービス　取締役営業企画本部長

河野　恒男（こうの　つねお）
　1954年　東京都生まれ
　1979年　東京大学文学部卒業
　現　在　朝日新聞東京本社広告局広告第1部　部員

鈴木　孝雄（すずき　たかお）
　1948年　神奈川県生まれ
　1970年　立教大学社会学部卒業
　現　在　日本新聞協会　出版広報部長

鈴木　弘之（すずき　ひろゆき）
　1971年　埼玉県生まれ
　2005年　筑波大学大学院ビジネス科学研究科博士課程前期課程修了，経営学修士
　現　在　朝日新聞社マーケティングセンター　マーケティング・ディレクター

高山　雄二（たかやま　ゆうじ）
　1964年　石川県生まれ
　1986年　早稲田大学政治経済学部卒業
　現　在　朝日新聞社マーケティングセンター　次長

松本　史人（まつもと　ふみと）
　1974年　埼玉県生まれ
　1998年　一橋大学社会学部卒業
　現　在　朝日新聞社マーケティングセンター　マーケティング・プランナー

マス・コミュニケーション調査の手法と実際

2007年3月30日　第一版第一刷発行

編著者　島　崎　哲　彦
　　　　坂　巻　善　生

発行所　㈱　学　文　社

発行者　田　中　千　津　子

〒153-0064　東京都目黒区下目黒3-6-1
電話(03)3715-1501(代表)　振替 00130-9-98842
http://www.gakubunsha.com

落丁，乱丁本は，本社にてお取り替えします。　　印刷／東光整版印刷㈱
定価は，売上カード，カバーに表示してあります。　　　＜検印省略＞
ISBN 978-4-7620-1670-7
Ⓒ2007 A. SHIMAZAKI & Y. SAKAMAKI Printed in Japan